Conhecereis a verdade,
e a verdade vos libertará.
(Jesus)

MAPAS MENTAIS E MEMORIZAÇÃO

DOMINE ESTAS TÉCNICAS E TENHA MAIS ORGANIZAÇÃO, PRODUTIVIDADE E TEMPO

FELIPE LIMA & WILLIAM DOUGLAS

MAPAS MENTAIS E MEMORIZAÇÃO

DOMINE ESTAS TÉCNICAS E TENHA MAIS ORGANIZAÇÃO, PRODUTIVIDADE E TEMPO

6ª edição, revista, atualizada e ampliada

EDITORA IMPETUS

Niterói/RJ
2022

Editora Impetus Ltda.
Av. Ernani do Amaral Peixoto, 507 – Loja 05 - Centro – Niterói – RJ
CEP: 24.020-072 – Telefax: (21) 2621-7007

PROJETO GRÁFICO E EDITORAÇÃO ELETRÔNICA: EDITORA IMPETUS LTDA.
CAPA: BRUNO PIMENTEL
REVISÃO DE PORTUGUÊS: C&C CRIAÇÕES E TEXTOS LTDA
IMPRESSÃO E ENCADERNAÇÃO: EDITORA E GRÁFICA VOZES

L698m

Lima, Felipe.

Mapas mentais e memorização : para provas e concursos / Felipe Lima, William Douglas. 6. ed. – Niterói, RJ: Impetus, 2022.

280 p. ; 16x23cm.

Inclui bibliografia

ISBN: 978-65-86044-32-4

1. Serviço público – Brasil – Concursos. 2. Método de estudo. 3. Mnemônica. I. Santos, William Douglas Resinente dos, 1967 – II. Título.

CDD – 351.81076

www.impetus.com.br

Dedicatória

Dedicamos este livro a todos os leitores,
como homenagem pela ávida e admirável
busca incessante por conhecimento
e aumento do desempenho.

Pessoas que assim agem são
aquelas que realizam seus projetos!

Agradecimentos

À realização do sonho, que é esta obra, o meu primeiro e maior agradecimento é para Deus, que sempre soube colocar os desafios certos no caminho para o meu crescimento, por mais que eu discordasse e resmungasse enquanto os enfrentava.

À Priscila Andrade, minha esposa amada, minha professora da Alegria de Viver, meu pedido de oração mais especial que Deus atendeu com transbordo.

Ao Ariel (Fogo de Deus), meu filho, milagre que Papai do Céu fez real, mesmo com o diagnóstico de infertilidade.

Ao amigo professor Charles Giacomini, pessoa iluminada e profissional ímpar, que soube vencer as dificuldades iniciais com os Mapas Mentais, apresentando um sucesso magnífico nos concursos da Magistratura, Defensoria e Ministério Público (Federais e Estaduais), havendo sido aprovado em cinco concursos da Magistratura, sendo, hoje, Juiz Federal em Santa Catarina.

Aos meus pais, Hélio e Helena, que nunca me deixaram faltar recursos materiais, incentivo e amor, este o mais importante, que me fez a pessoa que sou hoje.

Aos meus irmãos, Felício (Fifi) e Fabrício (Bica), que me faltam palavras para descrever a importância deles na minha vida. Orgulho-me muito desses dois!

Às minhas falecidas avós, Lanuza (Bui-iu-iu) e Cecília, e a todos os meus familiares que contribuíram para a pessoa e profissional que sou hoje.

Ao Colégio e Pré-vestibular Contato, de Maceió, que sempre acreditou e investiu no Projeto Genius, mantendo suas portas abertas para que pudéssemos ajudar os seus alunos com os nossos métodos, técnicas e tira neuras.

Ao Colégio Santa Madalena Sofia que, desde os meus primeiros passos na vida, colocou Deus no meu caminho e ainda o faz até hoje a cada acolhida.

Aos colégios Santa Úrsula, Elite, Santíssima Trindade, Nunila Machado, Adventista e aos demais em que pudemos trabalhar, que sempre me incentivaram e me receberam maravilhosamente bem.

Ao Cesmac, Centro de Estudos Superiores de Maceió, por contribuir significativamente na minha formação acadêmica e acreditar no Projeto Genius, incorporando as nossas palestras e cursos em suas atividades docentes.

Ao professor Luiz Flávio Gomes, empreendedor ímpar e de coração igualmente gigante, o qual, com uma simples nota de R$ 2,00 – hoje um dos meus amuletos da sorte – materializou a grandeza da honra de tê-lo conhecido, e a todos aqueles que fazem a Rede LFG de Ensino: Júlio César Gomes, Andrea Camargo, Alexandre Gialluca, Christiane Perri Valentim, Malu Mortari, Francisco Fontenele, Juliana da Costa e Silva, Cyro Moraes, Frederico Guerreiro, Alberto Santana, Danilo Jardim, Edgard Falcão, Vanessa Freire, Lina Maciel, Sandro de Campos (da LFG) e aos parceiros Diogo e Ricardo Garcia, Nathalie Biazzi, Filipe Mello, Dirceo, Gersonita e Samira Melo, Karin Fontes, Marcos Xavier, Cacildo Inacio, Francisco Raulino, João Carlos Robaldo, Lucia Helena Constatinopolus, Miriam e Cácio Hilário, Paulo Salami e Lia Ebbing, em nome dos quais agradeço por todo apoio da equipe para o engrandecimento da minha carreira profissional.

Aos professores Alfredo Alves, Beto e Gian Brito, Juliano Raposo, Solon Ramos, Henrique Golberi e Ivys Urquisa, que sempre me apoiaram.

Ao querido amigo e sócio Paulo Nicholas e a sua estimada esposa, professora Fernanda Marinela, que me apoiaram na expansão do Projeto Genius, levando os nossos cursos e palestras para São Paulo e, consequentemente, para todos os estados do Brasil.

A todos os meus alunos, presenciais e telepresenciais (cada um deles...), aqueles que tive a alegria de olhar nos olhos e também aos que ainda não tive a oportunidade de conhecer, mas que pude falar aos seus corações e que acreditaram na força do nosso trabalho.

Ao ídolo, guru, amigo e irmão na caminhada fazendo o bem, William Douglas Resinente dos Santos, que proporcionou a realização dos sonhos que, por tanto tempo, foram inimagináveis e cujo exemplo de vida me inspira a me tornar uma pessoa melhor. Muito do que sou e tudo o que faço tem uma forte inspiração nele.

Aos amigos, professores da Rede LFG de Ensino, Alessandro Sanchez, Alexandre Gialluca, Diego Amorim, Nestor Távora, Nathália Masson, Alexandre Mazza, Alessandro Spilborghs, Emmerson Malheiro, André Luiz Pais de Almeida, André Barros, André Veneziano, Flávia Cristina, Eduardo Sabbag, Rogério Sanches, Silvio Maciel, Licínia Rossi, Fábio Menna, Fernando Castellani, Cristiano Rodrigues, Alexandre Meireles, Rafael Barreto, Luciano Rossato, Fabiano Melo, Artur Trigueiros, Roberto Caparroz, João Aguirre, Renato Montans, Fernanda Marinela, Fred Didier e Pablo Stolze.

A toda equipe da Editora Impetus que sempre me tratou com toda atenção e carinho do mundo.

Felipe Lima

Quero agradecer a Fernanda Marinela e a Paulo Nicholas por terem proporcionado o evento em Maceió, no qual tive o prazer de conhecer o professor Felipe Lima.

Igualmente, agradeço ao Fontenele e ao Luiz Flávio Gomes pelo quanto contribuem para a educação no país.

Agradeço à equipe de produção da Impetus: Daiane, Ana Daysi, Josiane, Letícia, Rodrigo, Cristine e Valquíria, por terem ajudado a construir este livro.

Por fim, ao Felipe, por se juntar a mim no sonho de fazer de cada estudante um visionário, competente e otimista em relação a si mesmo e até onde pode chegar.

William Douglas

Os Autores

Felipe de Lima Soares

- Finalista do programa Os Incríveis, do canal National Geographic
- Mentor e *Coach* de grandes Empresários e Empreendedores do Brasil e do Mundo
- Master *Coach* Sistêmico pelo Metaforum International Ltda. com certificações pela European Coaching Association (ECA), World Coaching Council (WCC) e International Association of Coaching-Institutes (ICI)
- Autor das obras Imunidade Emocional - Editora Luz da Serra, Disciplina Inabalável - Editora Universo Psi, Leitura Dinâmica - Editora Saraiva
- *Coach* para o sucesso em provas, concursos e exame da OAB
- Professor universitário e de cursos de pós-graduação
- Consultor e Auditor da Petrobras e Correios
- Especialista em Técnicas de Aprendizagem Acelerada, aplicadas aos conteúdos jurídicos, desde 1999
- Professor nacional da Rede LFG de Ensino
- Conferencista sobre temas de superação e motivação para empresas e estudantes, tendo palestrado para um público superior a um milhão de pessoas em todo o Brasil e na Europa
- Engenheiro, pós-graduado em consultoria empresarial
- *Coach* com formação internacional para o sucesso em provas, vestibulares, OAB e concursos
- Atuou como auditor e consultor do BVC (antigo BVQI – maior organismo certificador ISO do mundo)
- Atuou como professor federal concursado no CEFET-AL

Instagram: @lima.felipe
Canal do Telegram: https://t.me/canaldofelipelima
Canal do Youtube: https://www.youtube.com/c/FelipeLimaYoutube
Facebook: https://www.facebook.com/SouGenius/
Sites: http://disciplinainabalave.com.br
http://imunidadeemocional.com.br

William Douglas Resinente dos Santos

- Desembargador Federal / TRF2
- Professor universitário
- Mestre em Direito pela Universidade Gama Filho – UGF
- Pós-graduado em Políticas Públicas e Governo – EPPG/UFRJ
- Bacharel em Direito pela Universidade Federal Fluminense – UFF
- Conferencista da Escola da Magistratura do Estado do Rio de Janeiro – EMERJ
- Doutor *Honoris Causa* da ESA – Escola Superior de Advocacia – OAB/RJ
- Professor da Escola de Pós-Graduação em Economia da Fundação Getulio Vargas – EPGE/FGV
- Membro das bancas examinadoras de Direito Penal dos V, VI, VII e VIII Concursos Públicos para Delegado de Polícia/RJ, sendo Presidente em algumas delas
- Conferencista em simpósios, seminários, empresas, universidades e cursos preparatórios
- Autor de artigos publicados na imprensa e em revistas especializadas, além de consultorias (Jornais: O *Globo, Jornal do Brasil,* O *Estado de S.Paulo, Folha de S.Paulo, Zero Hora,* O *Dia, Jornal do Commercio,* O *Fluminense, Folha Dirigida, JC Concursos, Tribuna da Imprensa, Correio Braziliense, A Gazeta,* entre outros; Revistas: *Veja, Você S/A, Piauí, Revista dos Tribunais, Doutrina*/ID, *Revista de Direito Tributário*/Malheiros, *In Verbis*/IMB, *Consulex, ADCOAS, ADV-COAD, Justilex* e das Revistas de Direito do IEJ, Defensoria Pública, AJUFE, TRF da 1ª Região, Justiça Federal/RJ, entre outras)
- Colunista do jornal O *Fluminense,* do site *Correioweb,* das revistas *Geração JC* e *Consulex,* e do Portal UOL
- Apontado como o maior especialista em aprovação em provas e concursos pela *Veja, Exame, Você S/A, Piauí,* Programa *Fantástico,* jornal *Valor Econômico* etc.
- Exerceu as atividades de Advogado, Delegado de Polícia, Defensor Público, Professor de Direito Processual, na Universidade Federal Fluminense – UFF, e Professor em vários cursos preparatórios

- Atuou como Juiz da 2ª Turma Recursal dos Juizados Especiais Federais – SJ/RJ (2001/2002)
- Organizador de seminários e cursos sobre Direito Constitucional, Direito Administrativo, Técnicas de Otimização de Estudo e Mudanças no Mundo do Trabalho
- Autor de vários estudos na área jurídica, como a Proposta de Criação dos Juizados Especiais Federais (1994) e a Tese da Legítima Defesa Antecipada, já referida por Juarez Tavares, Rogério Greco e Julio Fabbrini Mirabete
- Membro da Diretoria da Associação dos Juízes Federais do Brasil – Ajufe – (Conselho Fiscal e Diretor Adjunto da *Revista Direito Federal*), nos biênios 2000/2002 e 2002/2004
- Atua eventualmente como consultor *ad hoc* do Centro de Estudos Judiciários, do Conselho da Justiça Federal (STJ), emitindo pareceres sobre artigos enviados para publicação
- Membro da Academia Evangélica de Letras do Brasil – Aelb, ocupando a Cadeira nº 22 – e da Academia Niteroiense de Letras – ANL, ocupando a cadeira nº 40
- Membro do Conselho Editorial das Editoras Impetus, Thomas Nelson Brasil/Ediouro e da Revista *Cristianismo Hoje*
- Consultor do Grupo Editorial Campus/Elsevier (2010)
- Presidente da Comissão de Direitos Humanos da Escola da Magistratura Regional Federal da 2ª Região – 2008/2009
- Membro do Conselho Consultivo da Direção do Foro da SJ/RJ – 2009/2010
- Agraciado com as medalhas civis: "Dr. José Clemente Pereira", a mais alta condecoração concedida pelo Município de Niterói/RJ (2002); "Orlando Marinho Gurgel" – pela OAB/Niterói (2008); "Medalha Mérito Cultural da Magistratura" – IMB (2009). Recebeu o prêmio "Melhores Práticas de Gestão" – Conselho Nacional de Justiça, citado no Planejamento Estratégico do Poder Judiciário/CN; e prêmios nas 6ª e 9ª Mostras Nacionais de Qualidade do Poder Judiciário
- Figurou em primeiro lugar na lista de mais vendidos das Revista *Veja*, *Época*, *Valor Econômico*, *Você S.A.* e *Folha de S.Paulo*.
- Falou, em palestras, para mais de 3 milhões de pessoas
- Mais de 50 livros publicados, com mais de 1,2 milhão de livros vendidos

Possui larga experiência na realização de provas e concursos públicos:

- 1º colocado no Concurso Público para Juiz de Direito/RJ
- 1º colocado no Concurso Público para Defensor Público/RJ
- 1º colocado no Concurso Público para Delegado de Polícia/RJ
- 4º colocado no Concurso Público para Professor de Direito, na Universidade Federal Fluminense – UFF
- 5º colocado no Concurso Público para Analista Judiciário/TRF da 2ª Região
- 8º colocado no Concurso Público para Juiz Federal/TRF da 2ª Região
- 1º colocado no CPOR/RJ (Arma de Infantaria)
- 1º colocado no Vestibular para Direito/UFF
- 3º colocado em concurso nacional de monografias sobre a Justiça Federal

Twitter: @site_wd
Facebook: /profwilliamdouglas
Instagram: @williamdouglas
Site: www.williamdouglas.com.br

Apresentação de Felipe Lima

(4ª edição)

Desde o lançamento da primeira edição desta obra temos o desafio de revolucionar o processo de aprendizagem, facilitando e acelerando métodos de aprender e lembrar. Quebramos tabus sobre o uso da memória e dos mapas mentais, vencemos preconceitos dos que rotulavam os mapas mentais apenas como uma forma superficial de memorizar a matéria e ainda com a ideia absurda de que só serviriam para iniciantes na maratona das provas e concursos. Ledo engano! Aprovados nos mais diversos concursos e vestibulares de alto nível no Brasil têm usado os mapas mentais e as técnicas de memorização em larga escala. Juízes, promotores de justiça, procuradores, defensores, advogados, fiscais, analistas, autores e técnicos que conquistaram a sonhada aprovação em seus concursos fizeram o uso massivo de mapas mentais e técnicas mnemônicas.

Dia após dia nos comprometemos em desenvolver soluções que viabilizem o uso dos mapas mentais e das técnicas de memorização tanto para pessoas que vão fazer provas e prestar concursos em curto prazo como em longo prazo.

Definitivamente, se tem pouco tempo para se preparar para uma prova, os mapas mentais podem ajudá-lo. Você pode fazer mapas dos itens mais importantes das matérias estudadas, substituindo as anotações e resumos pela ferramenta, ou ainda fazer uso de mapas prontos.

Criamos um grupo de estudos gratuito com mapas mentais no Facebook. É um fórum no qual estudantes e concurseiros de todo o Brasil compartilham mapas mentais prontos, trocam informações sobre os métodos de elaboração dos mapas e pedem sugestões para as imagens neles usadas. O endereço do grupo de estudos é <http://www.facebook.com/groups/grupomapasmentais/> e pode ser acessado, também, pelo QR Code abaixo:

É uma grande alegria e honra poder ajudar a acelerar o processo de aprovação com as técnicas de aprendizagem que ministramos. Conte conosco no que for preciso para fazer dar certo, até dar certo, e tornar cumpridas as missões que foram dadas.

Um forte abraço!

Felipe Lima

Nota à 5ª edição

No cumprimento da missão de contribuir para um mundo melhor, com menos daquilo que nos impede de ter uma vida leve e cheia de energia e com mais realizações, alegria de viver e felicidade, continuamos a ajudar as pessoas não só a aprenderem a aprender, mas também a descobrirem o prazer de aprender e lembrar com excelência, potencializando a memória de uma forma surpreendente, na busca da realização dos seus sonhos.

Nessa jornada nos deparamos com novos desafios e até com o preconceito de leigos que acreditam que os mapas mentais são inviáveis por levarem mais tempo para serem elaborados do que anotações convencionais. Dia após dia quebramos esse mito com resultados concretos para os leitores da presente obra, em nossos eventos, palestras e cursos, presenciais e on-line, ensinando aos mais diversos públicos as estratégias eficientes deste sistema de memorização.

Percebe-se que muitas pessoas sem qualquer base ou experiência prática com os mapas mentais e as técnicas de memorização descritas no presente livro emitem uma opinião que não corresponde à realidade prática de quem já está obtendo sucesso com essas duas técnicas, elaborando mapas mentais com a mesma agilidade de quem escreve resumos, com um poder de memória jamais experimentado com qualquer outro método de estudo.

O fato é que com paciência, persistência e as orientações contidas na presente obra, os mapas mentais e demais técnicas de memorização passarão a fazer parte não apenas dos seus estudos, mas também da sua vida e vão transformar sua forma de aprender e lembrar o que aprendeu em longo prazo.

Acrescentamos, nessa edição, um novo capítulo sobre "Ansiedade e os inimigos da memória", por termos percebido em nossa experiência prática com milhares de pessoas que a memória, a concentração e o rendimento nos estudos e demais atividades da vida sofrem grandes prejuízos pela falta de habilidade para lidar com os aspectos que geram a ansiedade e um gasto de energia emocional gigantesco.

Esperamos que aproveite esta nova edição, que construa uma preparação de qualidade com a ajuda das técnicas apresentadas nesta obra e que nos conte como foi o processo!

Felipe Lima e ***William Douglas***

Sumário

Acesse aqui a Playlist com vídeos atualizados sobre Mapas Mentais e Memorização:

Capítulo 1

Técnicas de Aprendizagem Acelerada

COMO A MINHA VIDA MUDOU COM AS TÉCNICAS DE APRENDIZAGEM ACELERADA (POR FELIPE LIMA)

Vestibular mais fácil: engenharia da computação x engenharia elétrica

Sempre tive o sonho de cursar Engenharia da Computação. Como a concorrência era alta, superando a de Medicina, alguns professores me estimularam a persistir e tentar até conseguir.

Certos amigos e parentes diziam: "Procure um curso mais fácil, que nesse você não passa nunca". Hoje, eles me dizem que estavam tentando me ajudar e evitar sofrimento e tempo perdido por algo para mim inalcançável. Não sabiam eles que sonhos impossíveis são somente aqueles que não estamos dispostos a pagar o preço para realizá-los.

Depois de dois anos tentando Engenharia da Computação, desisti e tentei Direito: mais uma vez, sem sucesso! Foi quando decidi escolher um curso pela concorrência e o fiz como quando vamos a um restaurante e o dinheiro está curto: escolhemos pelo preço.

Fugi dos cursos com uma concorrência superior a 4x1 (quatro candidatos para uma vaga), olhei os de 2x1, mas ainda era arriscado, afinal de contas, era o dobro dos candidatos para as vagas disponíveis. Cheguei aos cursos que tinham 1x1 (um candidato por vaga) e escolhi o nome mais bonito que vi: Engenharia Elétrica.

Quem não consegue passar em um vestibular ou concurso concorrido tem a justificativa (desculpa) aceitável da quantidade de gente disputando as vagas. Agora, quem perde em um vestibular de concorrência nula, que não disputa vaga com ninguém, se não passa, vai dizer em casa o quê? Que a prova estava difícil?! Que foi o erro da marcação do gabarito?! É como se participasse de uma corrida sozinho e ainda assim perdesse.

Graças a Deus fui aprovado em Engenharia Elétrica e até com boa colocação, mas os meus problemas só estavam começando, pois, se a fase de colégio foi difícil, a de universidade seria ainda pior, porque as complexas matérias sobre cálculo e circuitos elétricos eram fartas.

A VIRADA: Li *Como passar em provas e concursos*

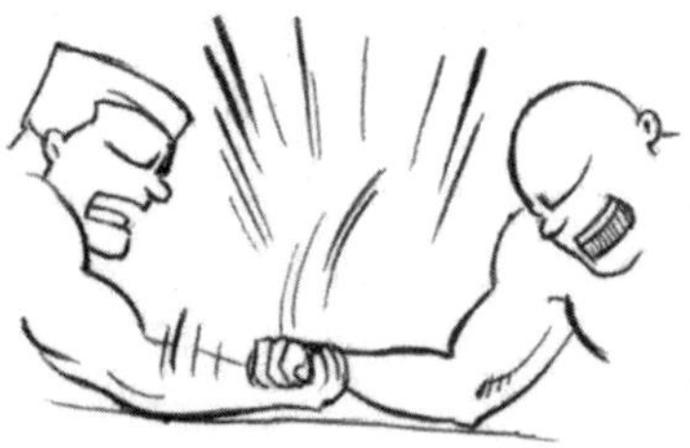

Depois de muitas notas baixas na faculdade, apesar de bastante dedicação, fiz um curso sobre Leitura Dinâmica e descobri o prazer de ler, com bastante compreensão, concentração e também velocidade. Um dos primeiros livros que devorei, depois de treinar muito a técnica, foi *Como passar em provas e concursos*, e mudei o meu jeito de ver a vida.

Comprei outros livros do William Douglas e comecei a colocar os seus ensinamentos em prática para superar todas as minhas dificuldades e limitações, tanto de estudo quanto de vida.

Li muita coisa sobre PNL (Programação Neurolinguística), memória e técnicas mnemônicas, aprendizagem acelerada, autoajuda, leitura fotográfica, empreendedorismo, motivação, liderança etc. Todos aqueles cursos anunciados na TV sobre memória e concentração, eu juntava dinheiro e comprava, com o firme propósito de colocar tudo em prática.

Funcionou!

O Projeto Genius

Desenvolvi tanta habilidade no uso das técnicas de aprendizagem acelerada que amigos e parentes me pediam para que eu ensinasse como fazer para ler rápido e compreender melhor, como organizar o tempo e, principalmente, sobre como memorizar e lembrar das matérias em longo prazo.

Nascia o curso sobre Técnicas de Aprendizagem Acelerada que, mais tarde seria batizado de "Projeto Genius", que se desenvolveu e atualmente aborda, além das técnicas de aprendizagem acelerada e motivação, estratégias de sucesso para a aprovação em provas, concursos e vestibulares, em forma de acompanhamento telepresencial, presencial e via internet, pelo site www.sougenius.com.br e com aulas periódicas semanais ou mensais, como se fosse um curso de inglês.

No GENIUS, cada aluno é único e acompanhamos, com uma equipe interdisciplinar, a superação das suas dificuldades relacionadas aos estudos e à vida.

Dei-me conta de que havia buscado inspiração no livro *Como passar em provas e concursos* para criar um curso em que fosse possível vivenciar e colocar em prática todas as suas recomendações, agregando outros conhecimentos e técnicas adquiridos ao longo da minha experiência como aluno e professor.

CEFET: Aprovação x Exoneração

Ainda entusiasmado pelos livros do William Douglas, principalmente pelo *Como passar em provas e concursos*, prestei concurso para ser professor federal, quando concorri com mestres e doutores e tive a felicidade de ser aprovado em 2º lugar.

Cerca de um ano depois, atuando como professor no Cefet e também em universidades, em cursos de graduação e pós-graduação, decidi pedir exoneração para trabalhar para uma multinacional, o maior organismo certificador ISO 9001 do mundo, na época.

Eu havia participado de cursos sobre ISO 9001, muito estimulado por minha mãe, e fiquei no cadastro de possíveis colaboradores da empresa realizadora dos eventos. Como os consultores do Sul e Sudeste não tinham disponibilidade para morar no Nordeste, a vaga foi aberta e eu a agarrei com unhas e dentes.

Alguns familiares e amigos condenaram minha decisão de pedir exoneração do Cefet, mas era eu, e não eles, que estava seguindo um caminho que não tinha coração e que não me sentia feliz trabalhando com as regras, horários e algumas pessoas daquela instituição, apesar de nunca ter sido tão bem recebido e tratado por seus alunos. Foi muito bom ter o apoio dos meus pais para tomar a decisão de mudar de rumo.

Compartilho aqui o trecho de um livro de Carlos Castañeda que, "por acaso", encontrei no chão do Cefet e que me fez tomar a decisão de pedir a exoneração:

> *"Um caminho é só um caminho, e não há desrespeito a si ou aos outros em abandoná-lo, se é isto que o coração nos diz...*
>
> *Examine cada caminho com muito cuidado e deliberação.*
>
> *Tente-o muitas vezes, tanto quanto julgar necessário.*
>
> *Só então pergunte a você mesmo, sozinho, uma coisa...*
>
> *Este caminho tem coração?*
>
> *Se tem, o caminho é bom, se não tem, ele não lhe serve.*
>
> *Um caminho é só um caminho."*
>
> Carlos Castañeda

Maximus Treinamento & Consultoria + Projeto Genius

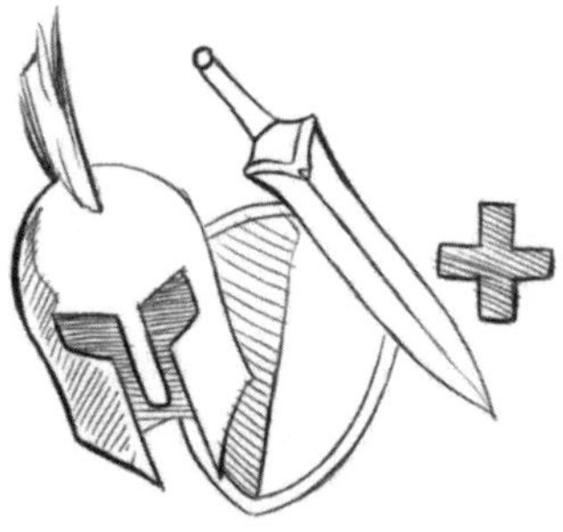

Mais um ano se passou, saí do organismo certificador ISO multinacional e decidi criar a minha própria empresa, que se chamaria MAXIMUS, inspirada no filme O *Gladiador*, do general romano Maximus Decimus Meridius, por sua trajetória de vida, com o foco em consultorias organizacionais voltadas para a área de gestão e treinamentos corporativos.

Vivo com Deus no coração, tentando ser e fazer feliz todos que me rodeiam, desfrutando e aprendendo em cada passo da caminhada. Faço o que gosto e descobri que nos tornamos insuperáveis quando acreditamos em nossos sonhos, em nós mesmos, na nossa capacidade de superação e de aprender com os nossos erros e, principalmente, quando nos lembramos que temos um Deus que tudo pode e que nunca nos abandonará.

"O Senhor é o meu pastor; nada me faltará. [...]
Ainda que eu ande pelo vale da sombra da morte,
não temerei mal algum, porque tu estás comigo."
(Salmos 23)

Aprendi a aprender

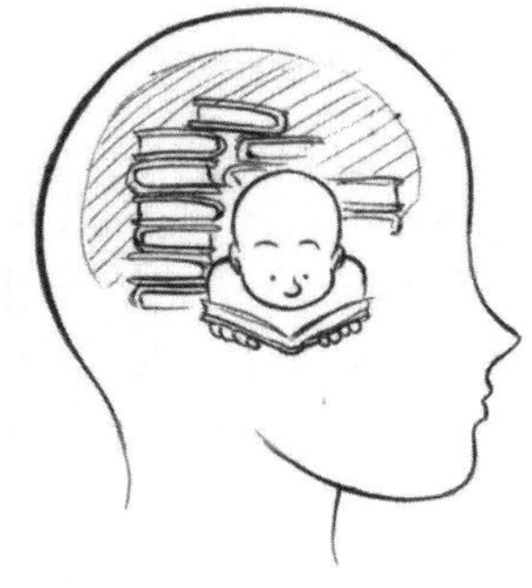

Foi durante a universidade, quando cursava Engenharia Elétrica, curso escolhido prioritariamente pela baixa concorrência em seu vestibular, que fiz o meu primeiro curso sobre técnicas de aprendizagem e pude conhecer a Leitura Dinâmica. Aos 20 anos, eu, que não tinha o hábito de ler, em um treinamento de final de semana aprendi os exercícios sobre como melhorar a eficiência da leitura e comecei a ler alguns livros por dia. Em seis meses já lia um romance de 200 páginas, com muita compreensão e concentração em cerca de 1h. As novidades eram justamente a compreensão elevada de tudo que lia, quer fosse um conteúdo técnico ou um artigo de revista, e a capacidade de concentração ao ler.

Aprender a aprender mudou a minha vida e hoje em tudo que faço uso as técnicas de aprendizagem acelerada como um estilo de vida, tentando usar o máximo que posso da minha capacidade de memorizar.

Existem pessoas que admiram o desempenho de carros, máquinas ultrapotentes e dotadas de tecnologias surpreendentes. Eu, particularmente, fico extasiado com a capacidade da mente humana. Acho maravilhoso o potencial que temos de armazenar informações e conhecimentos, bem como de lembrá-los muito tempo depois.

Nos primeiros anos de Projeto GENIUS, um dado em especial me deixava triste e pensativo: perceber que menos de 10% das pessoas que participavam dos nossos "cursos pontuais", com duração entre 8 e 16h, não tinham disciplina para colocar em prática as técnicas aprendidas. O que impressionava era que os alunos tinham a oportunidade de sentir a eficiência das técnicas de forma prática e bem aplicada às matérias e ainda assim não persistiam em fazer uso dos métodos que tinham aprendido, mesmo sabendo que aquilo traria resultados excelentes quanto à eficiência nos estudos e redução significativa do tempo para a conquista da aprovação.

Decidimos, então, criar a ISOLADA GENIUS, com aulas semanais, para garantir que a aplicação prática das técnicas de aprendizagem acelerada se tornasse um hábito diário de nossos alunos.

COMO ENTREI NO MUNDO DAS TÉCNICAS DE APRENDIZAGEM ACELERADA (POR WILLIAM DOUGLAS)

Introdução

Caro amigo/a:

Se o seu objetivo é aprender a estudar com Mapas Mentais, você pode pular essa parte e ir direto para o capítulo 2. Se, por outro lado, você – além de aprender a estudar com Mapas Mentais – quer conversar um pouco mais sobre sonhos, sucesso, planos etc., então quero aproveitar para, de modo bastante rápido, compartilhar um pouco da minha história com você. A vantagem de ler a história de outra pessoa é que podemos antecipar acertos e evitar erros que outra pessoa já cometeu. Se você ler essas poucas páginas antes de ir para o capítulo 2, espero que elas lhe sejam úteis. Qualquer que seja o resultado, por favor conte-nos através do nossos contatos e redes sociais, ok?

Como se dar bem na vida

Quando novo, lá pelos 10, 12 anos de idade, eu ficava reparando o que fazia alguém "se dar bem" na vida. Eu queria ter meu dinheiro, meu carro, e via que na minha casa, embora nunca faltasse o pão, o dinheiro não fluía quanto eu gostaria. Por exemplo, eu queria ter um par de tênis All Star de cano longo e nunca havia orçamento doméstico suficiente para que meu pai me desse um. Havia alguma coisa errada!

Reparando quais eram as pessoas que "se davam bem", percebi que normalmente eram bonitas, ou ricas, ou inteligentes. Feios, pobres e burros não estavam indo muito bem neste planeta, era a impressão que eu tinha. Hoje, tenho opinião diferente, mas repare: era um menino observando o mundo a partir de seus desejos e sua imaturidade. Bonito eu não era, muito menos rico. Minha única oportunidade era na inteligência, coisa que eu tinha alguma. Ao lado disso, eu gostava mesmo era de jogar *War* e ler livros de história, colecionar selos e ficar deitado olhando para o teto. Nesse cenário de preferências, estudar e fazer os "deveres de casa" não era algo muito interessante.

Nessa época, duas coisas aconteceram.

Primeira. Um dia, em minha casa, meu pai contou sua história. Ele não era bonito, nem rico, nem inteligente (ao menos não pela escala do Q.I. – Quociente de Inteligência) e tinha conseguido sair do meio do mato, da vida de lavrador, e se tornar professor universitário, servidor público e, na época em que isso aconteceu, Secretário de Estado de Agricultura no atual Estado do Amapá. Meu pai foi a prova de que minhas primeiras observações não eram de todo corretas. Gente diferente, pobre, que morava longe e tudo o mais também podia "se dar bem". Décadas depois, lendo Luiz Machado e Daniel Goleman, aprendi sobre inteligência emocional e o melhor conceito de inteligência: a capacidade de se adaptar para realizar seus sonhos e ser feliz. Algo muito além do Q.I.! Esse é o conceito que tenho hoje e que cristalizei no meu livro *Como passar em provas e concursos*, que é antecessor deste que você tem nas mãos. Este é um aprofundamento para um assunto específico: Mapas Mentais.[1] E é mais um prêmio que recebi por ter escrito o *Como passar...*, pois através dele ajudei o Felipe e o tempo fez com que nos tornássemos parceiros de caminhada e de trabalho nessa área fantástica que é ensinar a vencer, a ser feliz, a mudar a realidade.

Segunda. Foi nessa época que descobri que a forma mais rápida e segura para poder ficar me divertindo era tirar logo boas notas no colégio e ir brincar ou fazer nada! Os quatro trimestres tinham pesos diferentes: 20, 25, 25 e 30 pontos. Para "passar de ano" eram precisos 60 pontos. O que eu fazia? Me dedicava a pontuar nos três primeiros trimestres. Quase sempre eu chegava ao final tendo "passado" no quarto trimestre, quando, enfim, a vida se tornava "bela". Não precisava estudar mais e ia para as provas sem qualquer obrigação de acertar. Se você olhar meu histórico escolar, verá que eu passava com 60, 70, um ou outro 80. E se olhar as notas do quarto trimestre, eram, em um máximo de 30 possíveis, 0, 5, 10... Raramente mais do que isso. O fato é que eu tinha descoberto o sistema para ter mais tempo e para meus pais não ficarem "no meu pé" cobrando resultados. O resumo é que comecei a desenvolver técnicas de estudo para ser mais feliz, o que naquela época significa poder ficar brincando, ir ao cinema, jogar *War*, xadrez, tênis etc.

---

1 Aos poucos, estou criando um sistema em que a pessoa tem o livro base, livros resumidos e livros de aprofundamento. Assim, a depender da necessidade do leitor, ele pode se direcionar para uma ou outra obra. Em geral, escrevo os livros de aprofundamento com amigos especializados nas respectivas áreas abordadas, como é o caso aqui, em que partilho o livro com o Felipe. O sistema se completa com audiobooks, site, informativo e redes sociais. E, como creio que ela muda as coisas, oração. Aliás, oração, pensamento positivo, lei da atração e outros temas que parecem heterodoxos são objeto dos livros e aulas. Não tenho, e recomendo que não se tenha, qualquer preconceito em face de sistemas que possam melhorar o desempenho humano.

Descobri que para me dar bem, eu precisaria usar minha inteligência e cumprir as obrigações. Quanto mais cedo eu entregasse aos meus pais e professores o que eles me exigiam, mais cedo eu estaria livre para ir fazer as coisas que eu realmente gostava. Até hoje aplico esse mesmo sistema. E para esse sistema funcionar, quanto mais eu aprender a estudar e a fazer as coisas funcionarem... melhor.

E o que você tem a ver com isto? Se quiser aprender essa lição: quanto mais cedo e melhor você fizer o que lhe cabe, mais respeitado, remunerado e liberado será. Nesse universo de desafios e premiações, o *Como passar...* fala das técnicas em geral e este livro aqui de uma técnica em particular, uma técnica poderosa e que pode dar a você muitas coisas boas.

Dúvidas profissionais

Como todo menino, queria ser astronauta, aviador... E como quase todo *nerd*, presidente da República. Na adolescência, fiquei em dúvida entre Direito, Teologia, Medicina, Odontologia e Diplomacia. Queria ser militar, queria ser tudo. Até hoje, confesso, ainda não sei o que mais gosto, ainda não decidi qual será minha carreira. Enquanto isso, vou fazendo o que é necessário, ou preciso, ou útil. Digo isso para tranquilizar você. Se você ainda tem dúvidas, não se preocupe. Continue caminhando, vá fazendo as coisas, o tempo irá ajudar a – se não extinguir as dúvidas – ao menos fazer com que você realize coisas, pague suas contas e descubra o que não quer mais, ou para onde quer ir. Sendo este um livro para concursos, vale lembrar que eles podem ser o sonho ou a porta para o sonho, podem ser definitivos ou então os famosos "concursos-escada". Há concursos que são escada para outros e há concursos que são escada para outros sonhos. Minha vida de escritor e palestrante foi muito beneficiada por eu ter a segurança e experiência que o concurso público permitiu. Igualmente, ser juiz federal pavimentou a estrada para outros projetos, como correr uma maratona. Então, não fique aflito. Faça uma coisa de cada vez e, enquanto caminha, aproveite a estrada, a paisagem, divirta-se. A gente não sabe por quanto tempo estará vivo.

As dúvidas profissionais devem ser resolvidas na caminhada. Realize projetos, alcance degraus, termine etapas. Quanto melhor você se sair no projeto atual, mais fácil será, ao final desse projeto, descobrir o que é que você realmente quer ou, quando menos, ter experiência, estrutura e bases para dar os passos adiante. Por fim, como costumo recomendar, "bata" o carimbo de "caso encerrado" no passado, apreenda as lições do que passou e siga em frente. Também não adianta ficar se lamentando pelo que não aconteceu. Como já foi dito, muitas pessoas deixam de conseguir o que podem, ou aproveitar o que têm, porque ficam pensando ou chorando pelo que não podem ou pelo que nunca terão. A lição aqui é simples: jogue com as cartas que têm na mão. Elas são o melhor começo para você entrar no jogo e, quem sabe, se jogar direitinho, conseguir cartas melhores para as próximas rodadas.

Cuide das pessoas

Como a intenção desta rápida conversa é transmitir um pouco da experiência acumulada, quero concluir passando alguns "segredos" sobre o sucesso profissional. Claro que o estudo e o trabalho são a base, claro que persistência e dedicação fazem diferença, claro que com disciplina as coisas ficam mais fáceis. Muitos não sabem, mas um dia de descanso a cada seis de esforço aumenta o desempenho. Um pouco de lazer e leveza, um bom sono e atividade física renovam as energias. Mas isso tudo ainda é fácil de se descobrir. Quero ir um pouco além nas dicas.

Para aprender a estudar, se organizar, fazer provas, você pode acessar o *Como passar...*; para memorizar de forma extraordinária, e até revisar um ano de estudos em pouco mais de 12 horas, basta ir em frente nesse livro que você está lendo. Mas se quiser algumas dicas a mais, elas seguem.

Se quiser ter um grau de sucesso acima da média, sempre faça mais do que sua obrigação, sempre faça as coisas de coração, com capricho. Poucos fazem isso! Outra dica preciosa é "faça aos outros o que gostaria que fizessem a você".

Agindo dessa forma, você irá angariar respeito e admiração. As pessoas irão querer estar perto de você. Isso vai muito além de passar em um concurso e conseguir um contracheque *(hollerit)* todos os meses. Isso passa pela realização como pessoa, por algo que se torna necessário depois que o "leite das crianças" está garantido.

Sem querer ir muito longe, mas sem deixar de citar os pontos mais essenciais do crescimento pessoal e profissional, eu costumo dizer que quanto mais você cuidar dos outros, mais irá crescer. Em todos os sentidos, vale dizer. Gandhi dizia que o prêmio por fazer o bem é tê-lo feito. É verdade. Mas existem outros prêmios, pode ter certeza. Eu sempre digo: "Cuide de sua carreira e Deus cuidará dos outros; cuide dos outros e Deus cuidará da sua carreira". Bem, se você não acredita em Deus, me perdoe, mas aqui nesse final de apresentação pessoal eu preciso dizer que na minha experiência Ele foi muito presente e parte dela, no mundo profissional, pode ser vista na obra *As 25 leis bíblicas do sucesso*. Mas mesmo que você não creia em Deus, peço que reflita sobre esse raciocínio.

Creio, sinceramente, que tudo o que você faz volta para você multiplicado. Essa ideia está presente em todas as religiões de mundo, na física clássica e na física quântica. Não faz sentido que estejam todos errados! Então, repito a notícia: tudo o que você fizer, de bem ou de mal, voltará para você de forma multiplicada. Você pode crer nisso como resultado de um Deus, do destino, do universo, de uma força cósmica ou até mesmo como resultado da aplicação das leis físicas tais como a da gravidade ou da inércia. Tanto faz, pois o efeito acontece. Ou você pode não crer nisso... E tanto faz, porque mesmo que você não acredite, a lei do retorno vai funcionar. Você pode não acreditar na lei da gravidade, mas se pular do prédio vai chegar lá no térreo. Não é uma questão mais de fé, mas de leis. Podem ser leis físicas, espirituais ou o que for. Elas funcionam.

Dentro dessa realidade, que anoto aqui para adiantar as coisas para você, saiba que tudo o que você faz é semente que irá frutificar. Seja a semente boa, ou má, ela vai gerar frutos, resultados. Se você não acreditar, ainda assim colherá o que está semeando. E quando o assunto é carreira, e falo algo que – já disse – vai além do simples fato de passar em concursos, o que você semeia é muito importante. Semeie boas sementes, pois assim o futuro tenderá a ser cada vez melhor.

Então, vamos simplificar para concluir: existem duas dimensões de sua vida profissional. A primeira, mais simples, visível e fácil de ser percebida, é: quem estudar mais e melhor, quem treinar mais, quem ficar "na fila", quem não desistir, quem aprender com o erro, quem jogar o jogo... irá passar, irá ser aprovado, nomeado e empossado. É uma questão de tempo. Tempo e trabalho.[2] Essa dimensão é bem objetiva. Se esta bastar para você, ok. O livro base[3] e mais este vão dar instrumentos e ferramentas para seu sucesso nesse nível.

Porém, há uma dimensão maior, que tanto o livro base como este aqui anunciam. Esta é a dimensão da lei do retorno, ou da causa e efeito, ou da semeadura. Tudo o que você fizer de bom ou de ruim voltará para você multiplicado. Esta é a lei, a boa lei universal, que pune os servidores corruptos, preguiçosos, cruéis, insensíveis... E que premia aqueles que

2 "A diferença entre o sonho e a realidade é a quantidade certa de tempo e trabalho", um dos meus "mantras do concurso". Todos eles podem ser acessados gratuitamente em minha página pessoal <www.williamdouglas.com.br> e em minha página no Facebook.

3 *Como passar em provas e concursos,* o livro que, por sinal, fez com que eu e Felipe nos tornássemos amigos.

desempenham seus cargos de forma digna e honesta. Esta lei se aplica não só aos servidores, mas também a professores, empresários, empregados, políticos, ministros religiosos, enfim, a todas as pessoas. E com ela, eu concluo esta introdução.[4]

Quando você estiver na caminhada, no cotidiano, seja agora – como concurseiro – ou depois, como servidor, ou o que mais estiver fazendo, procure fazer o bem, procure servir, ajudar. Isso irá funcionar como sementes, boas sementes, que serão colhidas por você no futuro. Como eu disse: cuide dos outros, Deus cuidará de sua carreira. Este livro é a prova de minha tese. Ao escrever o *Como passar...*, o que fiz com o intuito de ajudar o próximo, recebi de Deus (ou do Universo, se você preferir chamar assim, ou dessa lei universal, se você preferir ir por essa forma de nominar o fenômeno) uma infinidade de premiações. Não escrevi o livro para ficar famoso ou para ganhar dinheiro. Escrevi porque a Bíblia diz que "aquele que sabe fazer o bem e não faz comete pecado". Em suma, eu sabia passar em concursos, via muita gente sofrendo, via muitos aprovados (que também sabiam passar) sem se preocupar com isso. A ideia era mais ou menos assim: "Se eu sofri para passar, que os outros sofram também", ou "se quer passar, pague o preço". Isso não é necessariamente mal, ou consciente, mas era o raciocínio. Contudo, influenciado pela orientação bíblica, eu quis ajudar. Escrevi o livro. Não quiseram publicar, fui rejeitado por cinco editoras diferentes. Não desisti, não vou contar tudo agora. Vou contar o resumo.

Escrever o livro me deu o que eu queria e muito mais. Moro em um apartamento adquirido com os direitos autorais recebidos pela venda dele, fiquei bastante conhecido, ajudei muita gente, sou admirado e querido por causa do meu esforço positivo em prol dos outros. Cuidei dos outros, Deus cuidou de minha carreira. Conhecer o Felipe Lima e tê-lo como amigo e parceiro de jornada, como alguém que me trata como irmão e como irmão é amado é apenas uma das recompensas que Deus (ou o nome que você quiser dar) me deu pelo meu esforço e intenção.

Repare, não foi só intenção. Foi intenção somada a esforço. E, mais que tudo, foi cuidar dos outros, foi aplicar a Regra de Ouro que Jesus burilou: faça aos outros o que gostaria que lhe fizessem. Se você quer uma dica de sucesso, realização e crescimento, eis aqui uma.

Agora, para quem quis ter essa conversa, encerro esta parte e renovo o pedido para que você nos diga se essas rápidas palavras foram úteis. Agora, vamos falar de Mapas Mentais.

---

4 Sobre os aspectos dessa dimensão, recomendo a leitura de meu livro com Rubens Teixeira, *As 25 leis bíblicas do sucesso*, publicado pela Editora Sextante.

“Uma pessoa feliz não é uma pessoa num conjunto de determinadas circunstâncias, mas sim uma pessoa com um conjunto de determinadas atitudes.”

(H. Downs)

VOCÊ TAMBÉM TEM UMA MENTE INCRÍVEL!

Há alguns anos eu, Felipe Lima, tive a oportunidade de participar de um programa de TV chamado Os Incríveis no National Geographic.

Fiz questão de compartilhar o link do vídeo com a minha participação para você entender a grandiosidade do potencial da mente humana, mesmo para quem um dia sofreu com as travas invisíveis da aprendizagem ineficiente.

Acredite, se eu consegui fazer isso, você também pode realizar o seu extraordinário!

Porque tudo na vida é treino.

<https://www.youtube.com/watch?v=d863FmYWNbA>

Vídeo com uma Meditação Guiada para estimular a memória, o foco e a concentração antes de estudar

Meditação pra ouvir antes de ESTUDAR: Rendimento, Aprendizagem, Disciplina, Concentração e Memória

<https://youtu.be/8I9JfHi_4Vw>

MEDITAÇÃO GUIADA PARA MELHORAR A QUALIDADE DO SONO E FAVORECER A APRENDIZAGEM

Dormir bem, em quantidade e qualidade é o primeiro passo para ter uma mente saudável e melhorar a capacidade de aprender e lembrar com excelência.

Por isso, meditar antes de dormir pode ajudar a ter uma boa noite de sono, silenciar os pensamentos, afastar as preocupações para acordar no dia seguinte com energia e disposição.

Gravamos esta meditação guiada com o objetivo de te ajudar a meditar com a facilidade do apertar o botão de play.

É importante desativar o botão de “reprodução automática” do Youtube para que os vídeos seguintes não te acordem.

<https://www.youtube.com/watch?v=v-sRnUddPAI>

Capítulo 2

Fazendo as Técnicas de Aprendizagem Funcionarem

"Que os vossos esforços desafiem as impossibilidades; lembrai-vos de que as grandes coisas do homem foram conquistadas do que parecia impossível..."
(Charles Chaplin)

INSTITUINDO O HÁBITO

Como você, amigo(a) leitor(a), está dedicando o seu precioso tempo para ler esta obra, dedique-se a fazer com que cada técnica ou dica faça a diferença em sua vida e tenha a certeza de que estamos à inteira disposição para tirar suas dúvidas através do e-mail contato@sougenius.com.br e do site <http://williamdouglas.com.br>.

Justamente com o objetivo de tornar o uso das técnicas aqui contidas uma competência, criamos exercícios que devem ser praticados diariamente, não tomando mais que 10 minutos do seu dia.

Ao aplicar os métodos aqui descritos é importante que você entre em sala de aula com uma nova postura, com a firme intenção de fazer com que a sua forma de aprender e lembrar seja revolucionada.

O uso da memória, bem como de todas as faculdades mentais, funciona como os demais hábitos que instituímos em nossas vidas.

Não basta comer de forma saudável por alguns dias, isso precisa ser um hábito diário para trazer os benefícios a que uma dieta equilibrada se destina. A média dos seus hábitos se sobrepõe aos pequenos desvios. No livro *A maratona da vida* (William Douglas) há uma citação clara sobre a regularidade da alimentação. Se você tem uma alimentação sempre saudável e equilibrada, um exagero isolado no mês de lasanha ou *sundae* não vai fazer com que você engorde horrores, como também, se você só come porcaria o tempo todo, fazer um sacrifício momentâneo de alguns dias não vai resolver o seu problema de peso e saúde.

Percebe-se que, para instituir um novo hábito, deve-se ter disciplina e persistência e, para tanto, é imprescindível fazer uso de ferramentas para evitar que os antigos hábitos prevaleçam.

Uma vasta literatura prega que, para se adquirir um novo hábito, basta fazê-lo por 21 dias. Prefiro acreditar que enquanto durar a motivação e a lembrança dos seus objetivos de vida, você poderá manter-se em busca dos seus sonhos e promover as mudanças necessárias para que eles aconteçam, um dia de cada vez.

Recomendo que, sempre antes da realização dos treinamentos diários sobre as técnicas mnemônicas aqui presentes, olhe para o seu cartaz dos sonhos, com as imagens do que você quer da vida e lembre-se dos seus objetivos, da razão maior que está te levando a aprender novas maneiras de absorver as matérias e, principalmente, de lembrá-las na hora da prova.

Se os seus sonhos não foram suficientes, lembre-se dos seus pesadelos, das coisas ruins que podem acontecer se você não se dedicar o suficiente para tornar realidade a vontade que nasceu na sua alma e hoje mora na sua cabeça, nos planos para um futuro breve.

RE-RE-RE-ESTUDAR

Uma conta que quase ninguém faz, mas que dolorosamente é sofrida para a conquista da aprovação, é a quantidade de vezes que se tem que estudar um determinado assunto para garantir que ele seja lembrado quando da realização de provas.

Por muitas vezes, aprendemos um conteúdo em sala de aula, estudamos em casa, fazemos exercícios e temos a nítida sensação de que dominamos as matérias. Bastam algumas semanas ou meses para que percamos essa "certeza absoluta" e tenhamos que reestudar os assuntos, alguns assuntos até com a impressão de que é a primeiríssima vez que estamos lendo algo sobre aquilo.

Isso ocorre pela falta de método de internalização e armazenamento das informações, o que trará, naturalmente, uma significativa facilidade e agilidade para lembrar-se dos assuntos.

A função principal das técnicas de aprendizagem acelerada excede "aprender com eficiência", e chega à manutenção dos conteúdos disponíveis na memória e, principalmente, na habilidade de lembrar e expressar aquilo que se sabe ou pensa.

O grande desafio de estudantes em todas as fases de suas vidas é absorver um volume imenso de informações e conhecimentos, durante anos ou meses, e depois lembrar-se de tudo, de forma ágil, pois toda prova tem tempo definido.

AS DIFICULDADES NO INÍCIO DO USO DAS TÉCNICAS

Quando ouvimos falar sobre algum assunto ou técnica, quer seja sobre técnicas de aprendizagem acelerada ou sobre qualquer outro tema, nos tornamos incompetentes conscientes, ou seja, sabemos que não dominamos aquele método. Antes disso, éramos incompetentes inconscientes e nem sabíamos que não sabíamos. Quando aprendemos a referida técnica e começamos a usá-la, evoluímos ao grau de competentes conscientes e, com o passar do tempo e prática das técnicas, incorporamos o seu uso aos nossos hábitos diários e nem pensamos quando vamos usá-las, nos tornando competentes inconscientes.

Com persistência, você conseguirá alcançar o estágio de competente inconsciente com as técnicas de Mapas Mentais e Memorização, usando-as sem nem parar para pensar.

	INCOMPETENTE	COMPETENTE
INCONSCIENTE	Estágio 01 II	Estágio 04 CI
CONSCIENTE	Estágio 02 IC	Estágio 03 CC

O gráfico abaixo mostra os estágios que enfrentamos quando estamos aprendendo as técnicas de aprendizagem acelerada e que, analogamente, representa a aplicação de toda e qualquer nova tecnologia.

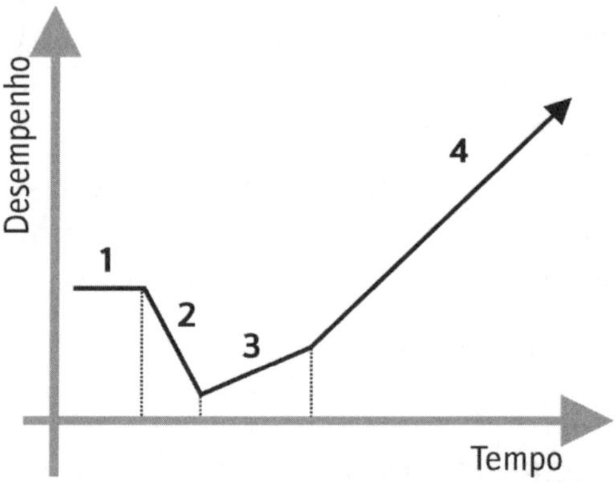

Fases:

1) Desempenho estagnado, antes do treinamento e uso das técnicas
    - Incompetência inconsciente
2) Queda do desempenho pelo desenvolvimento inicial da aplicação prática das técnicas
    - Incompetência consciente
3) Primeiros resultados positivos na aplicação das técnicas: melhora na aprendizagem, manutenção do assunto à disposição e principalmente para evocar conteúdos
    - Competência consciente
4) Aplicação hábil das técnicas de forma rotineira e automática
    - Competência inconsciente

Ao praticar as novas técnicas e mudar a sua forma de aprender, saiba que "tempos difíceis" virão e talvez você pense que não vale a pena investir energia no desenvolvimento dos exercícios, que a relação "custo x benefício" é inviável, mas se você persistir e superar esse breve "muro" inicial experimentará um sucesso antes inimaginável em seus estudos.

Frequentemente recebemos depoimentos de alunos falando que tinham uma resistência grande em aplicar os Mapas Mentais e as técnicas de memorização por acreditarem ser mais apropriadas para alunos iniciantes, que ainda não tinham um domínio tão amplo das matérias. Contudo, com o tempo percebem o sucesso de outros "veteranos" fazendo os mapas e decidiram "pagar para ver" e investir tempo e energia para aprender as técnicas. Esses próprios alunos dizem que é um grande engano acreditar que quem já domina uma parte da matéria não precisa dos mapas e das técnicas mnemônicas. Ainda que assuntos tenham sido compreendidos maravilhosamente bem, nem sempre eles são facilmente recuperáveis pela memória. Se hoje você domina algum assunto, isso não garante que muito em breve ele não estará mais facilmente recuperável. Assim, o ideal é existir um processo sistemático de revisões, qualquer que seja o sistema usado para isso.

A fé e a persistência são determinantes para o seu sucesso no que quer que faça na vida. Se você iniciar os treinamentos fazendo corpo mole e valorizando as dificuldades, fique certo de que tudo será mais difícil e, provavelmente, você vai entrar para a lista dos desistentes, que procuram 1001 defeitos nas técnicas para justificar a sua falta de compromisso para colocar em prática os métodos de aprendizagem acelerada. Encontro muitos desses desistentes mofando anos para serem aprovados.

Mas se você começar com o "pé direito", acreditando que centenas de milhares de pessoas no mundo já estão sendo beneficiadas com o uso das técnicas e que você é plenamente capaz de superar as dificuldades do caminho, ainda podendo contar com o nosso apoio por e-mail, terá sucesso inevitável.

Como já disse o comandante, chefe do Capitão Nascimento, do filme *Tropa de Elite*: "Missão dada é missão cumprida!" Receba essa missão de si mesmo e cumpra-a!

MOTIVOS DE UM, DESCULPAS DE OUTROS

Recentemente, recebi dois e-mails de alunos com algumas dúvidas, mas algo me chamou a atenção.

O primeiro era de um aluno, doravante denominado MORNINHO, que justificava que as técnicas de aprendizagem, especificamente os Mapas Mentais, com a metodologia GENIUS, não eram viáveis. O aluno alegava que a matéria era <u>muito extensa</u> e que daria muito trabalho aplicar os mapas em todos os conteúdos.

O segundo era de uma aluna, que chamaremos de GUERREIRA, que se dizia maravilhada com as técnicas de aprendizagem, principalmente com os Mapas Mentais. Ela até falava: "Estou tendo algumas dificuldades, mas é viável e já sinto os resultados". A aluna se mostrava bastante entusiasmada em suas palavras, e dizia que, como a matéria era muito extensa, seria ótimo usar os Mapas Mentais, pois a aplicação deles garantiria que os assuntos fossem estudados uma só vez e revisados de forma fulminante, através das caixas diárias, semanais, quinzenais, mensais e semestrais, como você verá a seguir.

O mesmo argumento foi usado pelo MORNINHO, como desculpa para não aplicar a técnica, e pela GUERREIRA, justamente para aplicá-la.

ANALOGIA DA VENDA DOS SAPATOS

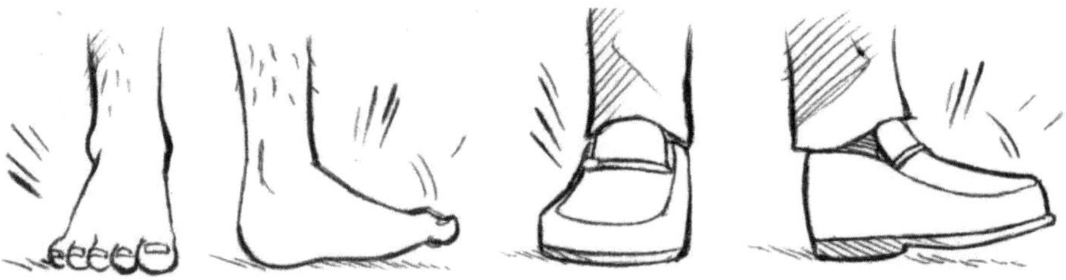

Esse fato me fez lembrar uma história muito conhecida entre vendedores. Certa vez, dois vendedores de sapatos foram enviados a uma mesma cidade da África, ambos com a missão de expandir os negócios e abrir filiais.

O primeiro vendedor, MORNINHO, enviou uma carta para o gerente com os seguintes dizeres: *Prezado chefe, considero impossível a expansão dos nossos negócios para este país, tendo em vista que todo mundo aqui anda descalço e não existe a cultura dos calçados.*

O segundo vendedor, GUERREIRO, enviou a sua carta ao mesmo gerente: *Chefe!!! Esse país é uma mina de ouro!!! Vamos vender muito, pois ninguém aqui usa sapatos* ***ainda*** *e não teremos concorrentes.*

A maioria das dificuldades que você terá na vida é inevitável, mas a forma como você vai enxergá-las e, principalmente, a atitude que você terá diante delas é que vai fazer toda diferença.

APRENDIZAGEM > MEMÓRIA > LEMBRANÇA

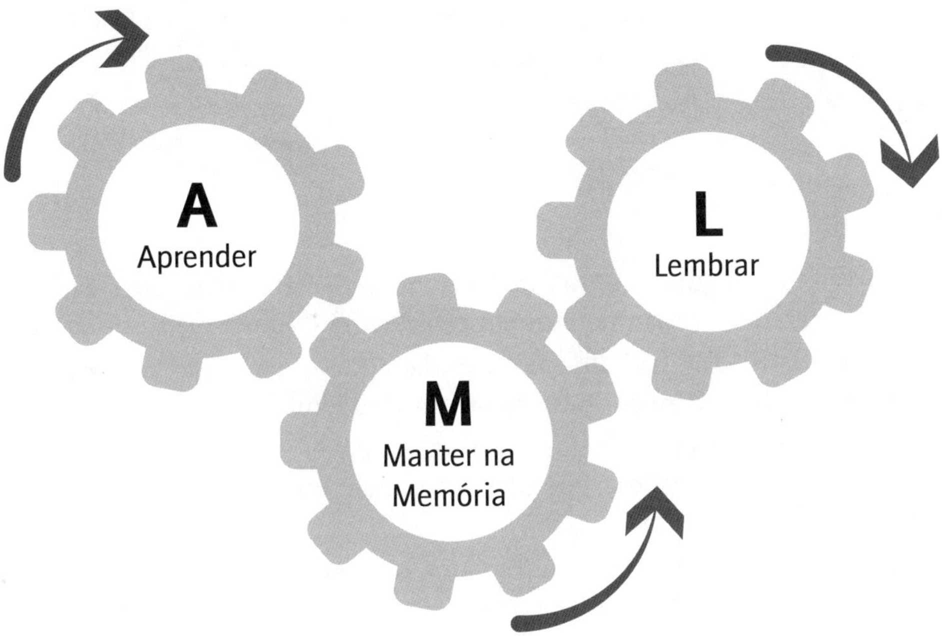

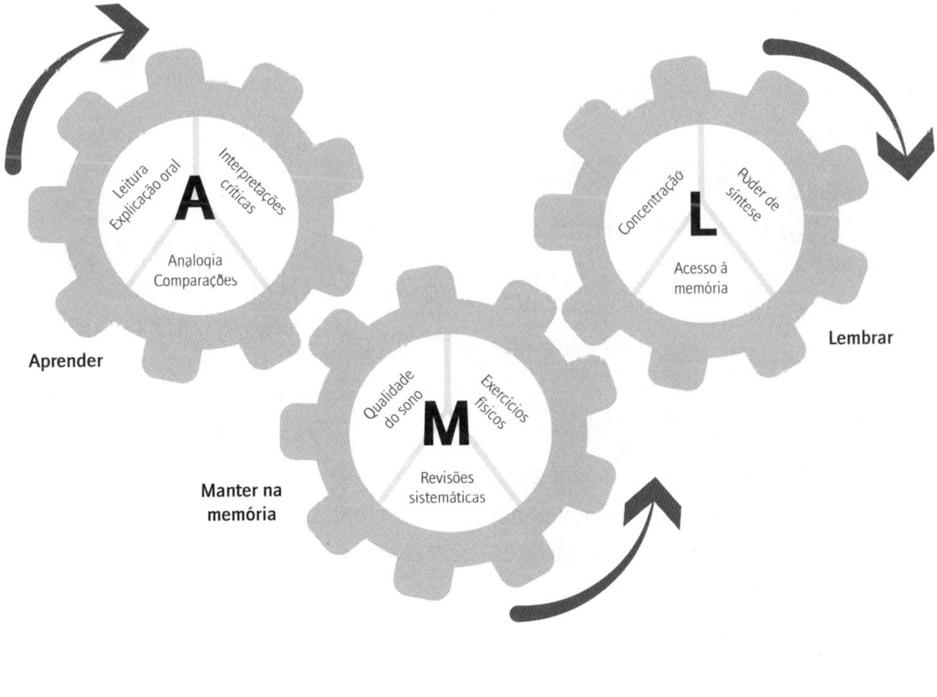

"O bandido foi preso porque foi pego, não porque roubou."
(Dito popular)

Passa em concursos e vestibulares quem acerta mais questões nas provas e não necessariamente quem estudou ou domina mais as matérias.

O grande desafio dos alunos é estudar todo o conteúdo, do primeiro assunto ao último e, quando terminar tudo, se lembrar de toda matéria.

Para a maior parte das matérias estudadas pelos alunos, se faz necessária a realização de revisões repetidas para que um mesmo assunto seja lembrado em longo prazo.

Os alunos podem até compreender os conteúdos em sala de aula, estudá-los em casa, responder os exercícios, mas essa sequência *(Sala de Aula – Estudo em Casa – Exercícios)* não garante que na hora da prova a matéria esteja disponível, com facilidade e agilidade, para que as questões sejam respondidas com sucesso.

No livro *Como passar em provas e concursos*, as fases do processo de memorização estão divididas da seguinte forma:

FASES (PROCESSO DA MEMÓRIA)	CARACTERÍSTICAS DA FASE	COMO OTIMIZAR O RENDIMENTO DA FASE
CAPTAÇÃO	A pessoa recebe informações através de seus cinco sentidos: visão, audição, olfato, tato e paladar. A visão tem certa preponderância, mas isso é influenciado pelo desenvolvimento cerebral.	A principal forma de aumentar a captação é cuidar da saúde (5 sentidos) e ter acuidade. **Prestar atenção** ao que está fazendo e ao que está acontecendo é a chave para uma boa captação.

FIXAÇÃO	A fixação dependerá do tipo de memória utilizada (de curto ou longo prazo) e da qualidade do armazenamento. A fixação é feita nos neurônios, em especial nos dendritos. A fixação corresponde ao "marcar" a informação recebida no cérebro.	O cérebro irá realizar uma seleção de tudo o que estiver acontecendo e fixará o que lhe parecer ou for determinado ser o mais importante. Aqui é essencial o **interesse, amor e vontade** da pessoa pelo assunto ou informação. O armazenamento depende de boa **alimentação, oxigenação, boa captação** e estímulo suficiente.
MANUTENÇÃO	Depois de se "marcar" a informação em um número "x" de neurônios, será a hora de assegurar que esse **registro** não se perca nos pelo menos 10 bilhões de neurônios ativos. A manutenção é a perenização do registro (p. ex.: não sendo feita outra "gravação" sobre ele). O cérebro raramente mantém guardada informação considerada inútil.	Para manter uma informação no cérebro é preciso indicar a **utilidade** da mesma. O cérebro não tem o vício humano de "guardar" o que não será usado. Para a informação não se perder ou apagar é preciso que ela seja **bem fixada**. A boa fixação é aquela feita com a utilização das técnicas, especialmente a de **associação das informações** na rede neural.
RECUPERAÇÃO	Recuperar significa **localizar e resgatar** a informação guardada e mantida no cérebro. Quem leva 2 horas para se lembrar de algo que precisa é uma pessoa que soube guardar e manter, mas que não sabe recuperar a informaçao que já está no cérebro. O "branco" na prova é um problema de recuperação da informação.	Para recuperar é preciso saber métodos para **"armazenar"** a informação de modo adequado. É como se deixássemos nossas "gavetas" ou "arquivos" cerebrais bem arrumados. Mais uma vez, precisaremos utilizar a **associação**, a etiquetação, processos mnemônicos etc. A principal técnica aqui é a **prática**, o **treino**, a **execução**.
TRANSMISSÃO	É a capacidade humana de **repassar para terceiros** (de forma escrita ou oral) o conteúdo memorizado, a informação que foi guardada e recuperada.	Aprenda a redigir e a falar com fluência. Aprenda a utilizar a **linguagem** humana, inclusive a não verbal.

ESTUDO, ESQUEÇO, ESTUDO, ESQUEÇO, ESTUDO... LEMBRO!

Certamente já aconteceu contigo de assistir a uma aula sobre um determinado assunto, estudá-lo em casa, fazer exercícios e depois de algumas semanas não se lembrar de muita coisa. Isso ocorre porque existem conteúdos que estudamos, entendemos e até aprendemos, mas não conseguimos mantê-los disponíveis na memória, sem que sejam revisados repetidas vezes.

Saiu da sala: lembrou!

Você já deve ter entregado uma prova e, no primeiro passo fora da sala, aquela questão que não estava se lembrando e você dedicou preciosos minutos para tentar resolver e não conseguiu "pipocou" na sua memória e você se lembrou de tudo que precisava para respondê-la. Nessas horas dá até vontade de voltar e pedir a prova de volta para responder a questão que você sabe que sabe, mas durante a realização da prova não conseguiu desenvolver.

Para questões desse tipo, que você domina o assunto, mas está "enganchado" e com dificuldades de lembrar ou pensar sobre o assunto, sugiro a leitura da técnica VMR (viagem mental de recordação), existente no capítulo 13 do livro *Como passar em provas e concursos*.

Durante os anos de estudos dos ensinos fundamental e médio, como também nos cursos de graduação, os alunos são condicionados a estudar para provas que cobram assuntos de apenas um ou, no máximo, dois meses. Algumas instituições de ensino realizam avaliações cumulativas, mas cobram uma ínfima fração de todo o conteúdo ministrado ao longo do ano, de forma acumulada.

Para agravar a situação ainda existem aqueles alunos que se condicionam a estudar às vésperas das provas e, como obtêm resultados medianos ou até mesmo satisfatórios, continuam a investir no **"Só estudo quando tem prova!"**

Quando os alunos iniciam a preparação para os concursos ou vestibular, sentem muita dificuldade, pois não foram preparados para "aprender em longo prazo", tendo que se lembrar, no final do ano, dos assuntos estudados no início dele.

Revisões parciais para lembrar do todo

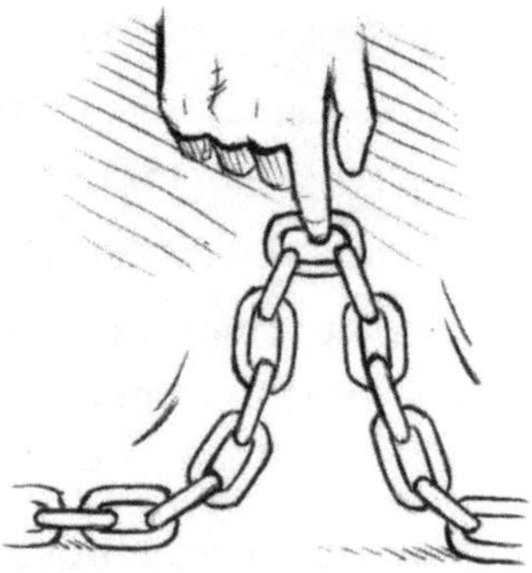

Você encontra por acaso com um amigo de infância na rua e ele te explica onde mora. Cita alguns pontos de referência, ruas e conta alguns semáforos para localizar a sua casa.

Um ano depois, você se encontra com a mesma pessoa, mas não se recorda direito onde é a sua casa. O seu amigo te dá algumas dicas de pontos de referência, com bem menos informações que na 1ª explicação, e você consegue se lembrar de todo o caminho com muita riqueza de detalhes.

Fica evidente então que basta lembra-se de um trecho da matéria para que todo o resto venha à tona.

POR QUE TEMOS DIFICULDADES DE LEMBRAR DE ASSUNTOS QUE ESTUDAMOS E ATÉ APRENDEMOS?

CURVA DO ESQUECIMENTO E DA RECORDAÇÃO

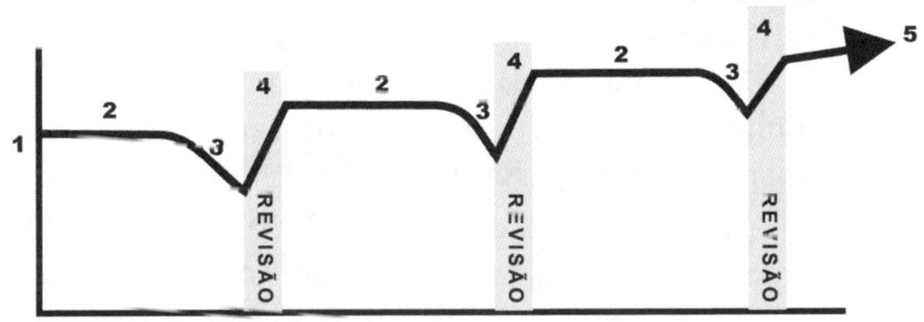

1. 1º estudo da matéria. Aqui se considera que a pessoa aprendeu razoavelmente.
2. Período em que a matéria permanece viva na memória.
3. Período em que, em face do tempo decorrido, a pessoa começa a esquecer o que estudou.
4. Revisão periódica da matéria.
5. Momento em que, após determinado número de revisões, a pessoa não esquece mais a matéria.

Observações

a) A cada revisão, a matéria fica mais tempo guardada na memória, tornando-se menor a perda/esquecimento.

b) A cada revisão aumenta o nível de compreensão e domínio da matéria.

c) Quanto mais a pessoa executa (pratica, exercita) a matéria, mais rápida é a fixação e memorização indelével.

Para fazer uma ilustração visual, façamos a analogia da nossa memória com uma cebola, com suas várias camadas.

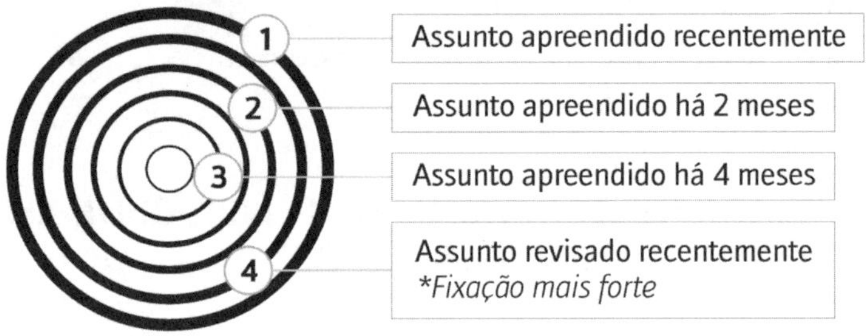

Quando aprendemos algum assunto, este fica armazenado na parte mais "superficial" da nossa memória (1), temos fácil acesso e lembramos com agilidade. Com o passar das semanas e a aprendizagem de novos conteúdos e conhecimentos, esses assuntos mais antigos são internalizados (2). Quanto mais o tempo passa, mais temos dificuldades para evocar (lembrar) aquilo que estudamos, aprendemos e fizemos exercícios (3).

Quando temos a necessidade de utilizar um determinado assunto aprendido há alguns meses, é evidente apresentar uma maior dificuldade para acessá-lo em sua totalidade, mas, quando conseguimos lembrar ou nos utilizamos do recurso de uma revisão, bastando revisar parte do conteúdo que o restante vem à tona (4), este assunto torna-se mais aderente à "superfície" da memória, fazendo com que a sua internalização para um nível mais profundo e de difícil acesso seja retardada.

CONCLUSÃO: quanto mais revisamos um assunto, mais fixo e disponível ele se torna em nossa memória e mais tempo demoramos para esquecê-lo.

Alguns fatores podem interferir no sucesso para lembrar algo, modificando a facilidade e agilidade do acesso à informação na memória, tais como: ansiedade, métodos e formas de armazenamento (vide capítulo sobre os canais sensoriais da PNL), oxigenação cerebral, nível de glicose na corrente sanguínea, qualidade do sono e disposição (física e mental), afinidade com a matéria, nível de analogias com outros assuntos, comparações e desenvolvimento crítico sobre a matéria.

Sequência de estudo

A maior parte dos alunos, de forma errônea, segue a sequência de estudo a seguir:

1. Aula

2. Estudar em casa

3. Responder exercícios

Aqueles assuntos que não passam por essas etapas são considerados como "atrasados", ainda que estes já sejam dominados pelos alunos.

Orientação

Lembro que é importante exercitar o acesso aos assuntos que foram estudados anteriormente, sem que haja a necessidade de revisá-los antes da resolução de questões.

Quando nos deparamos com uma bateria de questões e encontramos assuntos tipo (1), mais superficiais na memória e de fácil acesso, não desenvolvemos o mecanismo de evocar, tendo em vista a disponibilidade do conteúdo. É como se você malhasse só um braço, deixando o outro atrofiado.

Com o passar dos anos, o mecanismo de evocar (lembrar) fica subdesenvolvido. Faz-se necessário resolver questões de assuntos tipo (3), sem revisar os assuntos antes. São matérias que estudamos já faz algum tempo e que estão mais internalizadas na memória. Dessa forma, fortaleceremos o "músculo" do mecanismo de evocar, nos habituando a lembrar assuntos estudados há meses ou anos.

Se não treinarmos a habilidade de encontrar conteúdos "escondidos" em nossa memória, estudando e respondendo exercícios de assuntos recém-estudados e revisados, quando estivermos realizando uma prova teremos dificuldades de buscar aqueles assuntos que estudamos já faz algum tempo.

Sequência de estudo recomendada

1. Aula | **2. Responder exercícios** | **3. Estudar em casa**

Sugere-se que, após ter contato com os assuntos em sala de aula, sejam respondidos exercícios sem antes estudar ou revisar os conteúdos em casa. Isso fará com que o mecanismo de evocar se fortaleça e ele desenvolva a habilidade de lembrar-se de assuntos em longo prazo.

No final da resolução dos exercícios e da conferência com os gabaritos, deve-se revisar os assuntos que tiveram maiores dificuldades e aprofundar os assuntos de uma forma geral com leituras complementares.

Dessa forma, evita-se estudar aquilo que já se sabe e domina o que é desestimulante e provoca preguiça.

Percebe-se que a priorização da resolução de questões antes de estudar e até mesmo antes de assistir às aulas traz uma série de vantagens significativas:

- Melhora da qualidade da aprendizagem: a leitura de livros e as aulas tornam-se muito mais interessantes quando você estuda sabendo o que está procurando e quais informações precisa encontrar;
- Foco nos estudos: há uma grande dúvida sobre o que estudar e sobre quais assuntos devem ser vistos com maior quantidade e profundidade. A resolução prévia de questões permite um melhor direcionamento dos estudos, priorizando o que é mais cobrado nas provas anteriores;
- Ganho de tempo: com base nos resultados das questões respondidas, erros e acertos, capacidade de lembrar-se da matéria, evita-se estudar os assuntos de que já se tem mais domínio e otimizar o tempo para aqueles que ainda não foram estudados e dominados a contento;
- Preparação para a realização das provas: não são poucos os alunos que relatam ter um excelente domínio das matérias, mas que não conseguem obter resultados equivalentes nas provas. Sabe-se muito, mas um número de questões bem inferior é acertado nas provas. A resolução diária de questões vai garantir uma melhor prática para a prova, a interpretação dos enunciados, o acesso à memória, a análise das alternativas e a síntese de textos nas questões discursivas.

QUANTAS QUESTÕES DEVEM SER RESPONDIDAS ANTES DE COMEÇAR A ESTUDAR?

É recomendado que sejam respondidas previamente aos estudos uma quantidade média de questões de uma determinada matéria similar à quantidade de questões que será cobrada na sua prova. Exemplo: se na prova do concurso que você vai prestar são cobradas 20 questões de Direito Constitucional, você deve separar 20 questões dessa matéria, referentes aos assuntos a serem estudados durante o dia, para tentar responder antes de assistir às aulas e iniciar a leitura de livros, doutrinas e leis.

O medo de errar

Alguns alunos dizem que têm medo de fazer os exercícios sem revisar e errar muitas questões. Este é o mesmo caso do paciente que tem medo de fazer exames para não descobrir que está doente.

"A pior forma de resolver um problema é fingir que ele não existe."
(Autor desconhecido)

Se os exercícios são realizados antes das revisões, a quantidade de questões "acertadas x erradas" será um indicador (um termômetro) da absorção e compreensão daqueles assuntos.

Um passo à frente

Os alunos que dominam as Técnicas de Aprendizagem Acelerada, como Memorização, Leitura Dinâmica e Fotoleitura e têm disciplina para cumprir seus planejamentos de estudo, dedicando também tempo de forma equilibrada e responsável para lazer e descanso, conseguem antecipar os assuntos das aulas que ainda serão ministradas, chegando nas aulas com dúvidas antes mesmos de receber as explicações dos professores.

"Sonhos são gratuitos. Transformá-los em realidade tem um preço."
(E.J. Gibs)

"A diferença entre o sonho e a realidade é a quantidade certa de tempo e trabalho."

(William Douglas)

Capítulo 3

Mapas Mentais

"Um dia você irá olhar para todas as dificuldades que enfrentou e verá que elas foram essenciais, pois te fizeram chegar no topo."
(Zé Ramalho)

INTRODUÇÃO AOS MAPAS MENTAIS

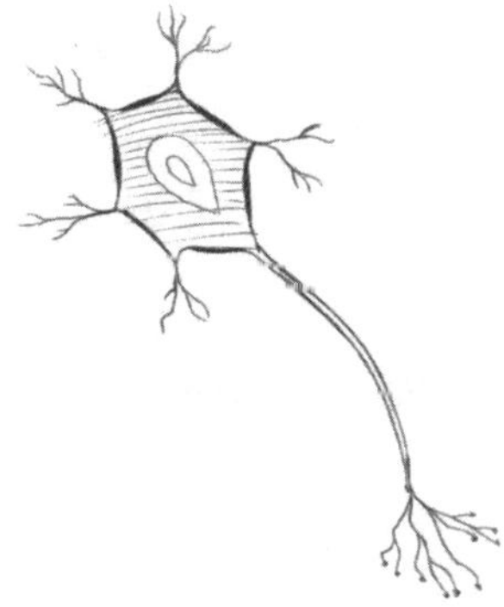

Tony Buzan, psicólogo e escritor inglês, foi o inventor da técnica e autor de diversos livros sobre Mapas Mentais, memória e aprendizagem. Tem difundido esta prática ao redor do mundo, aplicando o método em empresas e no sistema educacional.

A aplicação da técnica conforme descrita neste livro, o que diverge de outros autores, **GARANTE** que a informação será mantida disponível na memória e com fácil evocação (lembrança).

O que são Mapas Mentais

Mapas Mentais ou Mapas Conceituais são uma técnica extremamente eficiente, com um alto poder de fixação, que permite a aprendizagem rápida com um ganho ótimo na retenção dos conteúdos e ideias, bem como proporciona agilidade na lembrança e uso dos mesmos quando da realização de exercícios e provas.

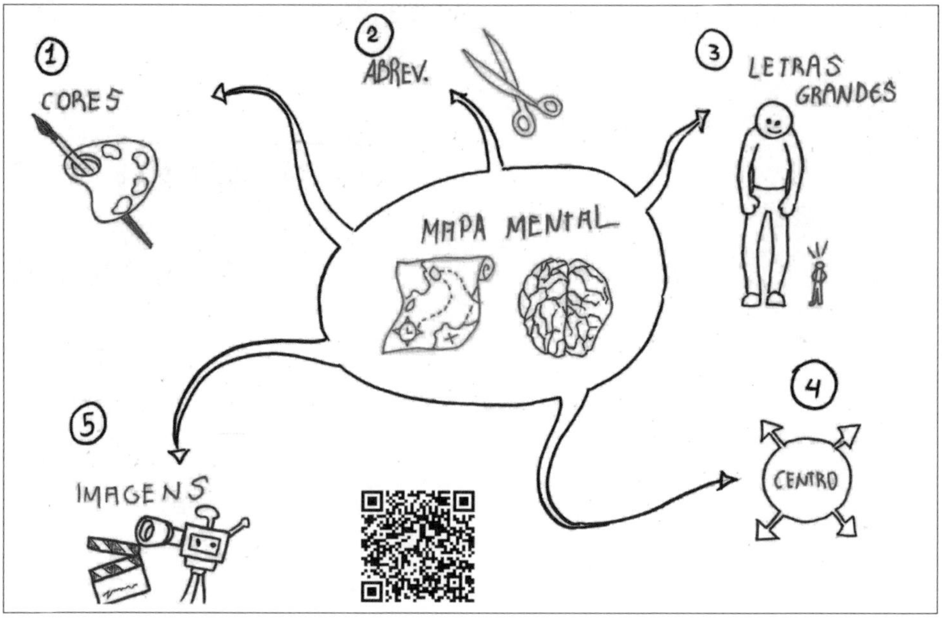

Os Mapas Mentais são uma nova e fácil forma de anotar, registrando os conhecimentos adquiridos, ideias e conclusões.

<u>ACREDITE</u>: com o treino, você será capaz de criar mapas mentais com mais agilidade do que escreve atualmente!

Resultados obtidos com a técnica dos Mapas Mentais

- Estude uma única vez e mantenha todo o conhecimento sempre disponível na memória!
- Facilidade e agilidade para revisões de qualquer assunto.
- Estímulo da memória para aprender com maior velocidade e eficiência, além de proporcionar maior facilidade para evocar conhecimentos apreendidos.
- Com o uso dos Mapas Mentais, você será capaz de sintetizar todas as informações obtidas em aulas e nos estudos em casa, através de livros, códigos, doutrinas, leis, apostilas etc.

Por que Mapas Mentais funcionam – As leis da memória

"A repetição é a mãe do aprendizado."
(Autor desconhecido)

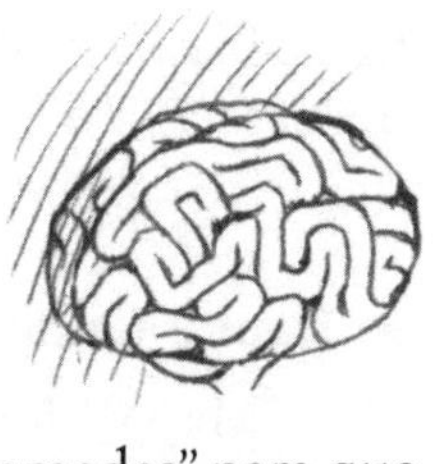

Certa vez, um dos nossos alunos confessou: "Quando comecei a estudar a memória e técnicas voltadas à memorização, aprendi 'a repetição da aprendizagem'". Imediatamente discordei, pensando que a *"REPETIÇÃO era a minha mãe"*, dadas as longas e repetitivas broncas e "chamadas" para que eu fizesse tudo que eu quisesse desde que também fosse o que ela mandava.

- **LEI 01: <u>Revisões sucessivas</u> mantêm os assuntos disponíveis na memória.**
  - Descobri, ao longo dos anos, que, quanto mais estudamos um determinado assunto, mais ele aprofunda as raízes em nossa memória e demonstra uma maior facilidade para ser lembrado, além de exigir cada vez menos tempo para ser revisado.
- **LEI 02: <u>Quanto mais curto for o intervalo</u> entre as revisões de uma matéria, menos tempo se leva em cada nova revisão.**
  - A cada revisão, leva-se progressivamente menos tempo e, quanto mais curto o intervalo entre as revisões, mais breve ainda se torna o tempo necessário para revisar algum conteúdo.
  - No caminho inverso, quanto mais tempo se leva para revisar um assunto, mais demorada será a revisão deste quando você voltar a estudá-lo.

A grande questão é encontrar um método que permita REVISÕES DIÁRIAS de TODO o conteúdo estudado, de forma ágil e eficiente. Fique tranquilo, pois você acaba de encontrar os MAPAS MENTAIS!

Pessoalmente, conheço dezenas de técnicas de aprendizagem, mas nenhuma delas têm a força e eficiência dos Mapas Mentais, que, além de serem fáceis de aprender a elaborar, permitem revisões extremamente rápidas e estimulam a memória de forma fantástica.

Você vai notar, com o passar dos dias de vivência da técnica, que a sua capacidade mental será ampliada, o raciocínio ficará mais rápido e sua criatividade também ajudará na aprendizagem, mesmo quando você não estiver elaborando os Mapas Mentais.

<u>**LEMBRE-SE:**</u> tudo na vida pode ser aprendido, desde que praticado com persistência e fé.

Paul e Queithy (uso do termo "Porque")

O Mapa Mental da página ao lado conta uma história de amor entre Paul e Queithy, em que Paul será representado por "POR" e Queithy por "QUE", desenvolvida por um de nossos brilhantes instrutores, Diogo Gonzaga (Didi Mel).

1) **POR QUE:** no início do carnaval (*"Por que"* usado no **início da frase**), Paul começa a azaração com Queithy, mas, como Paul é muito tímido, não *rola* nada entre eles; o POR QUE fica separado e sem acento.

2) **POR QUÊ:** no final do carnaval (**final da frase**), Paul toma coragem e se aproxima de Queithy; dá um boné a ela (da marca Naique) como símbolo de sua admiração (o acento circunflexo). Mas, como Paul é um rapaz tímido, ficou cheio de vergonha e saiu correndo.

3) **PORQUÊ:** em uma festa de ressaca do carnaval, Paul estava saindo do banheiro quando deu de cara com Queithy e só *rolou* amor entre eles. Como o amor é um **substantivo** (abstrato), o PORQUÊ será junto (eles estão namorando) e com acento (ela ainda usava o boné do carnaval).

4) **PORQUE:** Paul insistia muito para que Queithy retirasse o boné, mas ela disse que só tirava depois de casar. Como o casamento é uma junção, o PORQUE na função de <u>**conjunção**</u> será junto (para sempre e até que a morte os separe) e sem acento, porque Queithy cumpriu sua promessa de tirar o boné, depois que casou.

Peço que você olhe mais uma vez para o Mapa Mental do Paul e Queithy e feche os olhos constatando a forte imagem mental que fica retida na memória.

Alguns alunos relatam que, um ano após a exibição desse Mapa Mental, sem qualquer revisão, ainda conseguem lembrar-se da função e uso do PORQUE com facilidade.

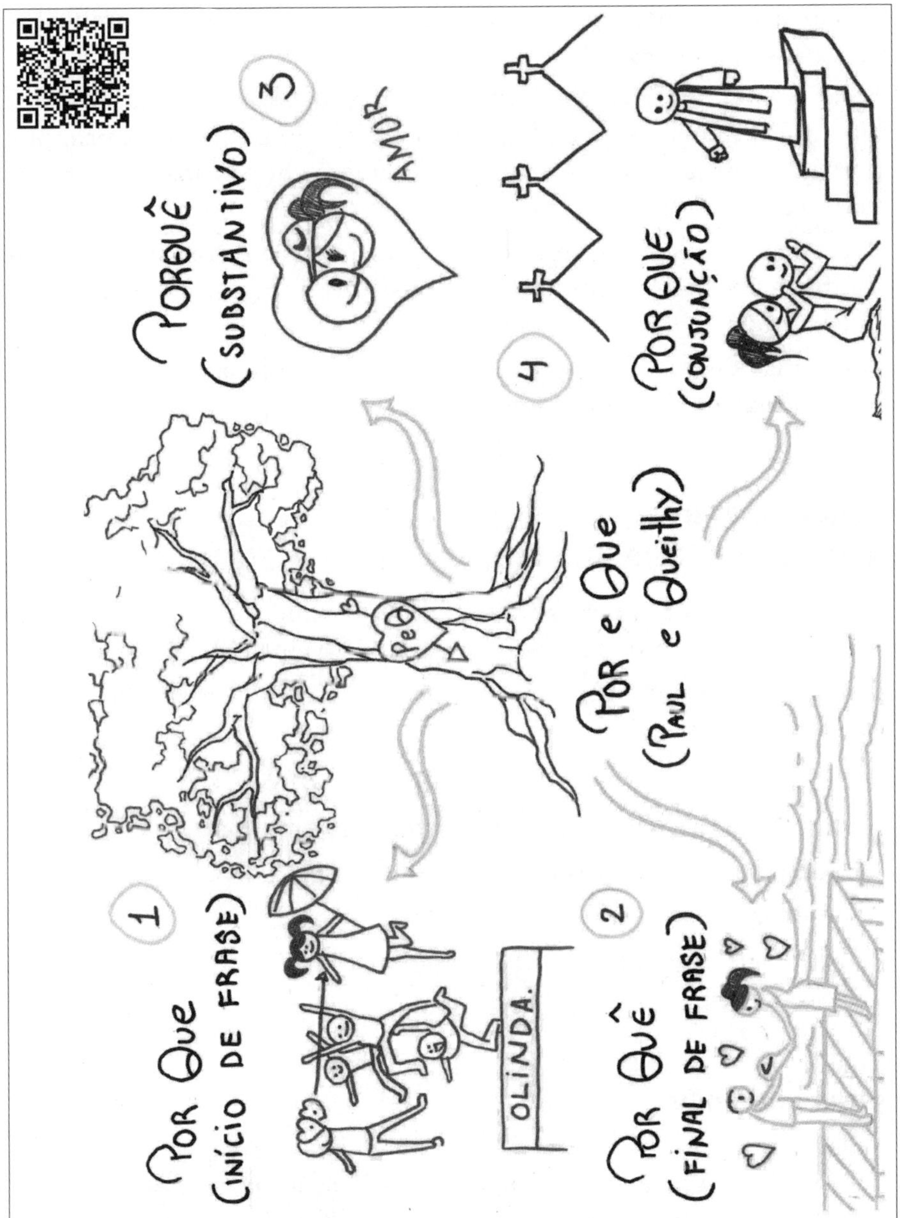

Analogia: Mapas Mentais x aprender a dirigir

Se você dirige, deve lembrar-se de como as primeiras aulas de direção foram difíceis e cheias de informações. Existiam três pedais e apenas dois pés para acioná-los. Locais para colocar as mãos: volante, freio de mão, controles de luz, seta (sinaleira), controles do ar-condicionado, som (liga/desliga, volume, adiante e volta estação) e apenas um par de mãos. Lugares para olhar: frente, janelas direita e esquerda, retrovisores direito, esquerdo e em cima, velocímetro, indicadores de painel, combustível, óleo... Ufa, quanta coisa!

Hoje em dia, você deve entrar no carro, às vezes falando ao celular (olha a multa!), colocar o cinto, ligar o carro, comer alguma coisa, pegar na perna da pessoa ao lado e dirigir como quem chupa cana e assovia com a maior naturalidade do mundo.

A prática ao volante te trouxe uma competência inconsciente, em que a sua utilização é tão costumeira que passa despercebida e você nem nota ao longo do dia.

A mesma coisa vai acontecer com as técnicas aqui apresentadas. Pague o preço, coloque em prática, persista e acredite!

COMO FAZER MAPAS MENTAIS. AS CINCO REGRAS DA METODOLOGIA GENIUS

Por meio da nossa experiência com métodos que realmente funcionam, desenvolvemos cinco regras básicas para fazer Mapas Mentais eficientes.

Na próxima página, você encontrará um Mapa Mental com as cinco regras básicas para fazê-lo.

Material necessário para a elaboração dos mapas

- Canetas esferográficas com quatro cores ou hidrocor ponta fina.
- Resmas e mais resmas de papel A4.
- Prancheta, para uma melhor posição de escrita em sala de aula.
- Seis fichários para arquivar os mapas.

Cores diferentes

- O uso de três ou quatro cores distintas (ex.: preta, vermelha, azul e verde) já é suficiente para tornar as informações mais fixas na memória, mas nada impede que você faça uso de quantas cores desejar.

- Cores diferentes estimulam zonas cerebrais específicas, que antes não eram utilizadas, além de quebrar a monotonia do estudo, facilitando a concentração e mantendo o cérebro mais ativo enquanto se estuda.

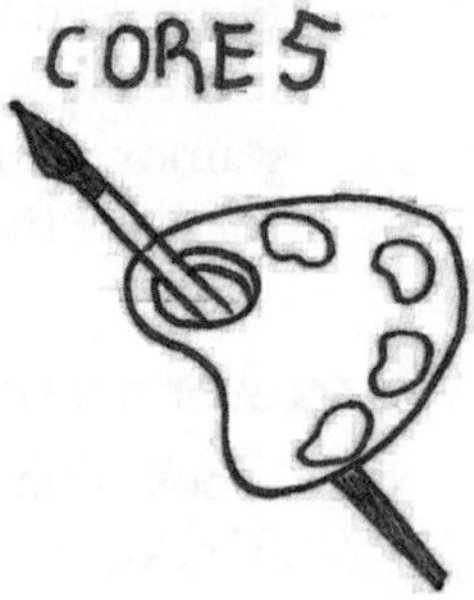

- O uso de cores torna a matéria mais agradável e interessante ao inconsciente, que armazena as informações de forma diferenciada, proporcionando um maior poder de evocação (lembrança).
- Você nem perderá tempo escolhendo as cores. Apenas tenha as canetas ou hidrocor (sugiro ponta fina) à disposição e use cada uma delas para áreas diferentes do mapa. Perceba os seus instintos e deixe a criatividade fluir.

Abreviações

- Economizamos tempo, tanto para escrever quanto para ler, quando fazemos uso de abreviações e siglas.
- Muitas palavras que escrevemos já são conhecidas por suas primeiras letras.
  Ex.: Const. (Constituição), Inconst. (Inconstitucional) e Proc. (Processo).
- Quando abreviamos, além de economizar tempo escrevendo, ganhamos agilidade ao ler.
- Aqui se faz valer uma das leis da memória da evocação parcial de conteúdos, que permite fazer com que todo o assunto seja lembrado.
- Um dos jargões empresariais que está na moda, atualmente, é o "Obrigado pela informação que você não me deu", tendo em vista o excesso de informações a que somos submetidos, tirando o foco do que é mais importante.

Letras grandes

- Letras pequenas são enfadonhas, podem forçar a visão, trazendo problemas à saúde ocular, além de estimular o "bicho preguiça".
- Quando recebemos um e-mail imenso e com letras miúdas, a tendência é ler o começo e o fim. Se for interessante, o corpo do texto merece ser lido. Se não chamar a atenção, muito provavelmente será apagado imediatamente sem peso na consciência.

- Letras grandes estimulam a memória, e a forma garrafal das letras estimula o canal sensorial visual, que é muito pouco usado quando estamos apenas lendo, de forma linear, e estimulamos muito mais o canal auditivo pela pronúncia mental das palavras.

Escrever a partir do centro

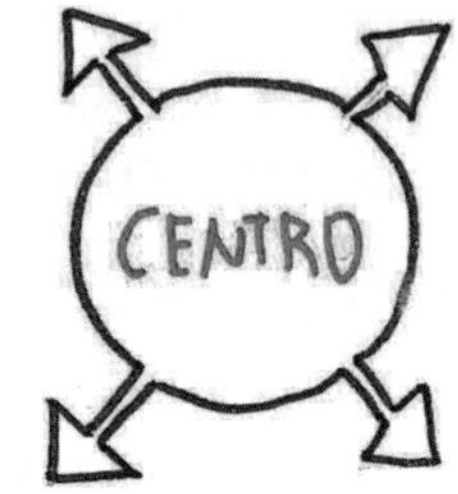

- Temos uma familiaridade mental mais aguçada quando escrevemos irradiando a informação do centro da página, justamente pela modelagem mental utilizada em nosso cérebro e também pela própria estrutura dos neurônios.
- Escritas lineares são monótonas e têm um baixo poder de fixação dos conhecimentos, além de não usarem o canal sensorial mais potente do universo: o visual.
- Coloque a informação principal no centro da página e disponha as secundárias e terciárias na periferia do mapa.

Usar imagens

- Há um banco com mais de 4.500 imagens já categorizadas por termos no grupo de estudos com mapas mentais <https://www.facebook.com/groups/grupomapasmentais/>, que também podem ser solicitadas pelo e-mail suporte@sougenius.com.br. O uso de imagens prontas pode substituir com eficiência as imagens desenhadas manualmente.
- Essa talvez seja a regra mais temida pelos alunos pela <u>falsa</u> impressão que se tem que é necessária uma competência de cartunista para criar ícones e desenhos com qualidade.
- Os ícones precisam ser desenhados de forma simples, como se uma criança de cinco anos de idade fosse capaz de fazê-los.
- Prefira os traços simples, sem a necessidade de fazer desenhos bonitos.
- O que você precisa é criar uma forma visual, usando cores diferentes e que tenha a ver com a ideia da informação contida em cada palavra ou ideia-chave do mapa.
- Os desenhos não podem substituir as informações escritas mas, sim, somar a força da evocação junto com elas.
- Você até pode decidir não criar desenhos, talvez por não se sentir capaz ou achar que é perda de tempo, mas vai deixar de lado uma grande força de fixação e, principalmente, de evocação de conteúdos.
- Confie em você! Comece a desenhar de forma simples e sem muito esmero, pois os seus desenhos só precisam ser entendidos por uma pessoa: você!

- Lembre-se também de tentar desenhar usando coisas engraçadas que vão potencializar ainda mais a fixação dos conteúdos.
  Nesta obra, você notará que os Mapas Mentais foram elaborados com desenhos simples, sem nenhum rebuscamento.

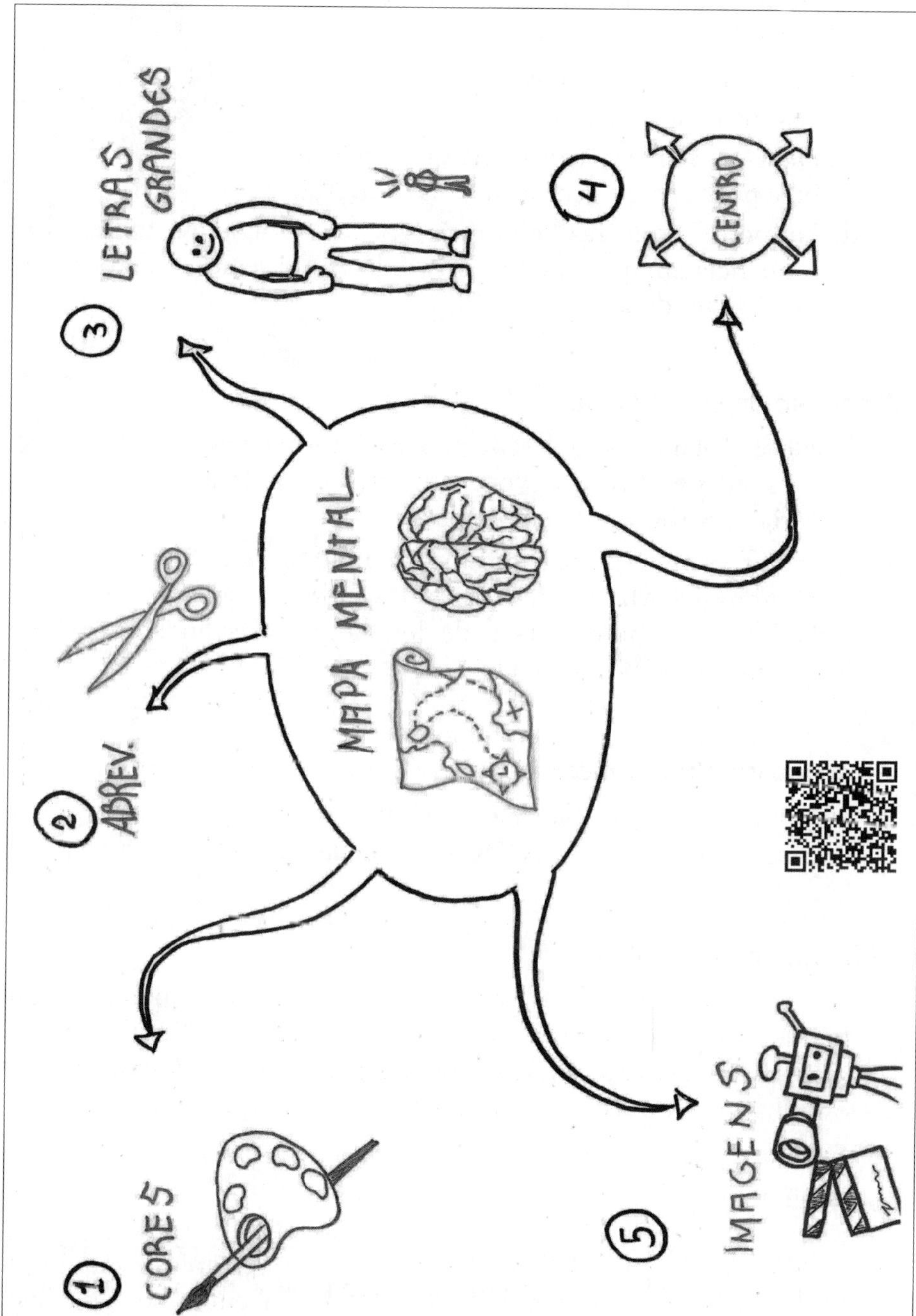

OUTRAS INFORMAÇÕES IMPORTANTES SOBRE MAPAS MENTAIS

Cabeçalho

- Todos os Mapas Mentais precisam ter um cabeçalho no topo da folha, com as seguintes informações:
    a. Matéria – que está sendo estudada.
    b. Assunto – ligado à matéria.
    c. Data – de elaboração do mapa, que servirá de base para a transferência entre as CAIXAS.
    d. Número – que faz referência apenas ao assunto, indicando a sequência em que este foi registrado. A numeração independe de matéria ou data.

Princípio da simplicidade

- Um bom Mapa Mental tem poucas informações, o que não significa que você precisará resumir a matéria para registrá-la em mapas.
- Cuidado com o perfeccionismo: é melhor você elaborar vários Mapas Mentais, escrevendo-os com agilidade e sem muita riqueza de detalhes nos desenhos, que poucos mapas muito bem desenhados.

Princípio da abrangência

- Sugerimos que sejam elaborados tantos Mapas Mentais quantos forem necessários para abranger TODO o conteúdo estudado ou visto em aula.

Princípio da eficiência

- Se você sair de uma aula com 30 Mapas Mentais elaborados, fique feliz! Pois aqueles conteúdos estarão GARANTIDOS em sua memória, através do uso da metodologia das revisões descrita adiante, e as chances de você lembrar-se deles em uma prova é imensa.

Princípio visual

- Elabore ícones e desenhos simples, com rápida criação, fáceis e simples, mas que representem a imagem mental que você tem sobre cada parte do assunto.

Princípio da velocidade

- Lembre-se de que a velocidade ideal de elaboração do Mapa Mental é igual ou maior que a sua velocidade antiga de anotações.

SISTEMÁTICA DE REVISÃO DOS MAPAS – MANTENDO TUDO NA MEMÓRIA

Metodologia de revisões

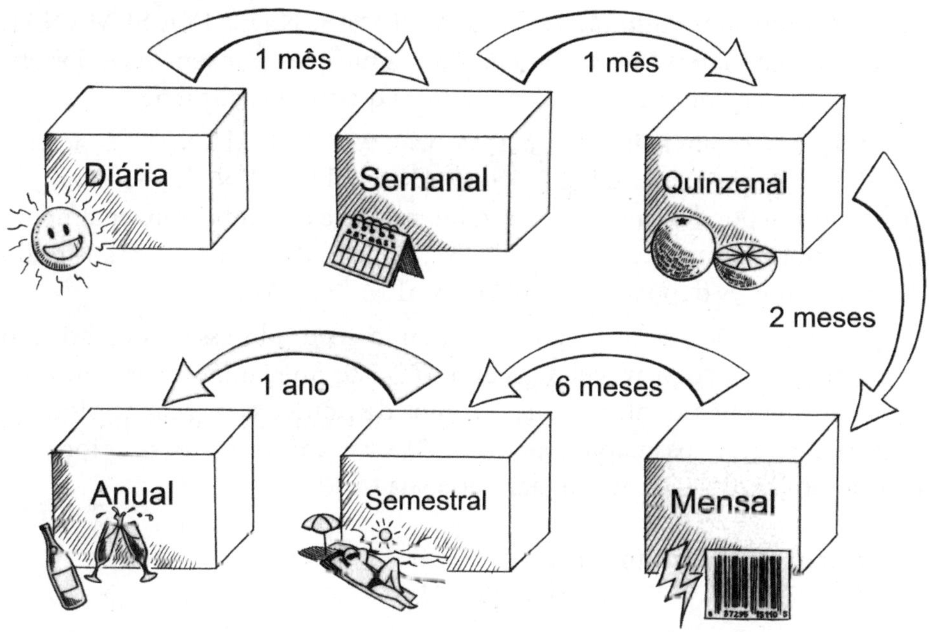

Logo quando um Mapa Mental é produzido deve-se armazená-lo em uma CAIXA DIÁRIA, na qual este será lido durante 30 dias consecutivos (de segunda a domingo). A repetição de um mês lendo um mesmo Mapa Mental, que contém não somente informações, mas as principais ideias compreendidas dos assuntos durante a participação nas aulas e leitura de livros, faz com que o assunto seja **massificado** na memória, sendo disponibilizado com fluidez e agilidade para lembrança (evocação).

Lembre-se de que todos os Mapas Mentais de todas as matérias devem ser lidos todos os dias enquanto estiverem na CAIXA DIÁRIA, ou seja, pelo período de um mês.

Historicamente, os nossos alunos levam o tempo médio de dez segundos para revisar um Mapa Mental que fora elaborado por ele mesmo, naquele mesmo dia. Ao longo dos 30 dias, esse tempo necessário para a revisão dos mapas cai ainda mais, tendo em vista que a cada releitura do assunto fica ainda mais *"vivo"*, fixo e disponível na memória. No final dos trinta dias, a maior parte dos Mapas Mentais é lida em torno de dois segundos, dada a imensa fixação dos conteúdos.

Após a permanência de um mês na CAIXA DIÁRIA, deve-se remover o Mapa Mental para a CAIXA SEMANAL (vide esquema das CAIXAS da página anterior), com o objetivo de manter a *massificação dos conhecimentos adquirida na* CAIXA DIÁRIA. Na CAIXA SEMANAL deve-se ler os Mapas Mentais apenas uma única vez por semana e por um período de mais um mês, totalizando mais quatro visualizações.

Após a permanência de um mês na CAIXA SEMANAL, é preciso transferir o mapa mental para a CAIXA QUINZENAL, na qual ele permanecerá por dois meses e, naturalmente, será revisado quinzenalmente e, posteriormente, será levado à CAIXA MENSAL, sendo transferido desta, seis meses depois, para a CAIXA SEMESTRAL.

Caso você não tenha fixado o conteúdo seguindo essa sistemática, o que é muito pouco provável de acontecer, visto que jamais registramos tal ocorrência em nossos alunos em dez anos de prática com Mapas Mentais, você pode voltar os mapas para as CAIXAS anteriores para reforçar a fixação dos conhecimentos e facilitar a sua evocação.

Visualizações diárias (caixa diária)

A chave do sucesso dessa metodologia é a disciplina em ver os mapas mentais TODOS OS DIAS, durante 30 dias, enquanto eles estiverem na CAIXA DIÁRIA, o que fixará com muita eficiência os conteúdos e conhecimentos. As demais CAIXAS apenas manterão a excelente *fixação adquirida durante o primeiro mês de revisões diárias*.

Você vai experimentar, estudando e anotando os assuntos logo na primeira vez, a sensação de domínio adquirida quando antes estudava por várias vezes o mesmo assunto.

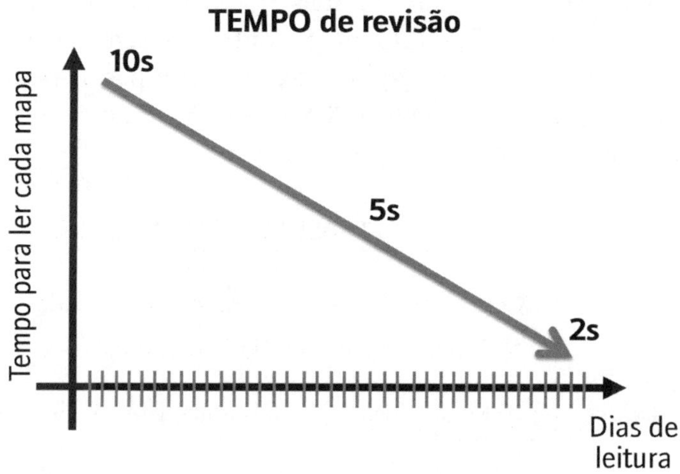

Ainda na CAIXA DIÁRIA, a cada dia de visualização das fichas, você pode perceber que a revisão delas será progressivamente mais e mais rápida.

A criação do Mapa Mental, por si só, já permite melhor absorção dos conhecimentos, e a revisão sistemática deles garante a manutenção dos conteúdos, possibilitando uma fácil evocação a qualquer tempo e de todo (100%) o conteúdo assimilado.

Até a presente data, pudemos confirmar, com a experiência em cursos e seminários com os nossos alunos, o tempo médio de revisão por mapa de cinco segundos. Não tivemos registros de tempos maiores que 10 segundos, mesmo nos casos de pessoas que há muito tempo não estudavam e decidiram prestar concursos ou nos que se autointitulam desprovidos de memória, concentração ou agilidade mental.

Se o Mapa Mental for elaborado seguindo as cinco regras à risca, o tempo de leitura dele será cada vez absurdamente menor.

Com o passar dos dias de revisões diárias, o tempo de leitura de cada mapa vai decrescendo até chegar a um ponto em que basta bater o olho no Mapa Mental, que tem um apelo visual bastante forte, para lembrar-se imediatamente de todo o conteúdo ali registrado.

Para fins de cálculos, vamos admitir que se gaste dois segundos no trigésimo dia consecutivo de revisão de um Mapa Mental. Então, teremos um tempo médio estimado de revisão de cinco segundos.

Se você elaborar 10 Mapas Mentais por dia, terá algo em torno de 60 mapas por semana. Fazendo uma contagem semana a semana da elaboração dos mapas que, naturalmente, precisam passar pelo <u>1º mês de revisões diárias e sucessivas</u>, na **CAIXA DIÁRIA**, temos a seguinte soma, representada na 1ª coluna da tabela abaixo:

TABELA 1 – CAIXA DIÁRIA

Mapas Mentais Elaborados (quantidade acumulada)
Tempo de Revisão Diária (minutos)

Produção Diária	10 Mapas/Dia		20 Mapas/Dia		30 Mapas/Dia	
1ª semana	60	5	120	10	180	15
2ª semana	120	10	240	20	360	30
3ª semana	180	15	360	30	540	45
4ª semana	**240**	**20**	**480**	**40**	**720**	**60**
5ª semana	240	20	480	40	720	60
6ª semana	240	20	480	40	720	60
...						
50ª semana	240	20	480	40	720	60

O curioso é que na CAIXA DIÁRIA nunca teremos mais que 240 mapas mentais, se produzirmos 10 mapas mentais por dia, tendo em vista que a partir da 5ª semana, quando os mapas elaborados na 1ª semana completam um mês de revisões, serão transferidos todas as semanas 60 mapas para a CAIXA SEMANAL (vide TABELAS 3 e 4). Dessa forma, todas as semanas estarão <u>entrando 60</u> novos Mapas Mentais e <u>saindo outros 60</u> mapas na CAIXA DIÁRIA, que já completaram 1 mês de revisões diárias e sucessivas.

Observe que ao final da quarta semana, chegamos à quantidade máxima de Mapas Mentais a serem revisados diariamente.

Para calcular o tempo médio necessário para revisar todos os 240 Mapas Mentais da CAIXA DIÁRIA, basta multiplicar o número de mapas pelo tempo médio para ler cada um deles, da seguinte forma:

240 mapas x 5s = 1200s = 20min

Com a aplicação da presente técnica, incrivelmente levam-se apenas 20 minutos para manter todo o conteúdo estudado desde o início dos seus estudos vivo e disponível em sua memória.

Digamos que nós tenhamos errado a conta e que você tenha que produzir o triplo de Mapas Mentais para dar conta de toda a matéria estudada e vista em sala de aula, totalizando 180 mapas por semana.

O tempo necessário seria nada mais, nada menos, que 60 minutos para a revisão de todos os Mapas Mentais, de todas as matérias, todos os dias. **Você levará apenas 1 hora para manter o conteúdo dos 720 Mapas Mentais da CAIXA DIÁRIA.**

Nesse ritmo, com 30 mapas por dia, você terá algo em torno de 4.320 mapas em 6 meses e 8.640 em um ano (mais de 16 resmas de papel), com a garantia de que não precisará reestudar diversas vezes do zero as matérias, como antes fazia, sem a mesma segurança de fixação dos conteúdos.

Caixas de revisão

A visualização dos mapas nas CAIXAS seguintes, SEMANAL, QUINZENAL, MENSAL e SEMESTRAL, apenas garantirá que o assunto assimilado e massificado seja mantido sempre à disposição.

TABELA 2 – CAIXA DIÁRIA

Cálculo para 10 mapas por dia	CAIXAS DE REVISÃO				
	DIÁRIA	SEMANAL	QUINZENAL	MENSAL	SEMESTRAL
TEMPO DE PERMANÊNCIA DO MAPA	1 MÊS	1 MÊS	2 MESES	6 MESES	ATÉ PASSAR
Número máximo de mapas	240	240	480	1440	☺
Tempo de revisão de todos os mapas	240 x 5s = **20 min**	240 x 5s = **20 min**	480 x 5s = **40 min**	1440 x 5s = 2 horas	☺
Quantidade de revisões (Na caixa)	30x	4x	4x	6x	☺
Quantidade de revisões (Acumulado)	30x	34x	38x	42x	☺

Com base na tabela da página anterior, temos as seguintes conclusões:

- Até que os mapas cheguem à CAIXA MENSAL, onde será visualizado 1x a cada 30 dias, o mapa terá sido revisado em média 42 vezes. É como se você reestudasse toda a matéria por 42x em quatro meses, gastando menos que meia hora por dia para isso.
- A CAIXA MENSAL nunca terá mais que 1.440 mapas, em média, e o tempo para revisar toda essa quantidade, uma única vez ao mês, será em torno de 2 (duas) horas.

Na **TABELA 3**, a seguir, constam os cálculos que fundamentam as conclusões *supracitadas*.

Na **TABELA 4**, está ilustrada a transição dos Mapas Mentais no decorrer das semanas, em que cada letra corresponde a 60 Mapas Mentais elaborados em uma mesma semana. Para entendê-la melhor, acompanhe o "caminho" com o passar das semanas que a letra "**A**" *faz, correspondente aos 60 primeiros Mapas Mentais produzidos na 1ª semana.*

OBSERVAÇÕES: a caixa DIÁRIA teve a sua representação de letras interrompida na 23ª semana, dado o limite de letras do alfabeto, chegando à letra "Z". O mesmo ocorreu com a caixa SEMANAL na 27ª semana, com a QUINZENAL na 32ª semana e com a MENSAL na 41ª semana.

Vale lembrar que um ano tem em média 52 semanas.

TABELA 3 – CAIXAS DE REVISÃO

Cálculo para 10 mapas por dia		DIÁRIA	SEMANAL	QUINZENAL	MENSAL	SEMESTRAL	ACUMULADO *Soma na horizontal*
Mês 1	1ª semana	60					← 60
	2ª semana	120					120
	3ª semana	180					180
	4ª semana	240					240
Mês 2	5ª semana	**240**	60				300
	6ª semana	240	120				360
	7ª semana	240	180				420
	8ª semana	240	240				480

Mês 3	9ª semana	240	**240**	60			540
	10ª semana	240	240	120			600
	11ª semana	240	240	180			660
	12ª semana	240	240	240			720
Mês 4	13ª semana	240	240	300			780
	14ª semana	240	240	360			840
	15ª semana	240	240	420			900
	16ª semana	240	240	480			960
Mês 5	17ª semana	240	240	**480**	**60**		1020
	18ª semana	240	240	480	120		1080
	19ª semana	240	240	480	180		1140
	20ª semana	240	240	480	240		1200
Mês 6	21ª semana	240	240	480	300		1260
	22ª semana	240	240	480	360		1320
	23ª semana	240	240	480	420		1380
	24ª semana	240	240	480	480		1440
Mês 7	25ª semana	240	240	480	540		1500
	26ª semana	240	240	480	600		1560
	27ª semana	240	240	480	660		1620
	28ª semana	240	240	480	720		1680
Mês 8	29ª semana	240	240	480	780		1740
	30ª semana	240	240	480	840		1800
	31ª semana	240	240	480	900		1860
	32ª semana	240	240	480	960		1920
Mês 9	33ª semana	240	240	480	1020		1980
	34ª semana	240	240	480	1080		2040
	35ª semana	240	240	480	1140		2100
	36ª semana	240	240	480	1200		2160
Mês 10	37ª semana	240	240	480	1260		2220
	38ª semana	240	240	480	1320		2280
	39ª semana	240	240	480	1380		2340
	40ª semana	240	240	480	1440		2400
Mês 11	41ª semana	240	240	480	**1440**	**60**	2460
	42ª semana	240	240	480	1440	120	2520
	43ª semana	240	240	480	1440	180	2580
	44ª semana	240	240	480	1440	240	2640
...	...	240	240	480	1440	...	...

TRANSIÇÃO DOS MAPAS		**TABELA 4 – CAIXAS DE REVISÃO** ** Cada letra corresponde a 60 mapas mentais*				
		DIÁRIA	**SEMANAL**	**QUINZENAL**	**MENSAL**	**SEMESTRAL**
Mês 1	1ª semana	**A**				
	2ª semana	**A**+B				
	3ª semana	**A**+B+C				
	4ª semana	**A**+B+C+D				
Mês 2	5ª semana	**B+C+D+E**	**A**			
	6ª semana	C+D+E+F	**A**+B			
	7ª semana	D+E+F+G	**A**+B+C			
	8ª semana	E+F+G+H	**A**+B+C+D			
Mês 3	9ª semana	F+G+J+K	**B+C+D+E**	A		
	10ª semana	G+J+K+L	C+D+E+F	**A**+B		
	11ª semana	J+K+L+M	D+E+F+G	**A**+B+C		
	12ª semana	K+L+M+N	E+F+G+H	**A**+B+C+D		
Mês 4	13ª semana	L+M+N+O	F+G+J+K	**A**+B+C+D+E		
	14ª semana	M+N+O+P	G+J+K+L	**A**+B+C+D+E+F		
	15ª semana	N+O+P+Q	J+K+L+M	**A**+B+C+D+E+F+G		
	16ª semana	O+P+Q+R	K+L+M+N	**A**+B+C+D+E+F+G+H		
Mês 5	17ª semana	P+Q+R+S	L+M+N+O	B+C+D+E+F+G+H+I	**A**	
	18ª semana	Q+R+S+T	M+N+O+P	C+D+E+F+G+H+I+J	**A**+B	
	19ª semana	R+S+T+U	N+O+P+Q	D+E+F+G+H+I+K	**A**+B+C	
	20ª semana	S+T+U+V	O+P+Q+R	E+F+G+H+I+J+K+L	**A**+B+C+D	
Mês 6	21ª semana	T+U+V+X	P+Q+R+S	F+G+H+I+J+K+L+M	**A**+B+C+D+E	
	22ª semana	U+V+X+Y	Q+R+S+T	G+H+I+J+K+L+M+N	**A**+B+C+D+E+F	
	23ª semana	V+X+Y+Z	R+S+T+U	H+I+J+K+L+M+N+O	**A**+B+C+D+E+F+G	
	24ª semana	240	S+T+U+V	I+J+K+L+M+N+O+P	**A**+B+C+ ... +F+G+H	
Mês 7	25ª semana	240	T+U+V+X	J+K+L+M+N+O+P+R	**A**+B+C+ ... +G+H+I	
	26ª semana	240	U+V+X+Y	K+L+M+N+O+P+R+S	**A**+B+C+ ... +H+I+J	
	27ª semana	240	V+X+Y+Z	L+M+N+O+P+R+S+T	**A**+B+C+ ... +I+J+K	
	28ª semana	240	240	M+N+O+P+R+S+T+U	**A**+B+C+ ... I+J+K+L	
Mês 8	29ª semana	240	240	N+O+P+R+S+T+U+V	**A**+B+C+ ... +K+L+M	
	30ª semana	240	240	O+P+R+S+T+U+V+X	**A**+B+C+ ... +L+M+N	
	31ª semana	240	240	P+R+S+T+U+V+X+Y	**A**+B+C+ ... +M+N+O	
	32ª semana	240	240	R+S+T+U+V+X+Y+Z	**A**+B+C+ ... +N+O+P	

Mês 9	33ª semana	240	240	480	**A**+B+C+ ... +O+P+Q	
	34ª semana	240	240	480	**A**+B+C+ ... +P+Q+R	
	35ª semana	240	240	480	**A**+B+C+ ... +Q+R+S	
	36ª semana	240	240	480	**A**+B+C+ ... +R+S+T	
Mês 10	37ª semana	240	240	480	**A**+B+C+ ... +S+T+U	
	38ª semana	240	240	480	**A**+B+C+ ... +T+U+V	
	39ª semana	240	240	480	**A**+B+C+ ... +U+V+X	
	40ª semana	240	240	480	**A**+B+C+ ... +V+X+Y	
Mês 11	41ª semana	240	240	480	**B+C+D ... +X+Y+Z**	**A**
	42ª semana	240	240	480	1440	A+B
	43ª semana	240	240	480	1440	A+B+C
	44ª semana	240	240	480	1440	A+B+C+D
...	...	240	240	480	1440	...

Segue uma sugestão para o planejamento semanal das revisões dos Mapas Mentais, caso sejam elaborados 30 mapas por dia em média.

Ajuste o seu planejamento da melhor forma para atender as suas necessidades de tempo.

DIA / CAIXA	2ª	3ª	4ª	5ª	6ª	Sáb.	Dom.	Quantidade	Tempo de Revisão	Tempo
Diária	1h	1h	1h	1h	1h	1h	1h	720	1h	1 mês
Semanal						30min		720	30min	1 mês
Quinzenal							1h	1440	1h	2 meses
Mensal	1,5h	1,5h						4320	3h	6 meses
Semestral			2h	2h	2h			8640	6h	1 ano
Anual	2h	2h	2h	2h	2h	2h		...	1 semana	...

Comentário das revisões:

- Diária: 1h de revisão todos os dias, inclusive aos domingos.
- Semanal: apenas uma vez por semana, em 30min.

- Quinzenal: 1h de revisão apenas, a cada 15 dias.
- Mensal: 1h30min durante 2 dias, a cada mês.
- Semestral: apenas 3 dias na semana, com 2h cada, a cada 6 meses.
- Anual: conforme cálculos anteriores, sabe-se que 9.000 Mapas Mentais é uma boa produção anual, o que precisa de 12h30min de revisões, por isso dedicamos pouco mais de 2h por dia, durante uma semana inteira.
  a) Há ainda a opção de aumentar a carga horária diária para 6h15min e reduzir o tempo para apenas dois dias de revisão.
  b) Como cada ano de mapa mental exige uma carga horária de 12h30min de revisão, com o passar dos anos, será necessário aumentar a carga horária de revisão por dia, da CAIXA ANUAL, ou aumentar a quantidade de dias de revisão.

Revisões ainda mais rápidas

Agora que você já entendeu o funcionamento da sistemática de revisão dos Mapas Mentais, vamos analisar o gráfico abaixo, que comprova o tempo extremamente reduzido nas caixas SEMANAL, QUINZENAL, MENSAL, SEMESTRAL e ANUAL.

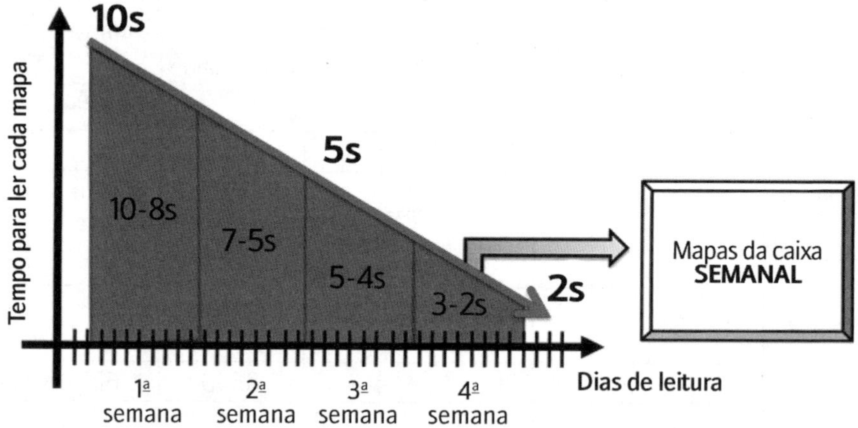

Como já foi dito, durante anos acompanhando alunos em todo o Brasil, pesquisamos e descobrimos que o tempo de revisão médio de cada Mapa Mental, se bem elaborado, é de cinco segundos. Esta conclusão é oriunda da observação do tempo que se leva para revisar os mapas da CAIXA DIÁRIA.

Observando as revisões nas demais CAIXAS, semanal, quinzenal, mensal, semestral e anual, percebemos que o tempo médio para revisar cada mapa é ainda menor.

Através da análise do gráfico acima, percebe-se que existem quatro blocos distintos de tempo de revisão, caracterizados por cada semana de revisões DIÁRIAS.

- Na 1ª semana de revisões diárias, o tempo médio varia de 10 a 8 segundos.
- Já na 2ª semana esse tempo cai, ficando de 7 a 5 segundos.
- Na 3ª semana, o tempo varia de 5 a 4 segundos.
- E na 4ª semana de revisões diárias, o tempo para rever cada Mapa Mental fica em torno de 3 a 2 segundos.

Vale lembrar que todos os Mapas Mentais que chegam à caixa SEMANAL já sofreram 30 revisões diárias e consecutivas. Portanto, cada mapa dessa caixa tem um tempo médio de revisão entre 3 a 2 segundos, o que se mantém nas demais caixas.

É justamente por isso que as caixas SEMANAL e DIÁRIA têm o mesmo número de Mapas Mentais, em média; porém a SEMANAL exige a metade do tempo de revisão (30min), comparando-se com a DIÁRIA (1h).

É importante ressaltar que o Mapa Mental é um registro do que você entendeu de uma aula ou anotações resultantes de estudo através de livros, códigos, doutrinas, apostilas etc. **Compreender o assunto registrado no mapa é de máxima importância.**

Antes, você até compreendia os assuntos vistos em sala de aula e estudados em casa, mas, com o tempo, eles se esvaíam da memória. Agora, assunto estudado e mapeado é assunto garantido e lembrado em prova.

Até a posse do seu cargo!

REVISÃO DE MAPAS MENTAIS NO COMPUTADOR

Muitas pessoas questionam sobre como revisar mapas mentais que são elaborados e armazenados em computador. Há alguns poucos alunos que preferem elaborar os mapas à mão, tirar uma foto deles ou digitalizar, para poder ter acesso sempre que necessário pelo celular, tablet ou no computador. A grande maioria tem obtido uma excelente agilidade em fazer os mapas mentais diretamente no computador, como já citado, usando o Ms Power Point ou o <https://www.examtime.com> (do qual falaremos mais adiante).

Segue, abaixo, uma configuração das pastas de revisão do Windows Explorer.

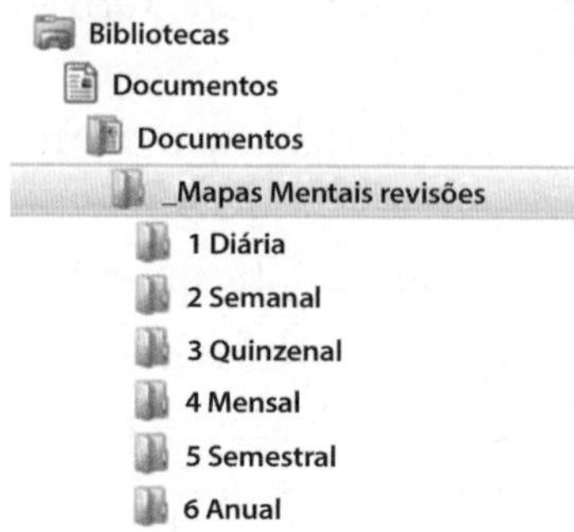

Basta ir revisando os mapas mentais de cada pasta nos dias específicos. Ao completar o tempo de revisão de cada pasta, os mapas mentais devem ser movidos para as pastas seguintes, conforme sistemática de revisões orientada no tópico anterior. Se a opção é elaborar os mapas mentais em um arquivo Ms Power Point, a transição dos mapas entre as "caixas de revisão" pode ocorrer com a movimentação de Slides dentro de um único documento do Ms Power Point.

ETAPAS DE IMPLANTAÇÃO DOS MAPAS MENTAIS NOS ESTUDOS

- Vencendo as dificuldades iniciais.
- Criando o hábito.
- Fases de implantação das cinco regras.

Introdução

Os mapas mentais devem ser feitos durante a realização das aulas. Essa é a meta principal, mas isso pode parecer um grande desafio, que, com o tempo e persistência, será vencido. Você vai perceber que, quando o uso das técnicas torna-se uma competência inconsciente automática, nem vai lembrar-se da época em que não as usava.

Inicialmente, pode parecer uma tarefa colossal prestar atenção na aula e fazer os mapas, mas lembre-se de que, bem ou mal, você tem feito as suas anotações em aula e isso vai continuar existindo com a elaboração dos mapas, no mesmo espaço de tempo.

Para que você possa se familiarizar melhor com os Mapas Mentais, siga os três estágios de implantação da técnica:

1. Fazer os Mapas Mentais em casa, com base nas suas anotações de aula.
2. Fazer os Mapas Mentais em sala de aula, usando apenas as quatro primeiras regras e deixando para fazer os desenhos (5ª regra) em casa.
3. Fazer os Mapas Mentais em sala, usando as cinco regras e ajustando os detalhes em casa, se necessário.

Suba um degrau de cada vez, que as coisas acontecem.

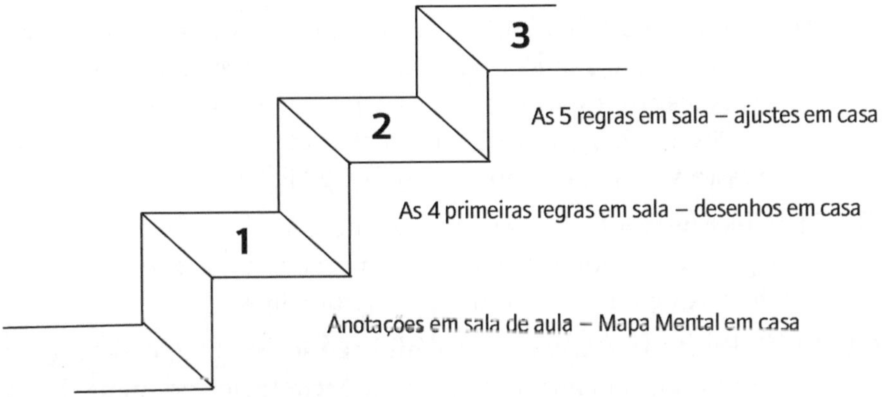

Passo a passo

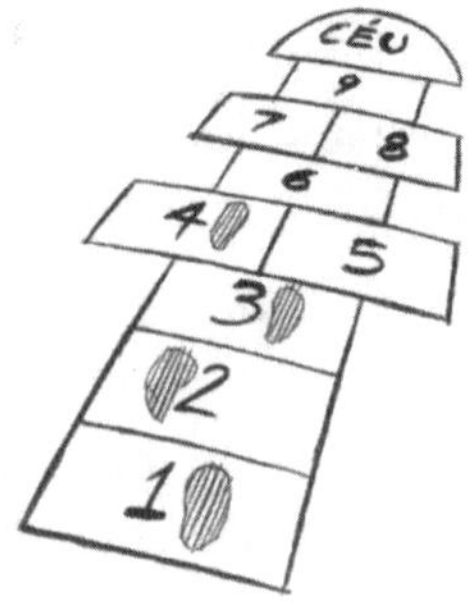

PASSO 1) Confesso que o 1º passo para se fazer Mapas Mentais não tem nada a ver com técnica ou regras mas, sim, com ATITUDE. Sempre olhe para um determinado conteúdo ou aula com a certeza de que você vai conseguir mapeá-lo, mantendo-o sempre vivo na memória. Lembre-se de que quem "tenta" está se preparando para falhar.

PASSO 2) Leia o texto (algumas linhas ou um parágrafo) uma primeira vez para poder entender o todo.

PASSO 3) Em uma segunda leitura, identifique (escreva no texto) numericamente a quantidade de elementos (palavras e termos-chave) que o seu mapa terá.

PASSO 4) Olhe para a folha em branco e tente imaginar como o mapa ficará, organizando cada ideia a ser registrada. Dedique espaço entre as informações e seja generoso com o local para os desenhos. Lembre-se de que a letra a ser usada é três a quatro vezes maior que o usual (LETRÃO!).

PASSO 5) Coloque a informação principal no centro da folha, lembre-se de dedicar um espaço também para o desenho central e demarque o local com um círculo ou elipse.

PASSO 6) Puxe uma seta para cada informação a ser anotada e insira um número identificando a sequência lógica do mapa. Preste atenção aos subníveis e cuidado para não sobrecarregar o mapa de elementos. Lembre-se de que, em cada Mapa Mental, cabem apenas de três a cinco linhas de um texto. Sugere-se que as setas sejam sempre em curva.

PASSO 7) Escreva as palavras e termos-chave.

PASSO 8) Insira os desenhos, de forma simples e objetiva. Uma boa dica para se fazer o desenho é imaginar como ele vai ficar na folha e ir aos poucos fazendo com uma lapiseira ou lápis, para depois colorir. Com a prática, você perceberá que o desenho sai rápido e direto com o lápis de cor ou hidrocor.

“É melhor um aproximadamente agora que um exatamente nunca.”

(Nizan Guanaes – publicitário, fundador do Portal IG)

Capítulo 4

Exemplos de Tipos de Mapas Mentais

"Muitas pessoas devem a grandeza de suas vidas aos problemas e obstáculos que tiveram de vencer."
(Baden Powell)

DIREITO TRABALHISTA

Art. 468, CLT.

Alteração do contrato de trabalho: *"Nos contratos individuais de trabalho só é lícita a alteração das respectivas condições por mútuo consentimento, e, ainda assim, desde que não resultem, direta ou indiretamente, prejuízos ao empregado, sob pena de nulidade da cláusula infringente desta garantia"*.

Identificação das palavras e ideias-chave:

"~~Nos~~ contratos individuais (1) ~~de trabalho só é~~ lícita a alteração (2) ~~das respectivas condições por~~ mútuo consentimento (3)~~, e, ainda assim~~, ~~desde que não resultem, direta ou indiretamente,~~ prejuízos ao empregado (4), ~~sob~~ pena de nulidade da cláusula (5) ~~infringente desta garantia~~."

Resultado da identificação das palavras e ideias-chave (4 regras):

CLT – Tít. IV – Contrat. Ind.	Cap. 3. Alter	Genius	Nº 1

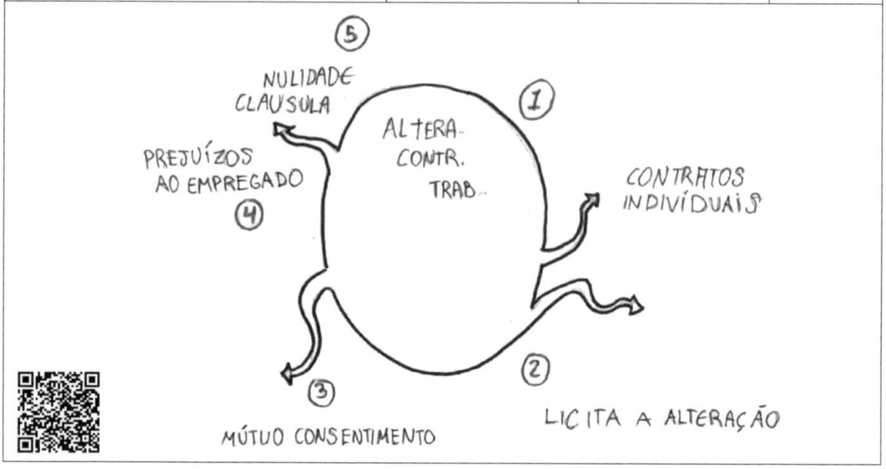

ALTERAÇÃO DO CONTRATO DE TRABALHO (Central):

- contratos individuais (1)
- lícita a alteração (2)
- mútuo consentimento (3)
- prejuízos ao empregado (4)
- pena de nulidade da cláusula (5)

A seguir, a aplicação das 5 primeiras regras:

CLT – Tít. IV – Contrat. Ind.	Cap. 3. Alter	Genius	Nº3

O Mapa Mental apresenta as cinco regras que devem ser aplicadas.

EXEMPLOS DE TIPOS DE MAPAS MENTAIS

"Fiz o Mapa Mental com base nos artigos da Constituição Federal, quais sejam: arts. 101 e parágrafo único; 104 e parágrafo único; 103-B e § 2º; 107, caput*; 111-A,* caput*; 115,* caput*; 123 e parágrafo único; e, por fim, 130-A,* caput*", explica a aluna Gisele Helen de Oliveira.*

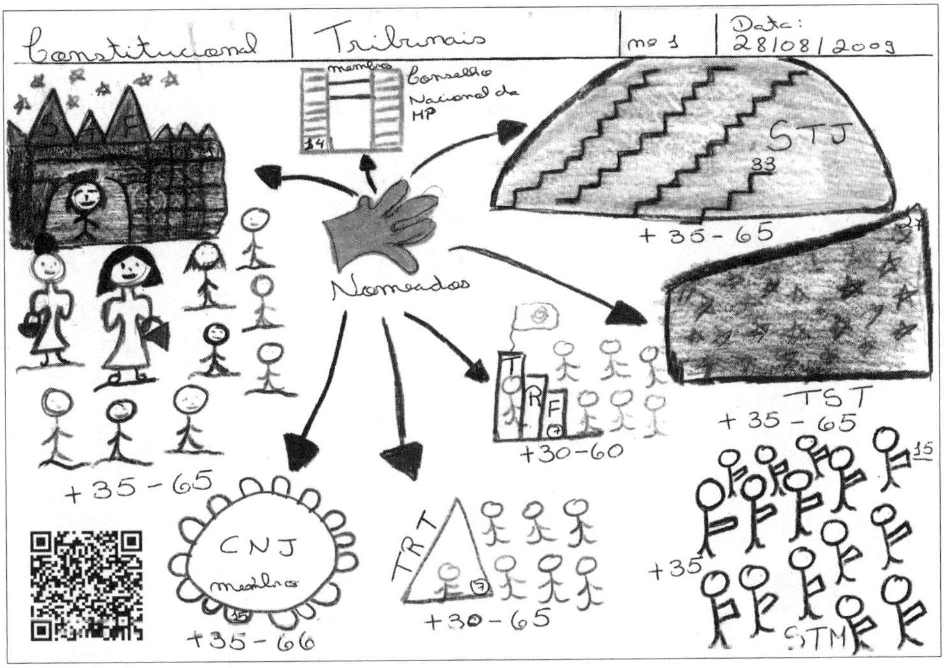

Este é um exemplo de Mapa Mental correto. Ele foi elaborado e cedido pela aluna Gisele Helen de Oliveira Silva Kinschner.

As regras de utilizar cores diferentes, abreviar, escrever e atribuir imagens foram muito bem atendidas no mapa da aluna.

Nota-se ainda que a regra de escrever com letras grandes pode ser melhorada, mas ainda assim é um excelente mapa.

Depoimento da aluna:

"Estimado professor Felipe Lima,
[...] Continue incentivando os concursandos a fazerem os mapas, eles ajudam mesmo no estudo, pois acertei questões no concurso do Ministério da Justiça porque me lembrei dos mapas. [...]
Abraços
Gisele"

A SEGUIR, VOCÊ TERÁ UM EXEMPLO DE MAPA DO CÓDIGO DE TRÂNSITO BRASILEIRO – LEI Nº 9.503, DE 23/9/1997.

Capítulo XV, das Infrações.

Art. 162. Dirigir veículo:

I – **<u>sem possuir</u>** Carteira Nacional de Habilitação ou Permissão para Dirigir:

- Infração – gravíssima.
- Penalidade - multa (três vezes) e apreensão do veículo.

Código de Trânsito Brasileiro	Art. 162

EXPLICAÇÃO DO MAPA

Um casal (2 pessoas) de adolescentes com 16 anos (Art. 162) sai do carro para "namorar", obviamente sem CHN (Carteira Nacional de Habilitação).

1. No meio do "rala e rola", o pai da garota (*Wolverine X-Men*) pega os 2 no flagra e dá a maior confusão.

MULTA 3x
O pai da garota coloca as 3 garras do *Wolverine* para fora e rasga o cofrinho o rapaz, pegando suas 3 moedas.

APREENSÃO VEÍCULO
O pai da garota apreende o veículo do rapaz.

INFRAÇÃO GRAVÍSSIMA
O pai da garota descobre que vai ser avô e que o *Wolverine Neto* vai nascer: a sua filha está gravidíssima (infração gravíssima)

Lei Maria da Penha	LEI Nº 11.340 / Art. 3º	02/04/10	Nº 12

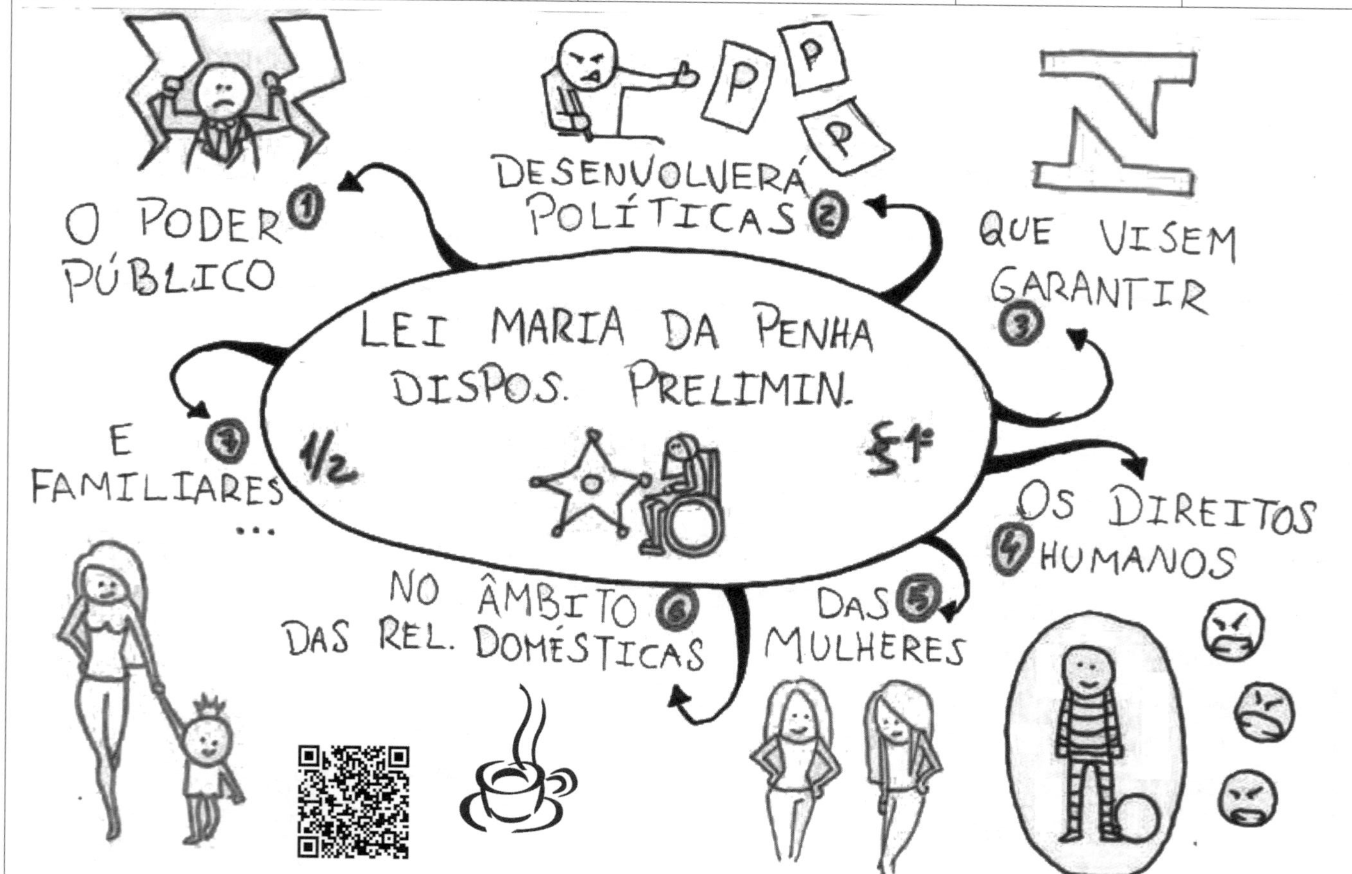

§ 1º O Poder Público desenvolverá políticas que visem garantir os direitos humanos das mulheres no âmbito das relações domésticas e familiares no sentido de resguardá-las de toda forma de negligência, discriminação, exploração, violência, crueldade e opressão.

- <u>Lei Maria da Penha</u>: distintivo policial, simbolizando a lei + cadeirante, porque a mulher que inspirou a edição da Lei, a Sra. Maria da Penha, ficou paraplégica em virtude das agressões sofridas pelo ex-marido.

Explicação do Mapa da página ao lado:

1. <u>O Poder Público</u>: os raios indicam o poder e homem engravatado, um político.
2. <u>desenvolverá políticas</u>: um político escrevendo "Políticas".
3. <u>que visem garantir</u>: o selo do Inmetro garante a qualidade.
4. <u>os direitos humanos</u>: os direitos humanos são conhecidos por proteger os presos. Sabemos que "direitos humanos" são muito mais que isso, mas para preparar os mapas podemos usar imagens estereotipadas.
5. <u>das mulheres</u>: duas lindas mulheres.
6. <u>no âmbito das relações domésticas</u>: servindo a mesa.
7. <u>e familiares</u>: mulher com o seu filho, dando o sentido de família.

Lei Maria da Penha	LEI Nº 11.340 / Art. 3º	02/04/10	Nº 13

LEI Nº 11.340, DE 7 DE AGOSTO DE 2006 – "LEI MARIA DA PENHA"

§ 1º O Poder Público desenvolverá políticas que visem garantir os direitos humanos das mulheres no âmbito das relações domésticas e familiares no sentido de resguardá-las de toda forma de negligência, discriminação, exploração, violência, crueldade e opressão.

Explicação do Mapa da página ao lado:

8. no sentido: placas indicando o sentido.
9. de resguardá-las: escudo resguardando as mulheres.
10. de toda forma de negligência,: Raio-x mostrando uma tesoura encontrada dentro do corpo.
11. discriminação,: homem discriminando mulher, indiferente.
12. exploração,: marreta para explorar ouro.
13. violência,: homem batendo na mulher.
14. crueldade: arrastando mulher pelos cabelos, de forma cruel.
15. e opressão.: homem se achando o rei, oprimindo de cima para baixo a mulher.

Lei Maria da Penha	LEI Nº 11.340 / Art. 3º	02/04/10	Nº 14

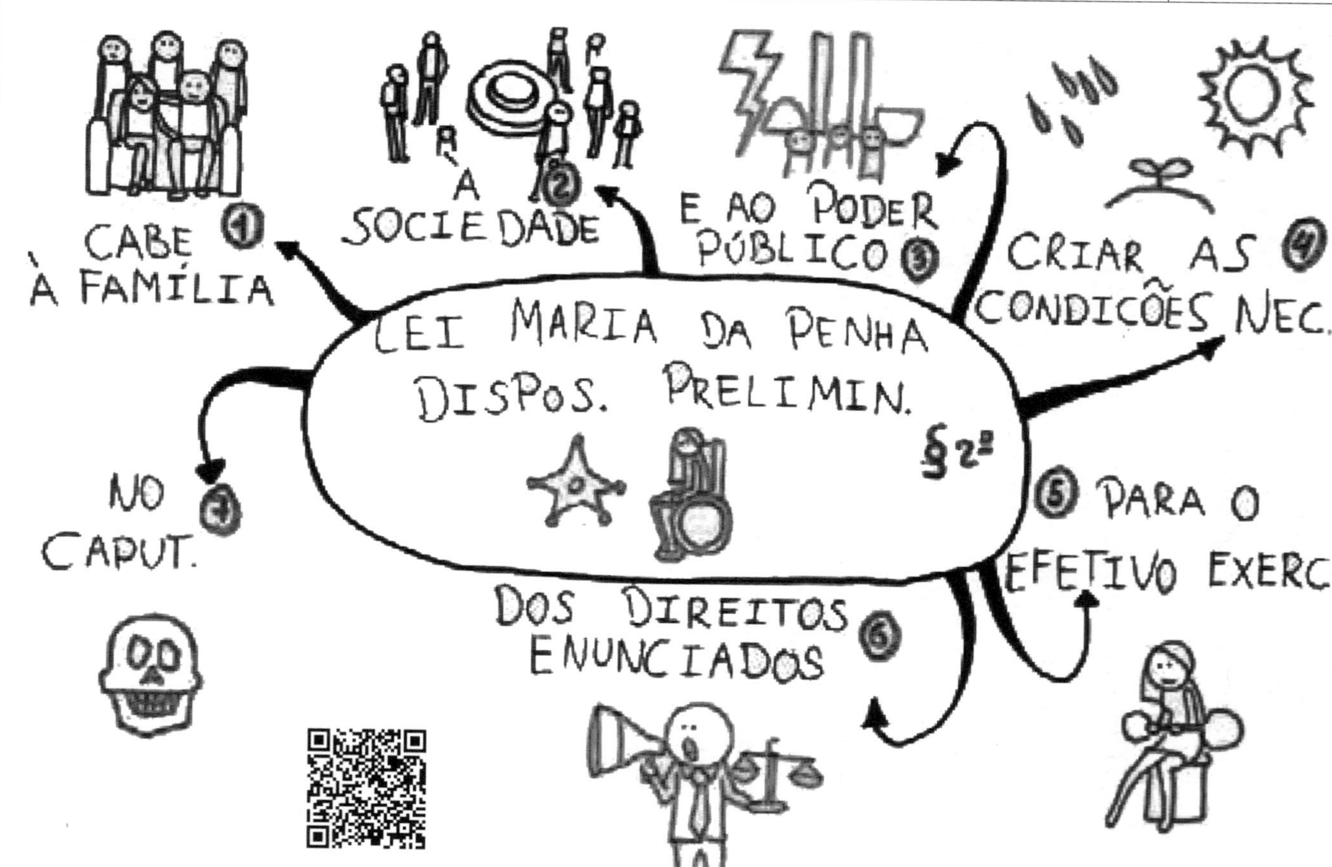

LEI Nº 11.340, DE 7 DE AGOSTO DE 2006 – "LEI MARIA DA PENHA"

> *§ 2º Cabe à família, à sociedade e ao poder público criar as condições necessárias para o efetivo exercício dos direitos enunciados no* caput.

Explicação do Mapa da página ao lado:

1. Cabe à família,: familiares sentados no sofá.
2. à sociedade: pessoas ao redor de uma praça.
3. e ao poder público: o raio significa poder, do Congresso Nacional em Brasília.
4. criar as condições necessárias: condições para germinar – sol e chuva.
5. para o efetivo exercício: mulher malhando, fazendo exercício.
6. dos direitos enunciados: homem anunciando uma balança do Direito.
7. no *caput*.: cabeça.

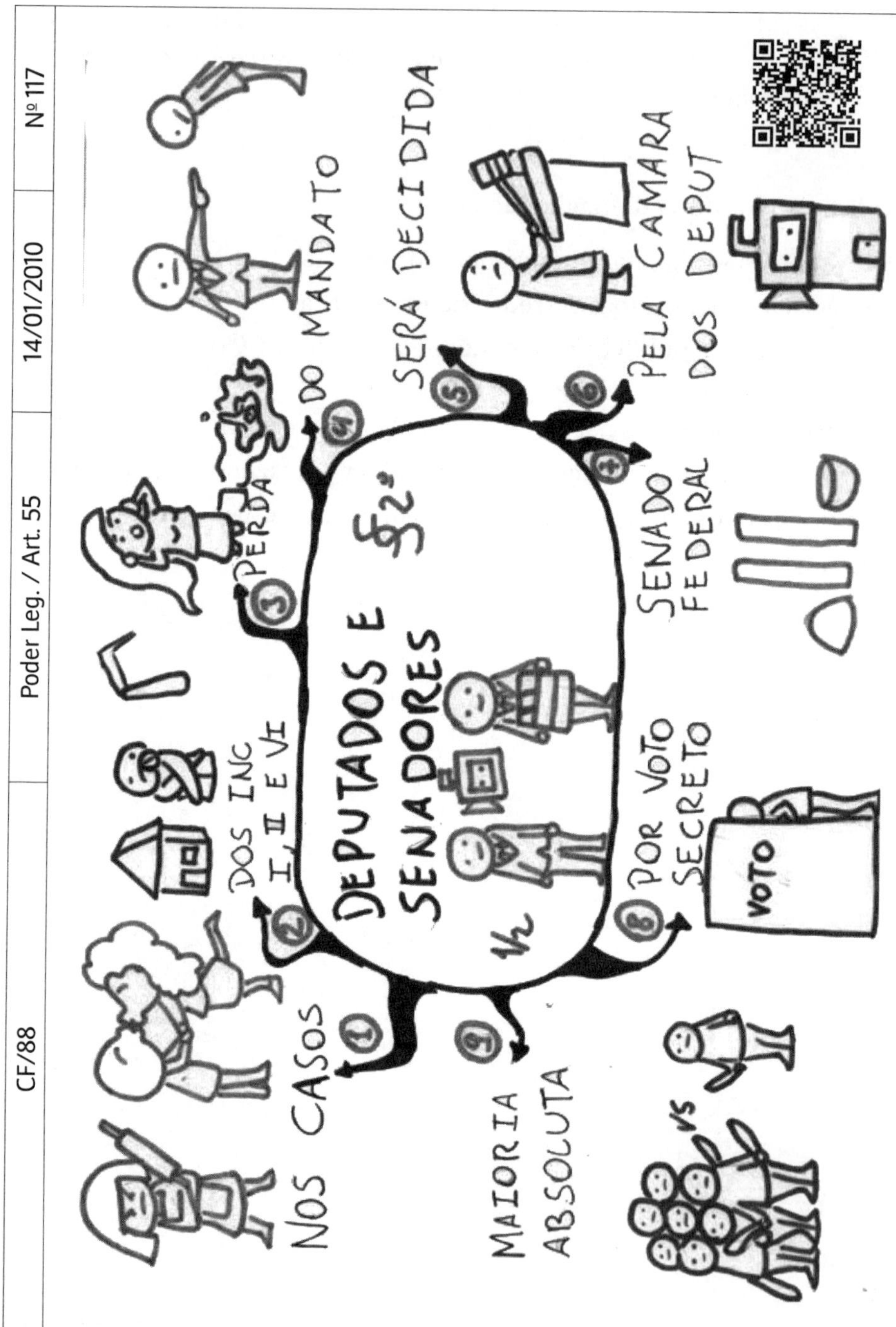
CF/88
Poder Leg. / Art. 55
14/01/2010
Nº 117
DEPUTADOS E SENADORES
§2º
1/2
NOS CASOS
DOS INC I, II E VI
PERDA
DO MANDATO
SERÁ DECIDIDA
PELA CAMARA DOS DEPUT
SENADO FEDERAL
POR VOTO SECRETO
VOTO
MAIORIA ABSOLUTA
VS

CONSTITUIÇÃO DA REPÚBLICA FEDERATIVA DO BRASIL

Seção IV – Do Senado Federal

Art. 55. *Perderá o mandato o Deputado ou Senador:*

§ 2º Nos casos dos incisos I, II e VI, a perda do mandato será decidida pela Câmara dos Deputados ou pelo Senado Federal, por voto secreto e maioria absoluta, mediante provocação da respectiva Mesa ou de partido político representado no Congresso Nacional, assegurada ampla defesa.

Explicação do Mapa da página ao lado:

1. Nos casos: homem tendo um caso com outra mulher.
2. dos incisos I, II e VI,: conforme descrito no capítulo de memorização numérica.
    - I = Lar – casa.
    - II = Doido.
    - IV = Régua.
3. a perda: chorando pelo leite derramado.
4. do mandato: alguém sendo mandado.
5. será decidida: um juiz decidindo.
6. pela Câmara dos Deputados ou: uma câmera filmadora, que representa a câmara dos deputados.
7. pelo Senado Federal,: um desenho do Senado.
8. por voto secreto: alguém votando secretamente.
9. e maioria absoluta,: a maioria contra uma pessoa sozinha.

CF/88	Poder Leg. /Art. 55	14/01/2010	Nº 118

CONSTITUIÇÃO DA REPÚBLICA FEDERATIVA DO BRASIL

Seção IV – Do Senado Federal

Art. 55. *Perderá o mandato o Deputado ou Senador:*

§ 2º Nos casos dos incisos I, II e VI, a perda do mandato será decidida pela Câmara dos Deputados ou pelo Senado Federal, por voto secreto e maioria absoluta, mediante provocação da respectiva Mesa ou de partido político representado no Congresso Nacional, assegurada ampla defesa.

Explicação do Mapa da página ao lado:

1. mediante provocação: alguém tirando sarro, provocando.
2. da respectiva Mesa: duas mesas.
3. ou de partido político: um político partido ao meio.
4. representado: um presente, representando.
5. no Congresso Nacional,: desenho do Congresso.
6. assegurada: uma mão segurando alguém.
7. ampla defesa.: um escudo que tem ampla defesa.

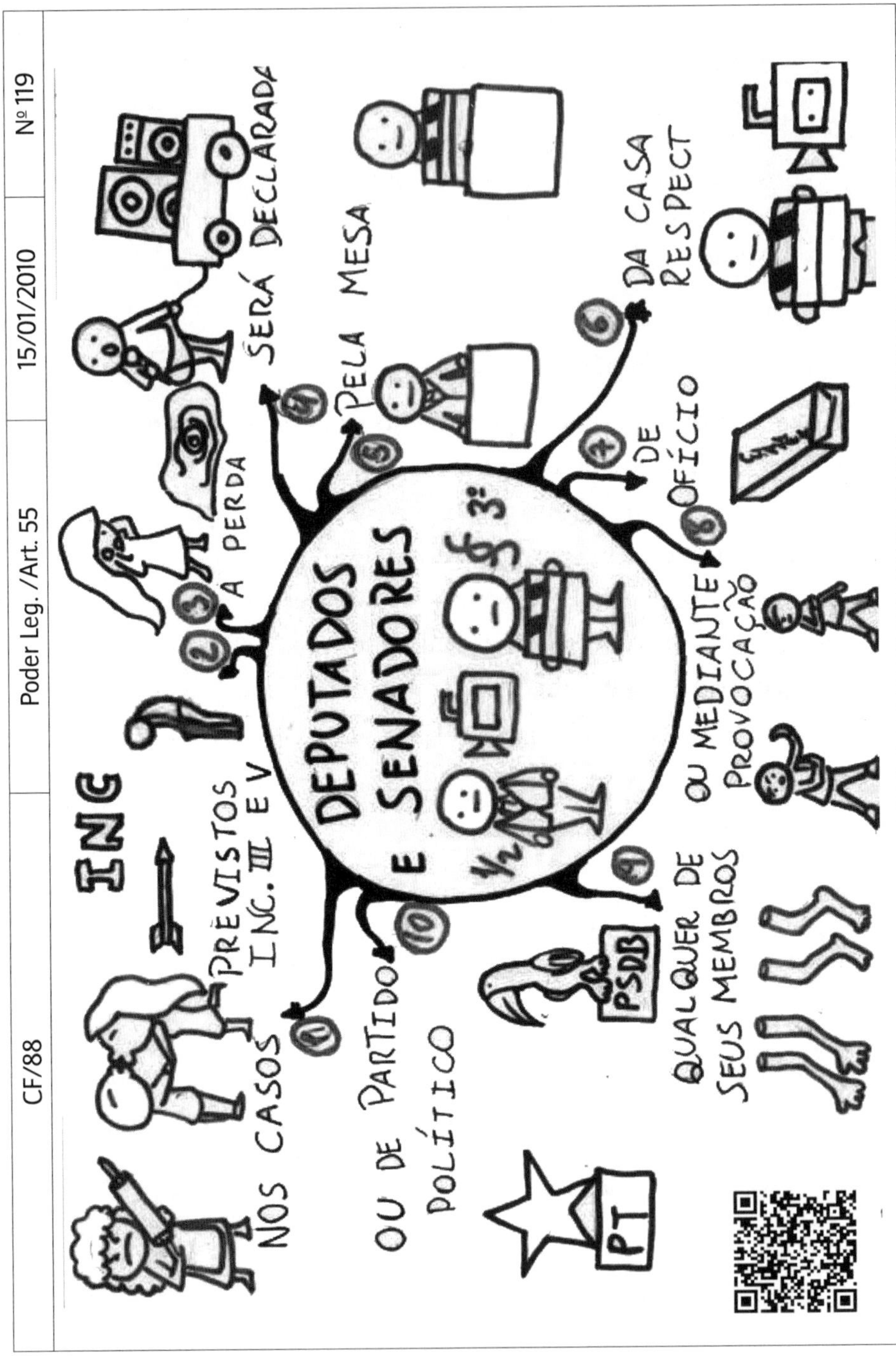
CF/88
Poder Leg. /Art. 55
15/01/2010
Nº 119
INC
NOS CASOS
PREVISTOS
INC. III E V
À PERDA
SERÁ DECLARADA
PELA MESA
DA CASA
RESPECT
DE
OFÍCIO
OU MEDIANTE
PROVOCAÇÃO
QUALQUER DE
SEUS MEMBROS
OU DE PARTIDO
POLÍTICO
DEPUTADOS
E SENADORES
PT
PSDB

CONSTITUIÇÃO DA REPÚBLICA FEDERATIVA DO BRASIL

Seção IV – Do Senado Federal

Art. 55. *Perderá o mandato o Deputado ou Senador:*

§ 3º Nos casos previstos nos incisos III a V, a perda será declarada pela Mesa da Casa respectiva, de ofício ou mediante provocação de qualquer de seus membros ou de partido político representado no Congresso Nacional, assegurada ampla defesa.

Explicação do Mapa da página ao lado:

1. Nos casos: homem tendo um caso com amante.
2. previstos nos incisos III a V,: conforme memorização numérica:
   - III = flecha.
   - V = velho.
3. a perda: chorando o leite derramado.
4. será declarada: alguém fazendo uma declaração com caixas de som.
5. pela Mesa: as mesas do Senado e da Câmara dos Deputados.
6. da Casa respectiva,: o Senado e a Câmara dos Deputados.
7. de ofício: uma resma de papel ofício.
8. ou mediante provocação: alguém sendo provocado a brigar.

10. de qualquer de seus membros: braços e pernas, membros inferiores e superiores.
11. ou de partido político: PT e PSDB.

(continua...)

CF/88	Poder Leg. /Art. 55	15/01/2010	Nº 120

CONSTITUIÇÃO DA REPÚBLICA FEDERATIVA DO BRASIL

Seção IV – Do Senado Federal

Art. 55. *Perderá o mandato o Deputado ou Senador:*

§ 3º Nos casos previstos nos incisos III a V, a perda será declarada pela Mesa da Casa respectiva, de ofício ou mediante provocação de qualquer de seus membros ou de partido político representado no Congresso Nacional, assegurada ampla defesa.

Continuação da explicação do Mapa da página ao lado:

11. representado: PT e PSDB.
12. no Congresso Nacional,: imagem do Congresso.
13. assegurada: alguém se segurando para não cair.
14. ampla defesa: soldados espartanos fazendo a defesa.

CF/88	Poder Leg. /Art. 55	15/01/2010	Nº 121

CONSTITUIÇÃO DA REPÚBLICA FEDERATIVA DO BRASIL

Seção IV – Do Senado Federal

***Art.* 55.** *Perderá o mandato o Deputado ou Senador:*

§ 4º A renúncia de parlamentar submetido a processo que vise ou possa levar à perda do mandato, nos termos deste artigo, terá seus efeitos suspensos até as deliberações finais de que tratam os §§ 2º e 3º.

Explicação do Mapa da página ao lado:

1. A renúncia: um político abandonando o cargo.
2. de parlamentar: Deputados e Senadores.
3. submetido a processo: sendo introduzido nas engrenagens do processo.
4. que vise ou: vendo de longe.
5. possa levar: um carro com mudança.
6. à perda: chorando o leite derramado.
7. do mandato,: alguém sendo mandado.
8. nos termos: uma folha com os termos escritos.
9. deste artigo,: uma mão apontando para o artigo 55.
    - Conforme memorização numérica: 55 = xixi.

(continuação...)

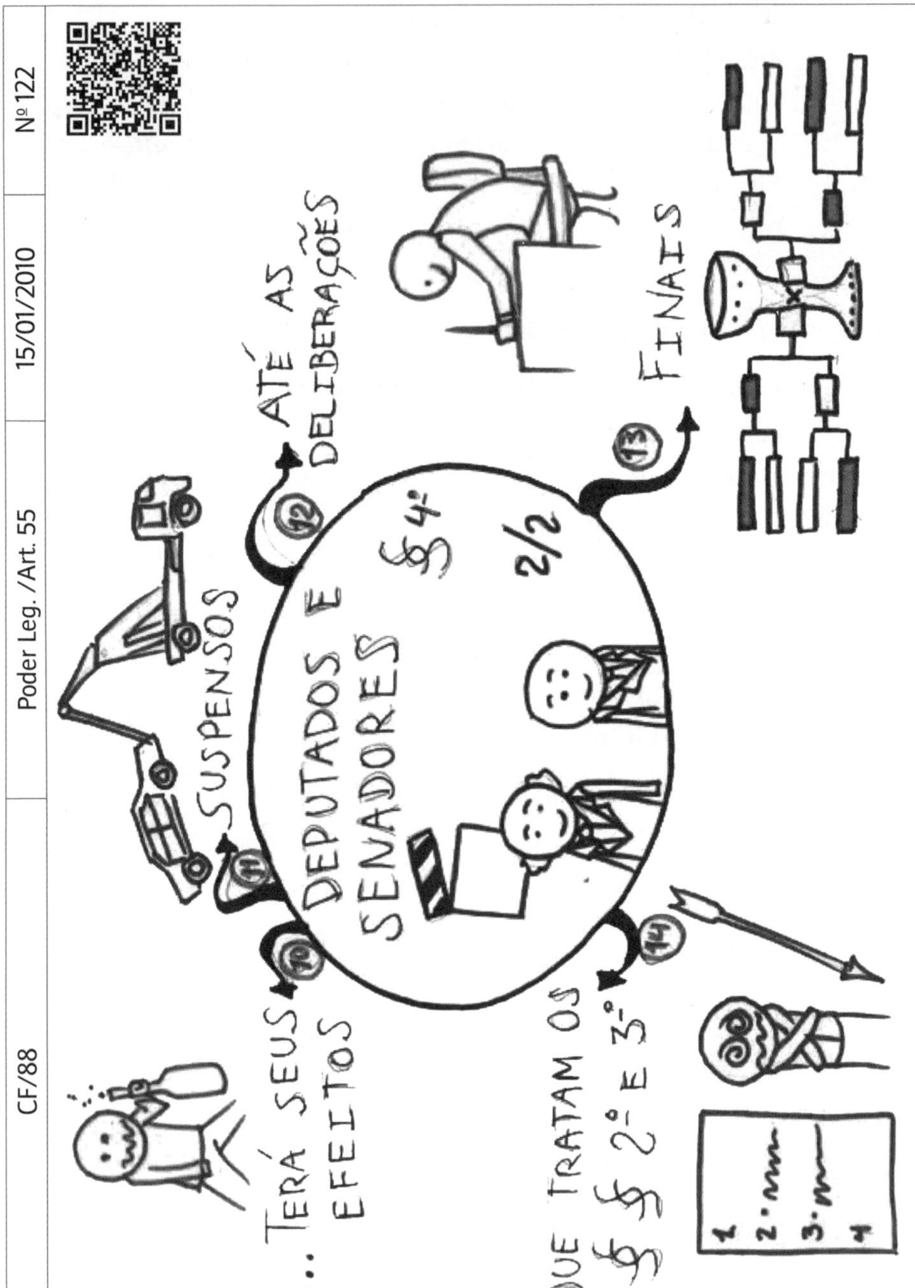
CF/88
Poder Leg. /Art. 55
15/01/2010
Nº 122
... TERÁ SEUS EFEITOS
10
SUSPENSOS
11
ATÉ AS DELIBERAÇÕES
12
FINAIS
13
QUE TRATAM OS §§ 2º E 3º
14
DEPUTADOS E SENADORES
§ 4º
2/2

CONSTITUIÇÃO DA REPÚBLICA FEDERATIVA DO BRASIL

Seção IV – Do Senado Federal

Art. 55. *Perderá o mandato o Deputado ou Senador:*

§ 4º A renúncia de parlamentar submetido a processo que vise ou possa levar à perda do mandato, nos termos deste artigo, terá seus efeitos suspensos até as deliberações finais de que tratam os §§ 2º e 3º.

Continuação da explicação do Mapa da página ao lado:

10. terá seus efeitos: um homem embriagado pelo efeito da bebida.
11. suspensos: um guincho suspendendo um carro.
12. até as deliberações: um político deliberando.
13. finais: as finais de um capeonato.
14. de que tratam os §§ 2º e 3º.: conforme memorização numérica:
    - 2 = doido.
    - 3 = fecha.

Constituição da República Federativa do Brasil	Art. 5º

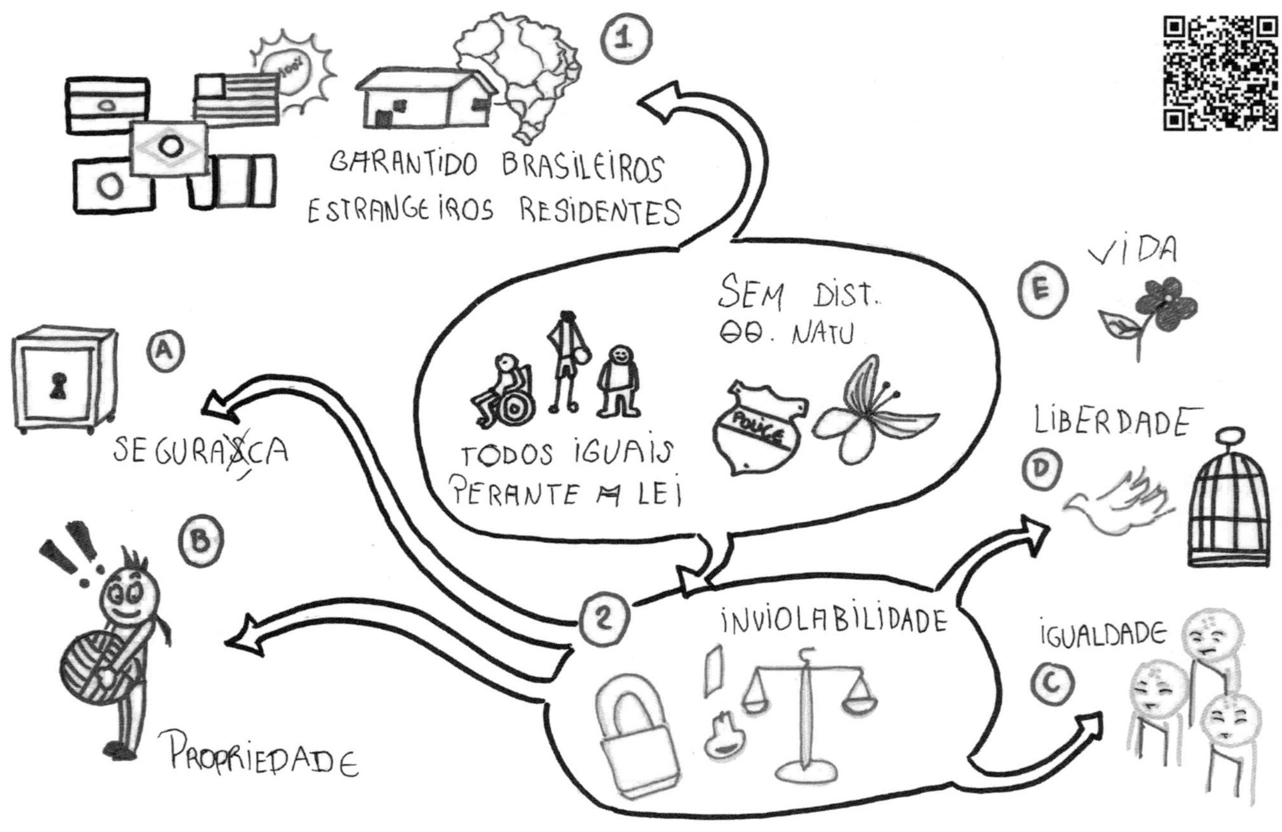

CONSTITUIÇÃO DA REPÚBLICA FEDERATIVA DO BRASIL

Título II – Dos Direitos e Garantias Fundamentais

Capítulo I – Dos Direitos e Deveres Individuais e Coletivos

"Todos são iguais perante a lei, sem distinção de qualquer natureza, garantindo-se aos brasileiros e aos estrangeiros residentes no País a inviolabilidade do direito à vida, à liberdade, à igualdade, à segurança e à propriedade, nos termos seguintes:"

Explicação do Mapa da página ao lado:

Todos são iguais perante a lei: pessoas diferentes para simbolizar a igualdade legal. Sem distinção de qualquer natureza: distintivo, que indica distinção e uma borboleta para simbolizar a natureza.

1. Garantindo-se aos brasileiros e aos estrangeiros residentes no País: selo de garantia, bandeiras do Brasil e estrangeiras, casa (residentes) e mapa do Brasil.
2. A inviolabilidade do direito: um cadeado com a chave quebrada (inviolabilidade) e uma balança (direito).
   a. Segurança: cofre seguro.
   b. Propriedade: criança segurando uma bola sem deixar ninguém brincar com ela.
   c. Igualdade: japoneses que são muito parecidos.
   d. Liberdade: pássaro voando livre da gaiola.
   e. Vida: flor.

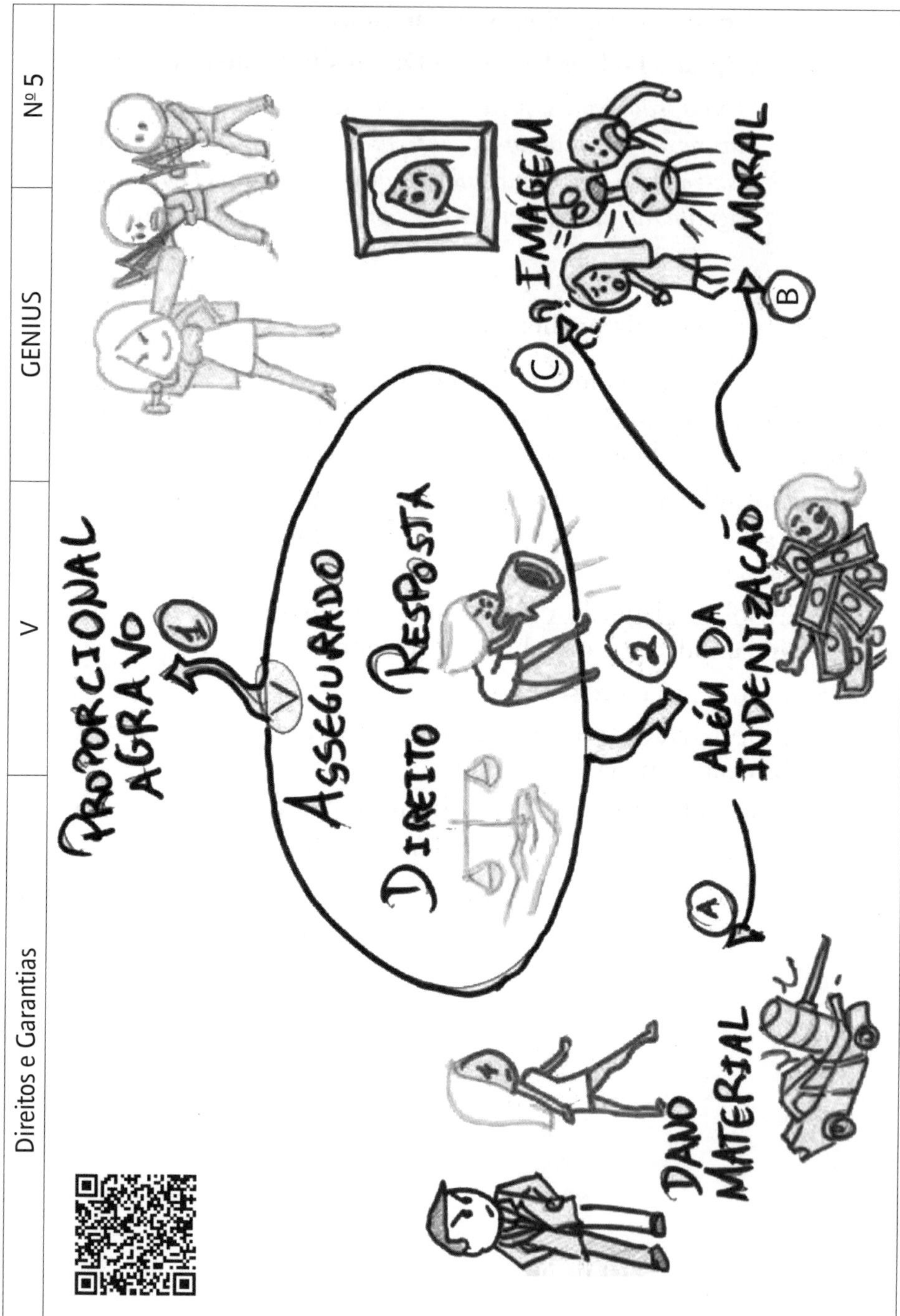
Direitos e Garantias
V
GENIUS
Nº 5
PROPORCIONAL
AGRAVO
1
V
ASSEGURADO
DIREITO RESPOSTA
2
ALÉM DA
INDENIZAÇÃO
A
DANO
MATERIAL
B
MORAL
C
IMAGEM

CONSTITUIÇÃO DA REPÚBLICA FEDERATIVA DO BRASIL

Título II – Dos Direitos e Garantias Fundamentais

Capítulo I – Dos Direitos e Deveres Individuais e Coletivos

"V – é assegurado o direito de resposta, proporcional ao agravo, além da indenização por dano material, moral ou à imagem;"

Explicação do Mapa da página ao lado:

é assegurado o direito: mão segurando uma balança.

de resposta: uma mulher gritando, respondendo a uma ação.

1. proporcional ao agravo: uma mulher com uma arma DESproporcional aos estilingues que os homens portam.
2. além da indenização: recebimento de dinheiro.
   a) por dano material: carro sendo destruído e demissão.
   b) moral: pessoas agredindo moralmente a mulher.
   c) ou à imagem: foto com a imagem da mulher.

Artigo 3º Inciso XI

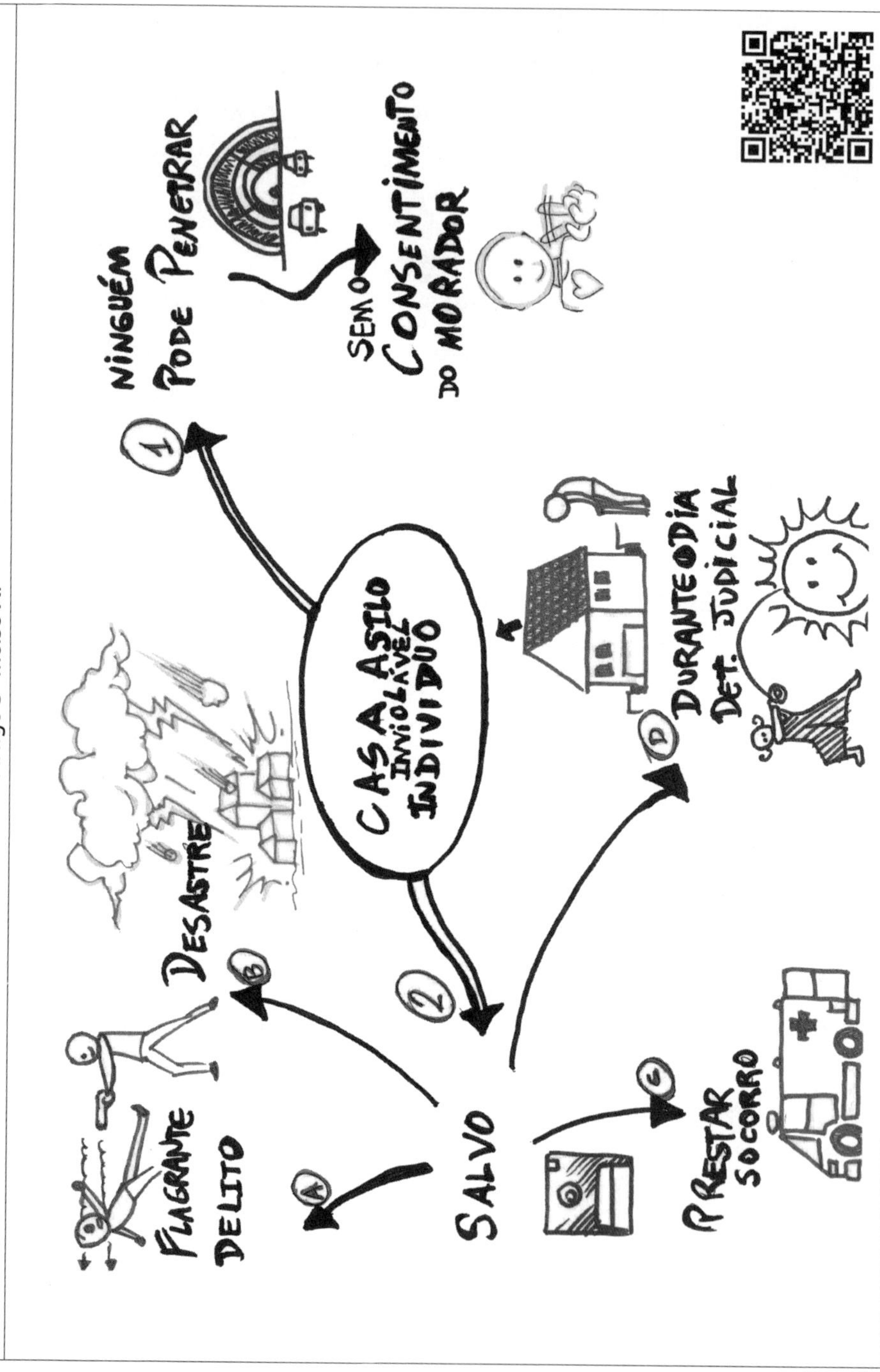

CONSTITUIÇÃO DA REPÚBLICA FEDERATIVA DO BRASIL

Título II – Dos Direitos e Garantias Fundamentais

Capítulo I – Dos Direitos e Deveres Individuais e Coletivos

"XI – a casa é asilo inviolável do indivíduo, ninguém nela podendo penetrar sem consentimento do morador, salvo em caso de flagrante delito ou desastre, ou para prestar socorro, ou, durante o dia, por determinação judicial;"

Explicação do Mapa da página ao lado:

a casa é asilo inviolável do indivíduo: um asilo de idosos.

1. ninguém nela podendo penetrar: penetrando com o carro em um túnel.

sem consentimento do morador: morador negando o sentimento no coração.

2. salvo em caso de: disquete que salva documento do Word.
   a. flagrante delito ou: um home atentando contra a vida de outro, que se esquiva à Matrix.
   b. desastre, ou: chuva de meteoros e raios.
   c. para prestar socorro, ou: ambulância que presta socorro.
   d. durante o dia, por determinação judicial: um juiz fazendo o dia nascer, pescando o sol.

Constituição Federativa do Brasil	Art. 5º Inciso I

CONSTITUIÇÃO DA REPÚBLICA FEDERATIVA DO BRASIL

Título II – Dos Direitos e Garantias Fundamentais

Capítulo I – Dos Direitos e Deveres Individuais e Coletivos

"I – homens e mulheres são iguais em direitos e obrigações, nos termos desta Constituição;"

Explicação do Mapa da página ao lado:

homens e mulheres são iguais: homem e mulher, do mesmo tamanho e com as mãos dadas.

em direitos: balança da justiça.

e obrigações: a mulher assistindo à TV (feliz da vida) e o homem lavando os pratos (com raiva).

nos termos desta Constituição: pirâmide que simboliza o topo da hierarquia constitucional.

Constituição Federativa do Brasil	Art. 5º

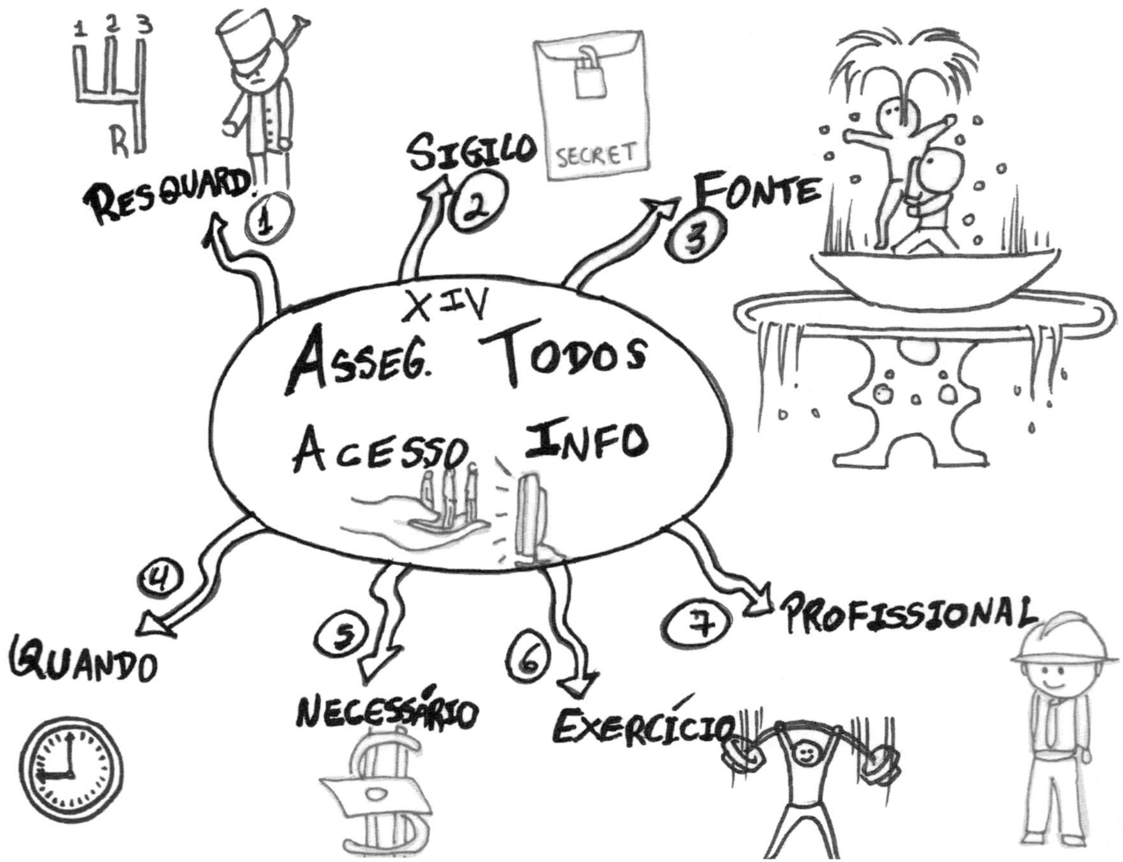

CONSTITUIÇÃO DA REPÚBLICA FEDERATIVA DO BRASIL

Título II – Dos Direitos e Garantias Fundamentais

Capítulo I – Dos Direitos e Deveres Individuais e Coletivos

"XIV – é assegurado a todos o acesso à informação e resguardado o sigilo da fonte, quando necessário ao exercício profissional;"

Explicação do Mapa da página ao lado:

é assegurado a todos: uma mão segurando algumas pessoas.

o acesso à informação: tela de computador com as informações.

1. e resguardado: um guarda dando marcha ré.
2. o sigilo: envelope lacrado *TOP SECRET*.
3. da fonte: pessoas tomando banho em uma fonte que jorra água.
4. quando: um relógio.
5. necessário: dinheiro, que é muito necessário.
6. ao exercício: um homem fazendo exercícios.
7. profissional: um engenheiro no exercício da profissão.

Constituição Federativa do Brasil	Art. 5º

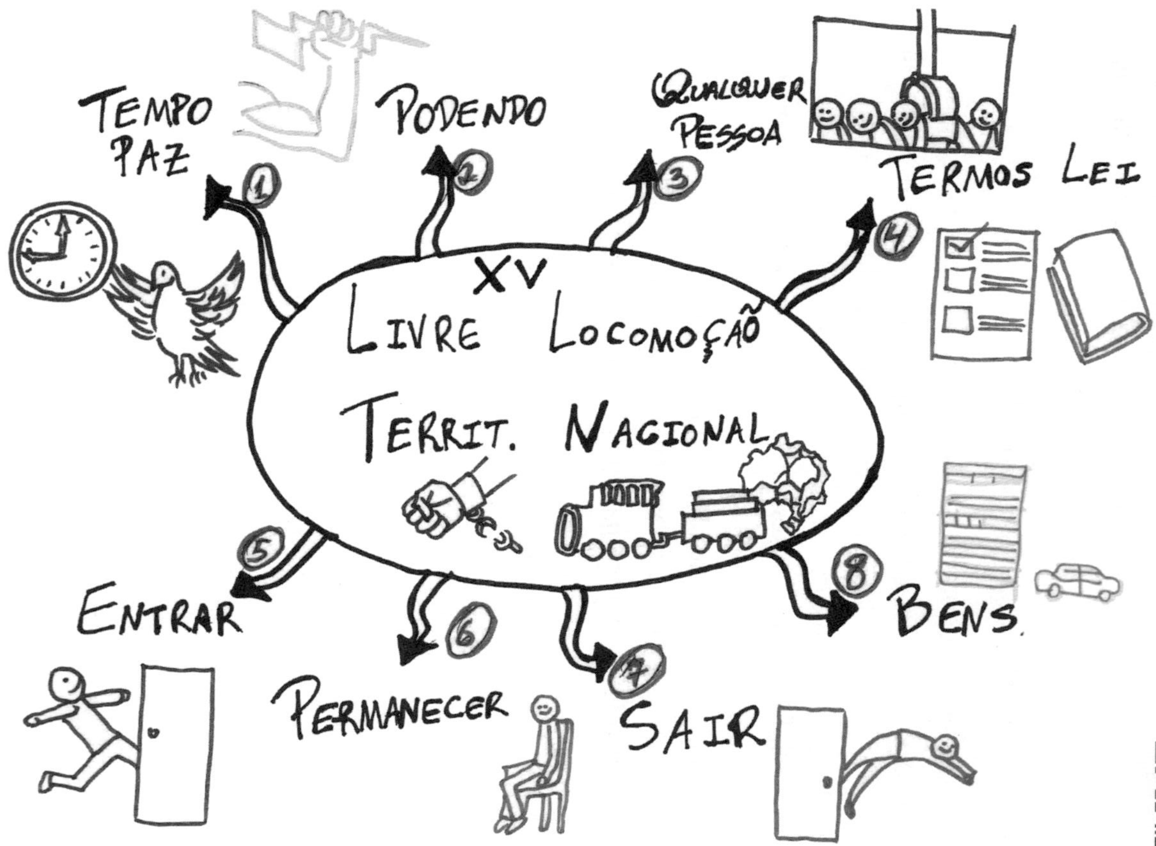

CONSTITUIÇÃO DA REPÚBLICA FEDERATIVA DO BRASIL

Título II – Dos Direitos e Garantias Fundamentais

Capítulo I – Dos Direitos e Deveres Individuais e Coletivos

"XV – é livre a locomoção no território nacional em tempo de paz, podendo qualquer pessoa, nos termos da lei, nele entrar, permanecer ou dele sair com seus bens;"

Explicação do Mapa da página ao lado:

Livre: homem se libertando das correntes.

Locomoção: locomotiva.

Território Nacional: mapa do Brasil.

1. Tempo de Paz: relógio que indica o tempo e uma pomba da paz.
2. Podendo: braço forte com o poder do raio.
3. Qualquer pessoa: uma garra escolhendo qualquer um.
4. Nos Termos da lei: *check list* com os termos legais.
5. Nele entrar: entrando pela porta.
6. Permanecer: sentado.
7. Dele sair: saindo da porta.
8. Com os seus bens: apartamento (absurdo) e carro.

Constituição Federativa do Brasil	Art. 5º

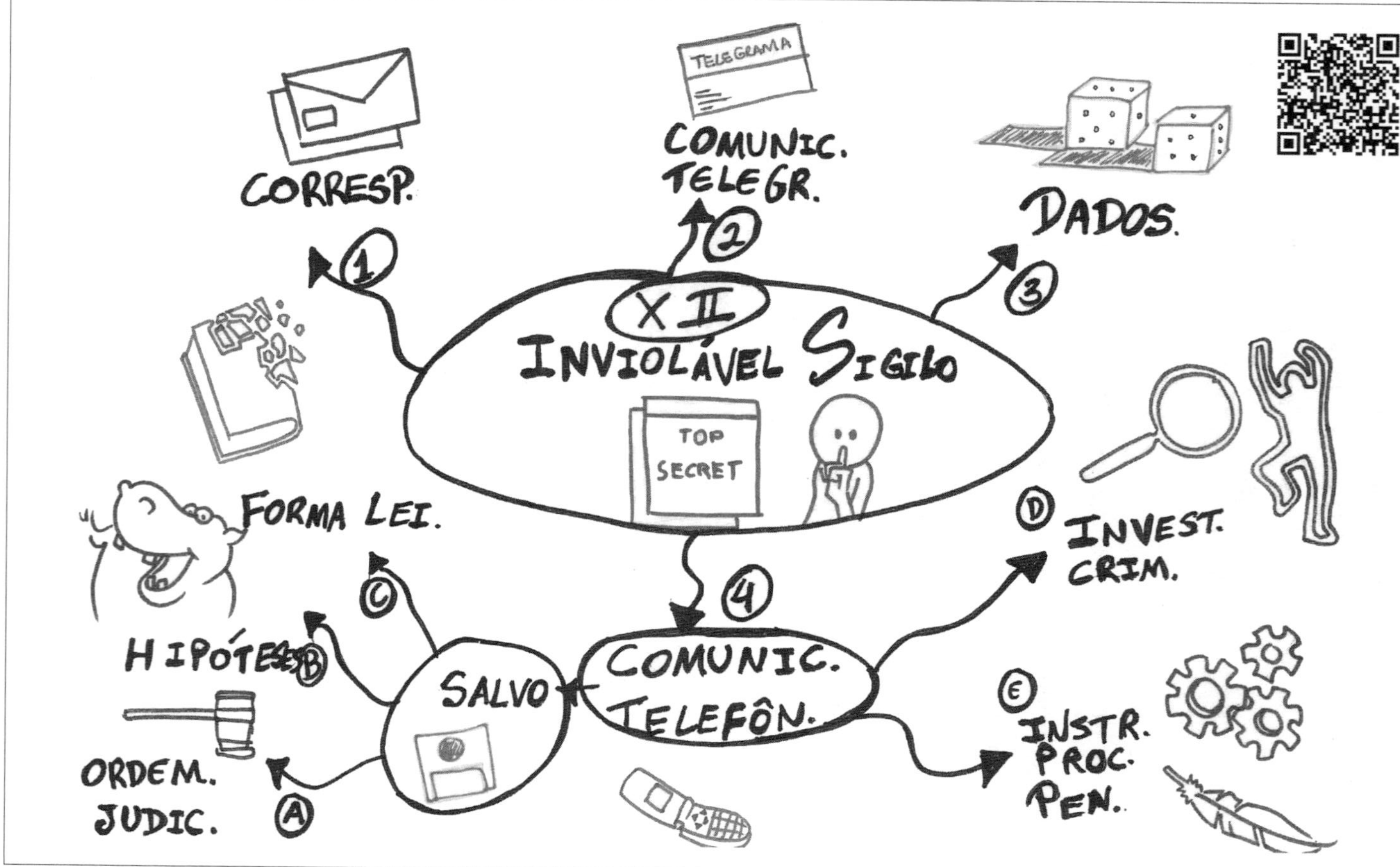

CONSTITUIÇÃO DA REPÚBLICA FEDERATIVA DO BRASIL

Título II – Dos Direitos e Garantias Fundamentais

Capítulo I – Dos Direitos e Deveres Individuais e Coletivos

"XII – é inviolável o sigilo da correspondência e das comunicações telegráficas, de dados e das comunicações telefônicas, salvo, no último caso, por ordem judicial, nas hipóteses e na forma que a lei estabelecer para fins de investigação criminal ou instrução processual penal;"

Explicação do Mapa da página ao lado:

<u>é inviolável o sigilo</u>: envelope secreto, homem pedindo segredo.

1. <u>da correspondência</u>: carta.
2. <u>das comunicações telegráficas</u>: telegrama.
3. <u>de dados</u>: informática – dados de jogo.
4. <u>das comunicações telefônicas</u>: telefone celular.

- <u>salvo</u>: clique no disquete para salvar.
  - a. <u>por ordem judicial</u>: martelo do juiz.
  - b. <u>nas hipóteses</u>: hipopótamo começa com HIPO, de HIPÓtese.
  - c. e na <u>forma que a lei estabelecer</u>: legislação sendo formada.
  - d. <u>para fins de investigação criminal</u>: lupa que investiga a cena do crime onde o corpo foi encontrado.
  - e. <u>ou instrução processual penal</u>: engrenagens que processam uma pena (penal).

VEDADO
1
LIVRE MANIFEST.
PENSAM.
MST
2
ANONIMATO

CONSTITUIÇÃO DA REPÚBLICA FEDERATIVA DO BRASIL

Título II – Dos Direitos e Garantias Fundamentais

Capítulo I – Dos Direitos e Deveres Individuais e Coletivos

"IV – é livre a manifestação do pensamento, sendo vedado o anonimato;"

Explicação do Mapa da página ao lado:

é livre a manifestação do pensamento: manifestantes expressando suas ideias.

1. sendo vedado: tela de vedação de janelas contra insetos.
2. o anonimato: a sombra que ninguém sabe quem é.

Constituição Federativa do Brasil	Art. 5º

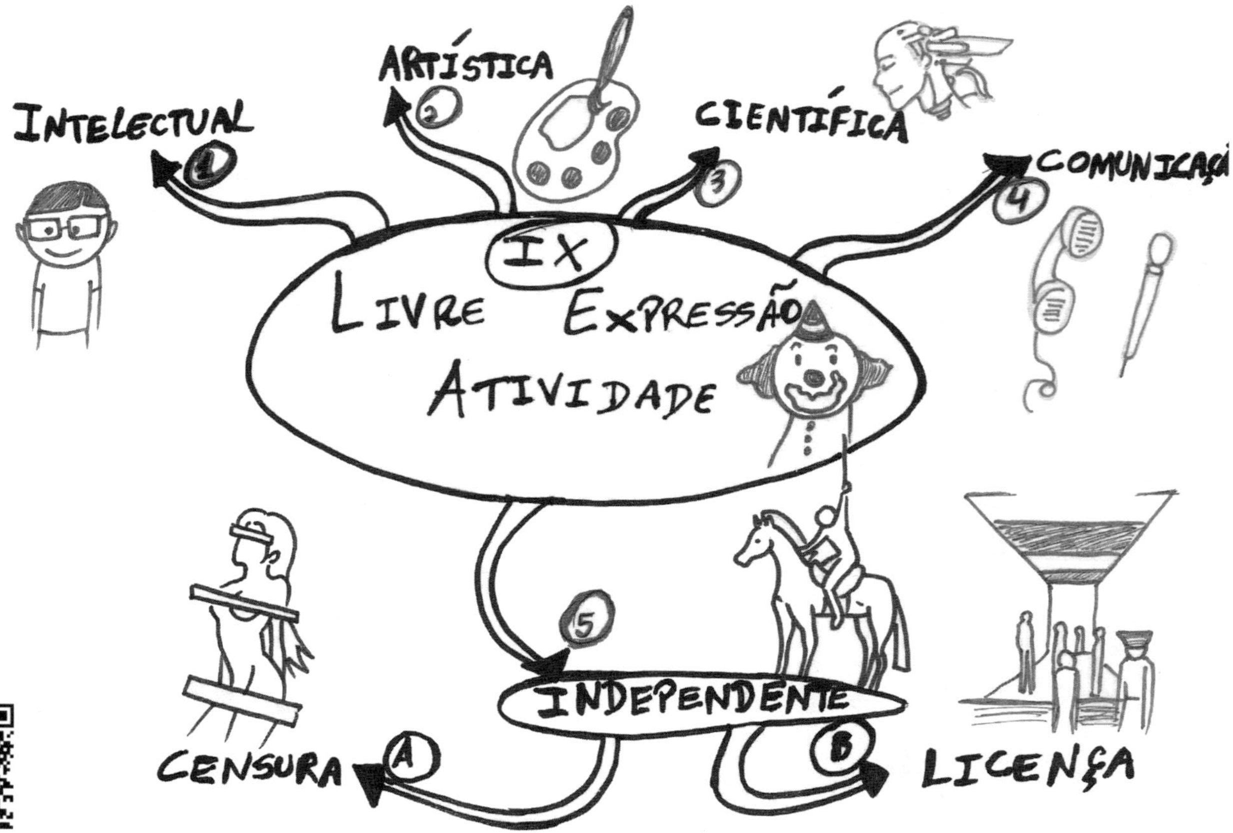

CONSTITUIÇÃO DA REPÚBLICA FEDERATIVA DO BRASIL

Título II – Dos Direitos e Garantias Fundamentais

Capítulo I – Dos Direitos e Deveres Individuais e Coletivos

"IX – é livre a expressão da atividade intelectual, artística, científica e de comunicação, independentemente de censura ou licença;"

Explicação do Mapa da página ao lado:

é livre a expressão da atividade: palhaço com livre expressão.

1. intelectual: "Nerd" super estudioso.
2. artística: paleta de pintura.
3. científica: mulher robô.
4. e de comunicação: telefone e microfone – instrumentos de comunicação.
5. independentemente: Proclamação da Independência:
   a. de censura: tarjas que escondem partes íntimas.
   b. ou licença: pedindo licença para passar em um corredor cheio.

Art. 5º
Inciso III
GENIUS
Nº 13
VII
ASSEGURADA (LEI)
PREST. ASSIST. RELIG.
1
ENTIDADES CIVIS
2
MILITARES
3
INTERNAÇÃO COLETIVA

CONSTITUIÇÃO DA REPÚBLICA FEDERATIVA DO BRASIL

Título II – Dos Direitos e Garantias Fundamentais

Capítulo I – Dos Direitos e Deveres Individuais e Coletivos

"VII – é assegurada, nos termos da lei, a prestação de assistência religiosa nas entidades civis e militares de internação coletiva;"

Explicação do Mapa da página ao lado:

é assegurada nos termos da lei: mão segurando lei.

a prestação de assistência: médico que presta assistência médica.

religiosa: padre.

nas entidades: fantasmas;

1. civis: garotinha que estuda em um colégio (entidade civil).
2. e militares: soldado.
3. de internação coletiva: doidos internados coletivamente.

CF/88
Art. 49/Inc. XV – Poder Legislativo
26/12/2009
Nº 44
ATRIBUIÇÕES DO CONGRESSO NACIONAL
1 AUTORIZAR
2 REFERENDO
VOTE
3 CONVOCAR
4 PLEBISCITO

CONSTITUIÇÃO DA REPÚBLICA FEDERATIVA DO BRASIL

Seção II – Das Atribuições do Congresso Nacional

*"**Art. 48.** Cabe ao Congresso Nacional, com a sanção do Presidente da República, não exigida esta para o especificado nos arts. 49, 51 e 52, dispor sobre todas as matérias de competência da União, especialmente sobre:*

XV – autorizar referendo e convocar plebiscito;"

Explicação do Mapa da página ao lado:

1. Autorizar: carimbo autorizando.
2. Referendo: votação.
3. E convocar: "Chapolin Colorado" convocando.
4. Plebiscito: pessoas votando.

Mapa 1

CF/88	Art. 53/ § 3º – Poder Legislativo	09/01/2010	Nº 91

Mapa 2

CF/88	Art. 53/ § 3º – Poder Legislativo	09/01/2010	Nº 91

CONSTITUIÇÃO DA REPÚBLICA FEDERATIVA DO BRASIL

Seção V – Dos Deputados e dos Senadores

*"**Art. 53.** Compete privativamente ao Senado Federal:"*

MAPA 1

"§ 3º Recebida a denúncia contra Senador ou Deputado, por crime ocorrido após a diplomação, o Supremo Tribunal Federal dará ciência à Casa respectiva, ..." (continua)

MAPA 2

"... que, por iniciativa de partido político nela representado e pelo voto da maioria de seus membros, poderá, até a decisão final, sustar o andamento da ação."

Explicação do Mapa 1 da página ao lado:

Deputados: câmera = Câmara dos Deputados.

Senadores: claquete para iniciar a Cena dos Senadores.

1. Recebida: recebendo uma correspondência.
2. Denúncia: denunciando por telefone.
3. Contra: um lutando contra o outro.
4. Senador ou Deputado: Câmera dos Deputados. claquete da cena do Senado.
5. por crime: crime contra a vida.
6. Ocorrido após a diplomaçao: entrega do diploma.
7. o Supremo Tribunal Federal: STF.
8. dará ciência: recipientes de ciências.
9. à Casa respectiva: Câmara e Senado.

Explicação do Mapa 2 da página ao lado:

10. ... que, por iniciativa: iniciativa de expressar um sentimento.
11. de partido político nela representado: Tucanos e Petistas.
12. e pelo voto: Urna eletrônica.
13. da maioria: A maioria contra um único, representando a minoria.
14. de seus membros,: membros = braços e pernas.
15. poderá, até a decisão final,: juiz decidindo finalmente.
16. sustar: susto do sapo.
17. o andamento da ação: uma arma andando.

Const/88	Art.18. Org. Político-Administrativa	12/01/2010	Nº 3

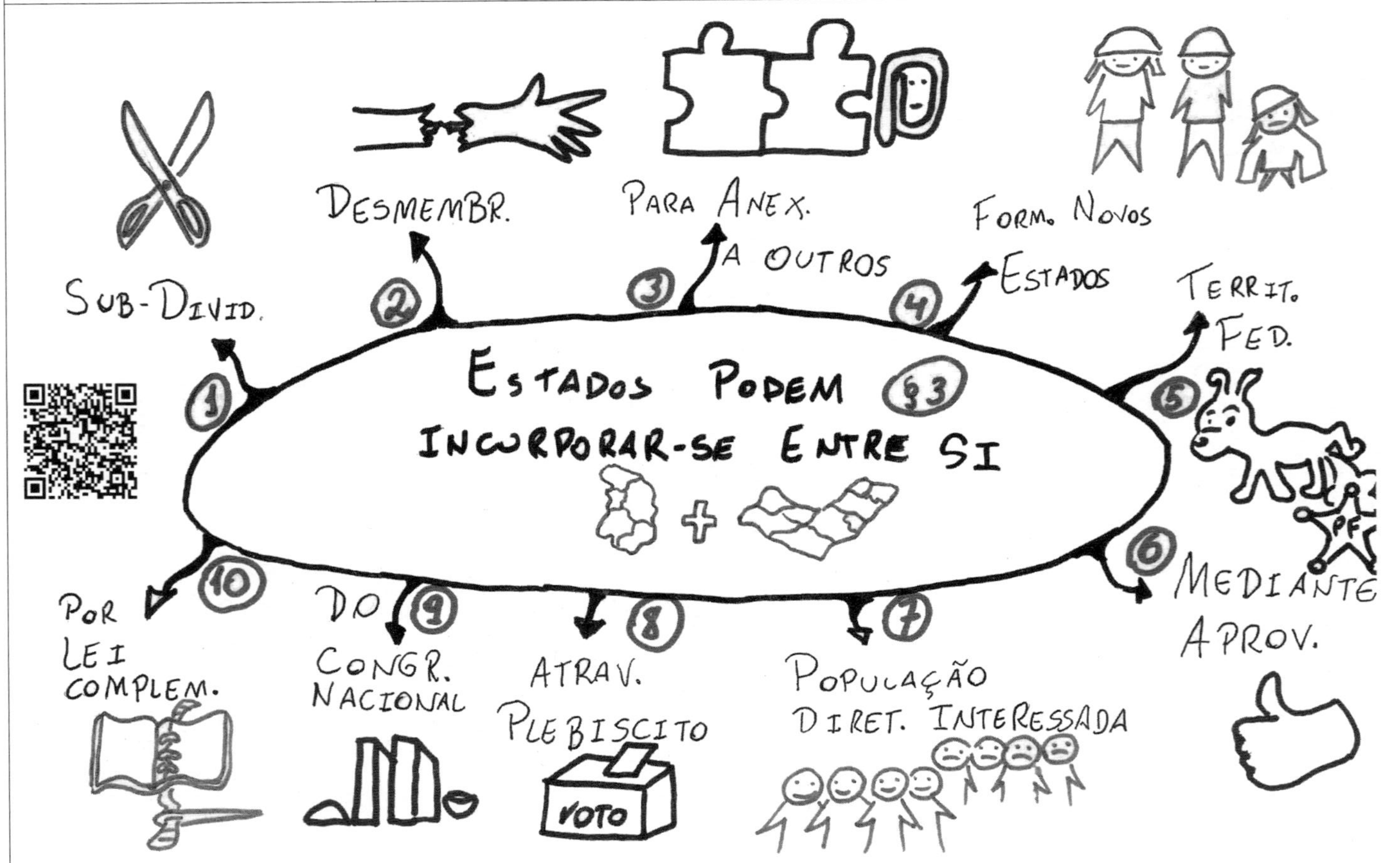

CONSTITUIÇÃO DA REPÚBLICA FEDERATIVA DO BRASIL

Título III – Da Organização do Estado

Capítulo I – Da Organização Político-Administrativa

*"**Art. 18.** A organização político-administrativa da República Federativa do Brasil compreende a União, os Estados, o Distrito Federal e os Municípios, todos autônomos, nos termos desta Constituição."*

"§ 3º Os Estados podem incorporar-se entre si, subdividir-se ou desmembrar-se para se anexarem a outros, ou formarem novos Estados ou Territórios Federais, mediante aprovação da população diretamente interessada, através de plebiscito, e do Congresso Nacional, por lei complementar."

Explicação do Mapa da página ao lado:

Os Estados podem incorporar-se entre si, : Estados sendo incorporados.

1. subdividir-se: tesoura para subdividir os Estados.
2. ou desmembrar-se: membro se desmembrando.
3. para se anexarem a outros: peça de quebra-cabeça sendo anexada.
4. ou formarem novos Estados: irmão mais novo sendo formado ao lado dos mais velhos.
5. ou Territórios Federais: cachorro fazendo xixi, demarcando o seu território.
6. mediante aprovação: polegar levantado = aprovado, ok.
7. da população diretamente interessada: cidadãos residentes nos estados.
8. através de plebiscito: urna de voto.
9. e do Congresso Nacional: imagem do Congresso.
10. por Lei Complementar: complemento da lei sendo costurado com agulha e linha.

Mapa 1

Const/88	Art.18. Org. Político-Administrativa	12/01/2010	Nº 4

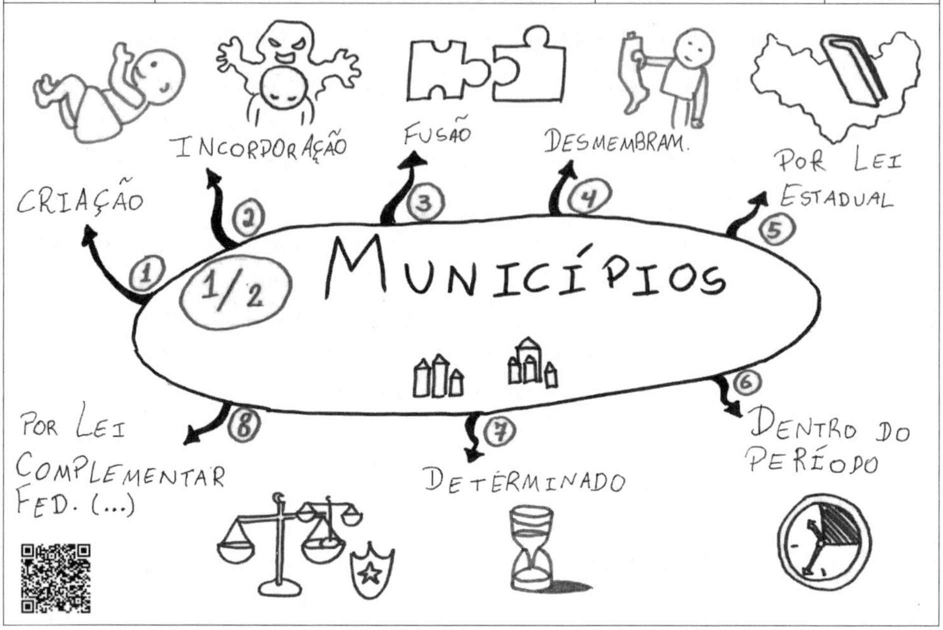

Mapa 2

Const/88	Art.18. Org. Político-Administrativa	12/01/2010	Nº 5

CONSTITUIÇÃO DA REPÚBLICA FEDERATIVA DO BRASIL

Título III – Da Organização do Estado

Capítulo I – Da Organização Político-Administrativa

*"**Art. 18.** A organização político-administrativa da República Federativa do Brasil compreende a União, os Estados, o Distrito Federal e os Municípios, todos autônomos, nos termos desta Constituição."*

MAPA 1

"§ 4º A criação, a incorporação, a fusão e o desmembramento de Municípios, far-se-ão por lei estadual, dentro do período determinado por lei complementar federal,..." (continua)

MAPA 2

"... e dependerão de consulta prévia, mediante plebiscito, às populações dos Municípios envolvidos, após divulgação dos Estudos de Viabilidade Municipal, apresentados e publicados na forma da lei."

Explicação do Mapa 1 da página ao lado:

Municípios: cidades, prédios e casas.

1. Criação: bebê sendo criado.
2. Incorporação: uma entidade incorporando.
3. Fusão: duas peças de quebra-cabeça se fundindo.
4. Desmembramento: arrancando um membro.
5. Por Lei Estadual: lei em cima do Estado.
6. Dentro do período: relógio que marca o período.
7. Determinado: tempo especificado.
8. Por Lei Complementar federal: uma balança em cima da outra, simbolizando lei complementar.

Explicação do Mapa 2 da página ao lado:

9. ... e dependerão: dependente de muleta.
10. De prévia consulta: sinal de prévia (volta) e consulta médica.
11. Mediante plebiscito: pessoas votando.
12. Às populações: habitantes das cidades.
13. Dos municípios envolvidos: casas e prédios.
14. Após divulgação: resultado – vencedor com o nome na lista e perdedor com raiva.
15. Dos estudos de viabilidade municipais: cidades avaliadas.
16. Apresentados: mão apresentando.
17. E publicados: publicação em revista.
18. Na forma da lei: na forma da lei.

Português	Concordância Verbal	12/06/2010	Nº 2

CONCORDÂNCIA VERBAL

Sujeito composto – uso do verbo no singular

Explicação do Mapa da página ao lado:

Concordância Verme + Ball = Verbal

Exigem verbo no SINGULAR

Sujeito: homens sujos.

Composto: 2 homens.

Anteposto: antes do posto de gasolina.

1. Nem um nem outro: nem frango nem carne:

Exemplo: nem um nem outro é vegetariano.

2. Um ou outro: se beber, não dirija.
3. É muito: um sanduíche é muito no café da manhã.
4. É pouco: dois sushis é muito pouco para matar a fome.
5. É menos de: Homem muito pequeno.
6. É mais de: Homem muito grande.

Ética
Código de Ética
10/04/2013
Nº 14
É DEVER DO ADVOGADO ABSTER-SE DE:
ART. 2º, VIII, "e"
NÃO, NÃO!
ENTENDER-SE
x=6
DIRETAMENTE
COM A PARTE ADVERSA
QUE TENHA PATRONO CONSTITUÍDO
SEM O ASSENTIMENTO DESTE
NÃO!

CÓDIGO DE ÉTICA DA OAB

Código de Ética e Disciplina da OAB

"Parágrafo único. São deveres do advogado:

VIII – abster-se de:

e) entender-se diretamente com a parte adversa que tenha patrono constituído, sem o assentimento deste."

Explicação do Mapa da página ao lado:

São deveres do advogado: abster-se de = um advogado casando e gerando deveres.

1. entender-se: Alguém entendendo uma conta complicada.
2. diretamente: uma seta indo direto ao ponto.
3. com a parte adversa: um sanduíche é muito no café da manhã.
4. que tenha patrono constituído: dois sushis é muito pouco para matar a fome.
5. Sem o assentimento deste: Homem muito pequeno.

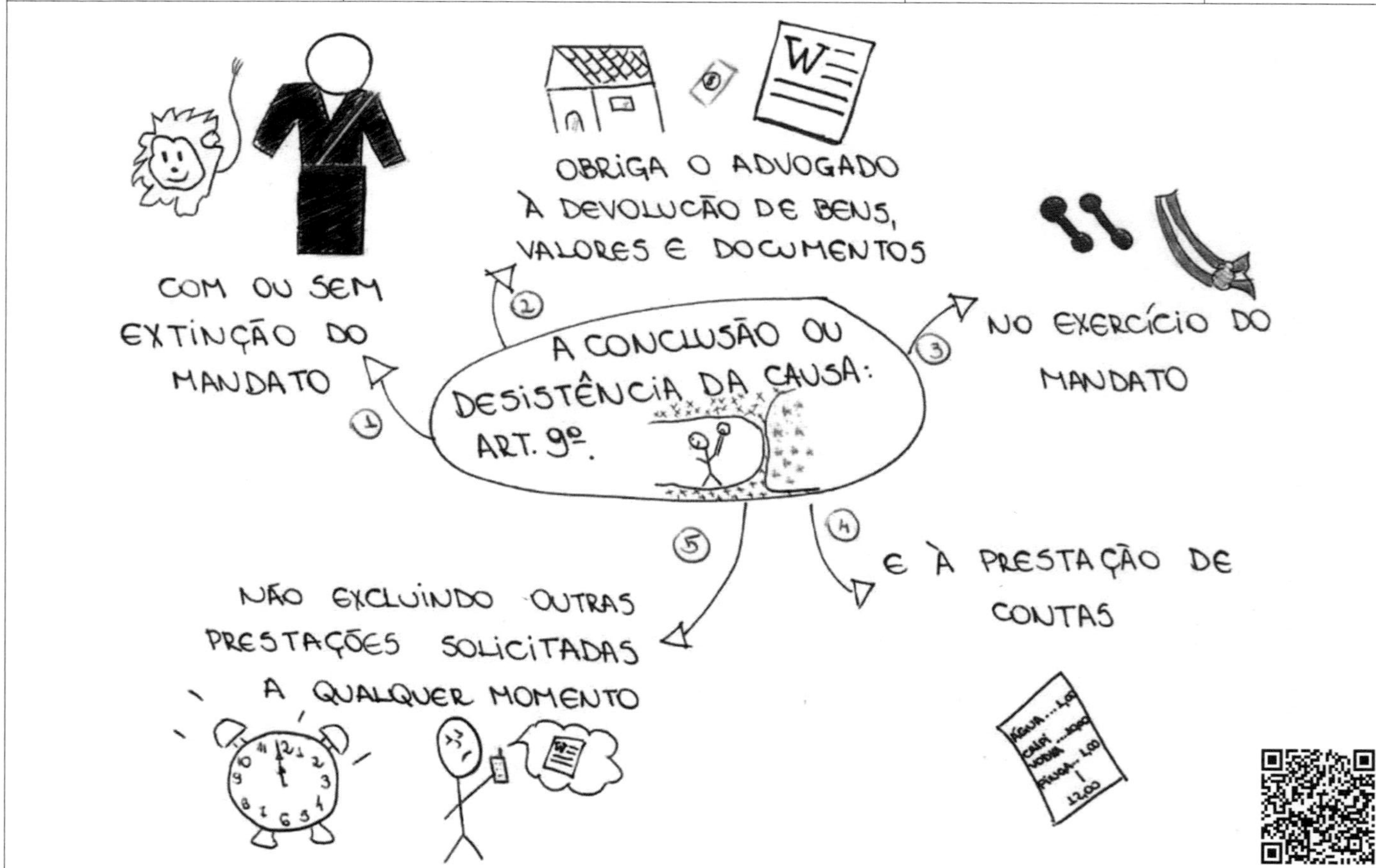
OBRIGA O ADVOGADO
À DEVOLUÇÃO DE BENS,
VALORES E DOCUMENTOS
COM OU SEM
EXTINÇÃO DO
MANDATO
A CONCLUSÃO OU
DESISTÊNCIA DA CAUSA:
ART. 9º.
NO EXERCÍCIO DO
MANDATO
E À PRESTAÇÃO DE
CONTAS
NÃO EXCLUINDO OUTRAS
PRESTAÇÕES SOLICITADAS
A QUALQUER MOMENTO

CÓDIGO DE ÉTICA DA OAB

Sujeito composto – uso do verbo no singular

> *"**Art. 9º** A conclusão ou desistência da causa, com ou sem a extinção do mandato, obriga o advogado à devolução de bens, valores e documentos recebidos no exercício do mandato, e à pormenorizada prestação de contas, não excluindo outras prestações solicitadas, pelo cliente, a qualquer momento."*

Explicação do Mapa da página ao lado:

A conclusão ou desistência da causa = um minerador desistindo muito próximo de encontrar o ouro (imagem conhecida na internet).

1. com ou sem a extinção do mandato: um mico leão dourado (em extinção) e a faixa presidencial simbolizando o mandato.
2. obriga o advogado à devolução de bens, valores e documentos: exemplos dos bens que serão devolvidos (imóveis, dinheiro, documentos).
3. ~~recebidos~~ no exercício do mandato: pesos que remetem à exercícios e a faixa presidencial do mandato.
4. e à ~~pormenorizada~~ prestação de contas: cálculo com a prestação de contas.
5. não excluindo outras prestações solicitadas, ~~pelo cliente~~, a qualquer momento: um cliente ligando para o advogado, solicitando um documento. O relógio simboliza a qualquer momento.

Ética	Código de Ética	13/01/2013	Nº 29

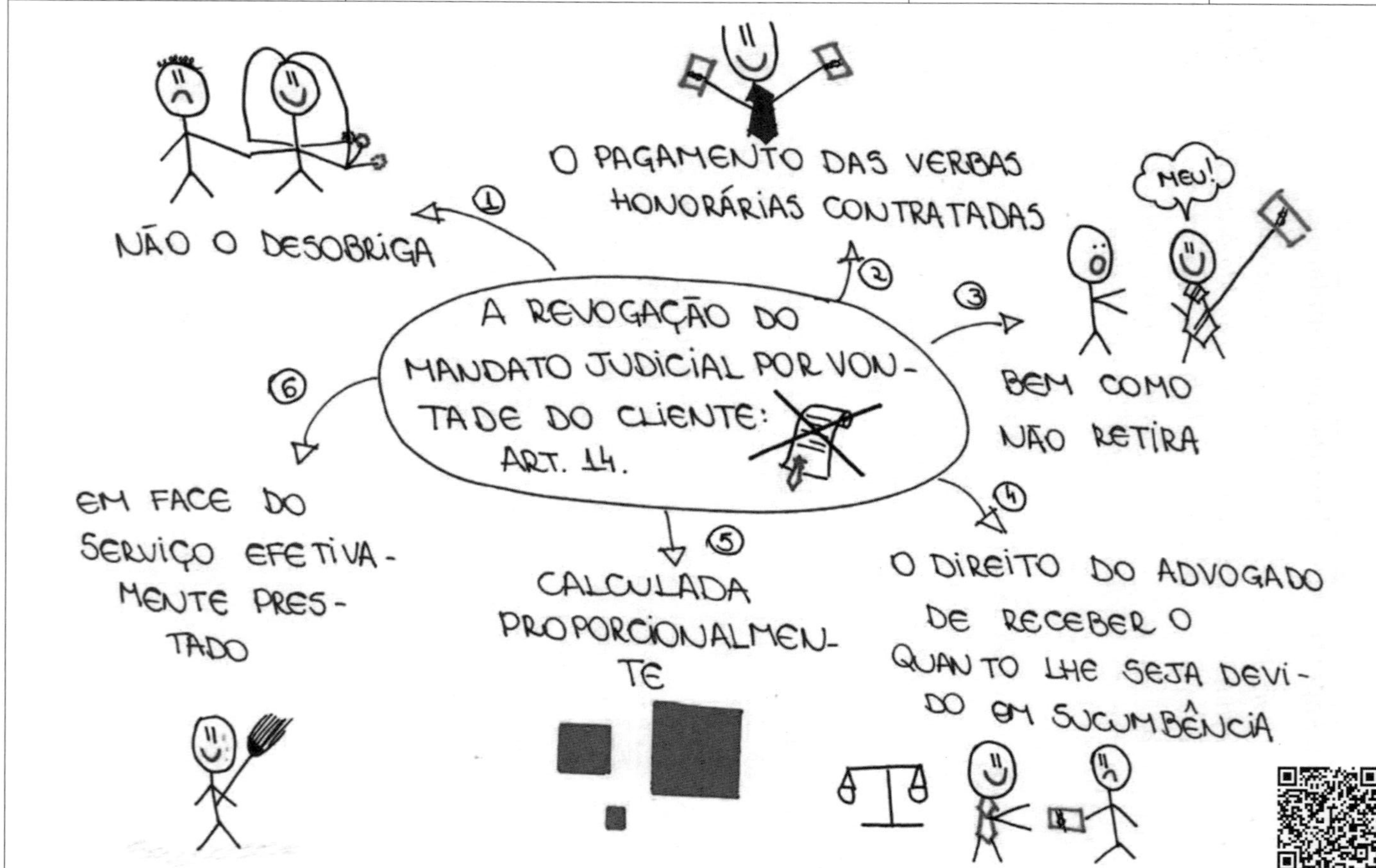

CÓDIGO DE ÉTICA DA OAB

*"**Art. 14.** A revogação do mandato judicial por vontade do cliente não o desobriga do pagamento das verbas honorárias contratadas, bem como não retira o direito do advogado de receber o quanto lhe seja devido em eventual verba honorária de sucumbência, calculada proporcionalmente, em face do serviço efetivamente prestado."*

Explicação do Mapa da página ao lado:

A revogação do mandato judicial por vontade do cliente: um mandato sendo revogado.

1. não o desobriga: um casamento que obriga.
2. do pagamento das verbas honorárias contratadas: o advogado recebendo.
3. bem como não retira: um advogado negando a devolução do dinheiro ao cliente.
4. o direito do advogado de receber o quanto lhe seja devido ~~em eventual verba honorária de~~ sucumbência: o cliente pagando, mesmo a contragosto.
5. calculada proporcionalmente: quadrados simbolizando proporcionalidade.
6. em face do serviço efetivamente prestado: com uma vassoura na mão, simbolizando (de forma absurda) a prestação de um serviço.

DIREITO DO CONSUMIDOR[1]

Consumidor	Responsab.	03/07/11	Nº 816

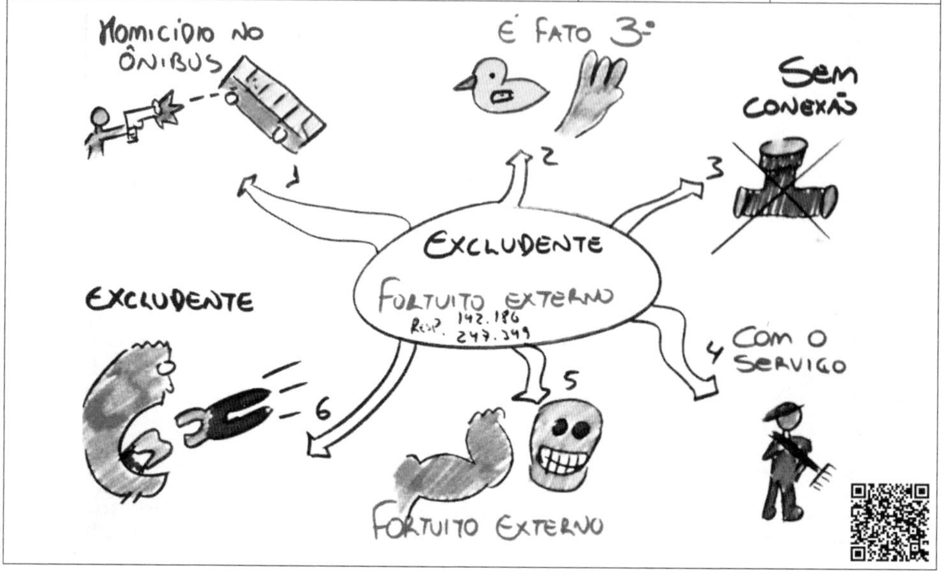

DIREITO PROCESSUAL CIVIL

Proc. Civil	M. Segurança – Súm 630	09/05/12	Nº 9

1 Mapas Mentais gentilmente cedidos pelo professor Charles Giacomini.

Capítulo 5

Dúvidas Frequentes e Erros mais Comuns

"A adversidade desperta em nós capacidades que, em circunstâncias favoráveis, teriam ficado adormecidas."
(Horácio)

Aqui destacamos as dúvidas de nossos alunos que frequentemente aparecem quando realizamos os cursos e oficinas sobre Mapas Mentais.

Se as suas dúvidas não estiverem citadas nos itens a seguir ou se as respostas não forem suficientes, sinta-se à vontade para enviá-la por e-mail, pois será uma grande satisfação poder contribuir com a sua aprovação.

PERGUNTAS E RESPOSTAS

Pergunta: O Mapa Mental pode ser acrescentado com novas informações e estudos que o concursando for tendo acesso ao longo do tempo? Por exemplo: suponhamos que eu tenha feito um Mapa Mental a respeito do crime de homicídio, somente com base na Lei e na doutrina. Caso eu venha a estudar a jurisprudência de algum tribunal a respeito do tema, posso acrescentar tal estudo ao Mapa Mental já feito ou devo fazer outro com as novas informações?

Resposta: A sugestão é que sempre sejam feitos novos mapas, como complemento.

Cada mapa precisa ter poucas informações, o que garante maior eficiência para memorizar e grande agilidade para revisar.

Ao elaborar os seus Mapas Mentais, não se preocupe em deixar espaço para novas informações. Conclua cada mapa com as informações disponíveis no momento e crie novos mapas com comentários ou informações adicionais.

Pergunta: Com relação às divergências doutrinárias e jurisprudenciais, é melhor colocá-las em um mesmo Mapa Mental ou devo fazer um mapa para cada posição?

Resposta: Faça um ou mais mapas para cada corrente doutrinária. É importante você criar um mapa com um resumo geral das divergências ou separando cada corrente e elaborar outros mapas para descrever os detalhes importantes de cada uma delas.

Pergunta: O conteúdo dos Mapas Mentais deve ser RESUMOS de aulas e oriundos da leitura de livros, códigos, leis, doutrinas e apostilas?

Resposta: Não necessariamente. Mapas Mentais podem ser criados com tópicos resumidos, mas você vai tirar um proveito muito maior se mudar o modo como escreve, deixando de lado os cadernos e as folhas pautadas (com linhas) e adotar as folhas de papel não pautadas (A4 em branco ou com alguma coloração clara) para registrar TODO o conteúdo que antes era escrito linha abaixo de linha.

Você pode fazer Mapas Mentais da letra da lei, selecionando os artigos e incisos mais importantes ou condensando todo o assunto ministrado em uma aula, elaborando vários mapas para isso.

Sempre parta do princípio de que tudo o que pode ser escrito, pode ser "mapeado".

Pergunta: Pela dificuldade de elaboração e desenho dos ícones para cada informação, os Mapas Mentais não se tornam uma ferramenta inviável, avaliando o custo benefício: tempo × aprendizagem?

Resposta: Esse é um dos principais mitos que os alunos apresentam, mas que cai logo por terra quando eles começam a colocar as cinco regras em prática e entendem que os desenhos podem e devem ser simples, ágeis e apenas fazer lembrar o significado dos termos escritos.

Sempre deixe os desenhos para o final, quando todas as informações escritas do mapa mental estiverem registradas. A agilidade de elaboração dos mapas vem com o tempo e prática. É importante ter paciência e persistência, sempre deixando o perfeccionismo de lado e elaborando mapas que transmitam o conteúdo apreendido com facilidade e simplicidade.

Pergunta: O uso do computador facilita ou atrapalha a realização dos mapas? Existem programas específicos para isso?

Resposta: Isso vai depender da disponibilidade de se ter um computador em sala de aula, pois é lá que os mapas devem ser feitos, para garantir que o conteúdo visto em aula seja mantido na memória até a assinatura do seu "Termo de Posse", e também das suas habilidades.

Existe uma vasta biblioteca de ícones e *cliparts* disponíveis na Internet e no editor de texto do seu computador, além das imagens encontradas no <www.google.com.br>.

Anteriormente, sugeríamos que os Mapas Mentais fossem elaborados à mão, visto que a velocidade de elaboração para quem já tem bastante prática é muito maior e a independência de um computador ou tablet é algo interessante. Atualmente, percebemos que os mapas mentais elaborados no computador são feitos com uma agilidade ainda maior, visto que a capacidade de copiar e colar o texto que está sendo mapeado e ainda a de inserir imagens prontas traz uma agilidade fantástica! Percebemos que a utilização de tablets não ajuda na agilidade de elaboração dos mapas. Neles, o processo de copiar e colar ainda é muito trabalhoso e a alternância de telas, do Ms Word para o Ms Power Point, por exemplo, é algo complicado.

É importante personalizar cada técnica da melhor forma para atender as suas necessidades. Faça os mapas da maneira que você mais se identificar.

Já testamos vários programas de computador e aplicativos para *tablets* para a elaboração de Mapas Mentais, mas poucos têm a praticidade do MsPower Point, pela facilidade de inserção e edição de imagens e pelo uso de conectores, setas que podem ser literalmente conectadas a caixas de texto. Se as caixas de texto forem movimentadas, os conectores as acompanham e não se desgrudam delas, o que facilita muito a preparação de mapas.

Mesmo assim, você pode experimentar alguns softwares e aplicativos. Indicamos, a seguir, alguns que são gratuitos e fáceis de encontrar para download:

- IThoughts – para Ipad
- SimpleMind
- Mindjet
- XMind
- BizAgi
- Argunet
- www.examtime.com

Recentemente, descobrimos a plataforma Examtime (<https://www.examtime.com/pt-BR>). Ela tem várias ferramentas muito interessantes como FlashCards, Quizzes, Notas, inclusive uma extremamente eficiente para a elaboração de mapas mentais com praticidade e agilidade. Com essa ferramenta é possível inserir imagens e puxar ramificações com muita facilidade nos mapas mentais. Há ainda a possibilidade de exportar os mapas mentais em formato de imagem, para que eles sejam facilmente acessados do computador sem internet e até mesmo de um celular ou tablet. O ExamTime.com é uma ferramenta internacionalmente utilizada, visto que o uso de mapas mentais está cada vez mis difundido em todo o mundo.

Exemplo de mapa mental elaborado no www.examtime.com:

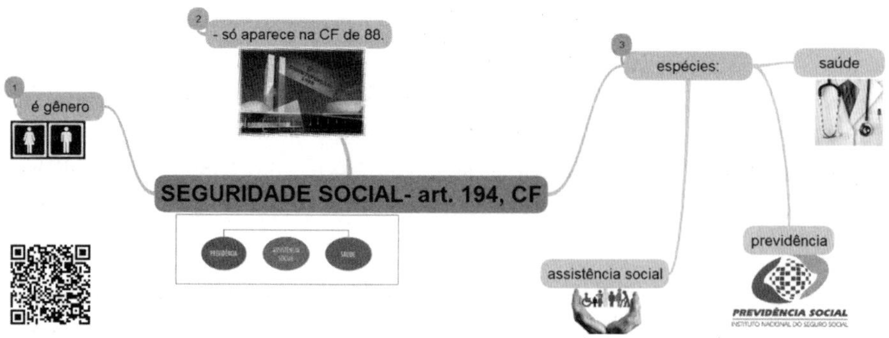

OBSERVAÇÃO: o nível de dificuldade dos programas varia bastante em função da familiaridade com o dispositivo e com as próprias especificidades do software. Reforçamos que o mais indicado é que os mapas sejam feitos à mão, portanto, se você não se adaptar aos programas, tranquilize-se e mãos à obra.

IMPORTANTE: você não deve começar querendo fazer mapas sofisticados e complexos, com ilustrações perfeitas, com pesquisas demoradas para achar a imagem mais linda do mundo... e perder precioso tempo para o estudo, exercícios e revisões. Nunca se esqueça de que os mapas são uma ferramenta, não o objetivo em si; eles são um meio, não o fim. Esse é um dos erros mais comuns, o qual abordaremos posteriormente: o perfeccionismo exagerado.

Pergunta: Posso fazer os Mapas Mentais sem os desenhos?

Resposta: Sim, sob o prejuízo da perda de mais de 50% da "força" da ferramenta. O dito popular lembra que uma imagem vale mais que mil palavras e os desenhos vão acelerar significativamente as revisões dos mapas.

A dica para não se enrolar com os desenhos é inicialmente fazer os Mapas Mentais sem eles. Quando você terminar uma batelada de uns 30 mapas, volte ao primeiro e comece a pensar sobre quais desenhos rápidos e simples poderiam te ajudar a se lembrar dos conceitos ali contidos. Se você encontrar dificuldades, sinta-se à vontade para enviar um e-mail para contato@sougenius.com.br citando todos os termos que você não conseguiu desenhar. Agradecemos imensamente se junto com os referidos termos, você enviar as descrições, com as definições e exemplos práticos de cada um deles.

Dando uma atenção especial ao assunto dos desenhos, nós inserimos uma Oficina de Desenhos no presente livro, nos capítulos seguintes, para facilitar o desenvolvimento da criatividade e também para que as pessoas possam entender que desenhar é muito mais fácil e rápido do que se imagina.

Pergunta: Mapas Mentais servem para assuntos grandes?

Resposta: Basta dividir a matéria em partes e ir mapeando de forma macro, tendo uma visualização do todo, dos tópicos principais e depois ir detalhando os assuntos em outros mapas, chegando a uma visão micro. Jogue a preguiça fora e entenda que a leitura pura e simples de um determinado conteúdo não garante a lembrança do mesmo após algumas semanas ou meses. Mapas Mentais, sim!

Antes de conhecer os Mapas Mentais, provavelmente você tinha o hábito de escrever resumos das matérias. Normalmente, as pessoas estudam um determinado assunto, leem algumas vezes e depois resumem com as suas próprias palavras o que entenderam do texto, transcrevendo algumas partes importantes do texto lido.

Você pode fazer os resumos já em forma de mapa.

Alguns alunos preferem começar fazendo os resumos e depois transformá-los em Mapas Mentais, mas com o tempo os mapas vão sair direto, sem ter a necessidade de escrever os resumos em papel pautado (com linhas).

Dê uma primeira lida para entender a ideia do texto e depois identifique quais partes são mais importantes. Ainda que você tenha entendido maravilhosamente bem o assunto estudado, é importante elaborar alguns mapas para garantir a fixação dos conhecimentos adquiridos. Hoje você sabe aquilo que estudou, mas isso não garante que em algumas semanas ou meses você vai conseguir se lembrar com facilidade e agilidade na hora das provas.

Divida o assunto em partes e a cada Mapa Mental elaborado, ainda que sejam muitos, tenha a satisfação de não ter que estudar mais aquele assunto, salvo se necessário aprofundamento por meio de outras fontes. Assunto mapeado e revisado, é assunto garantido na memória.

Pergunta: Posso aplicar a técnica apenas em assuntos que tenho mais dificuldade?

Resposta: Sim. Se você tiver uma boa bagagem das matérias e acreditar que consegue dar conta nas provas daqueles assuntos já dominados, mapeie apenas o que lhe traz maior dificuldade. Vale lembrar que existem assuntos hoje que talvez você não se lembre em algum tempo, assim como existiram assuntos no passado que você dominava e hoje precisa reestudá-los.

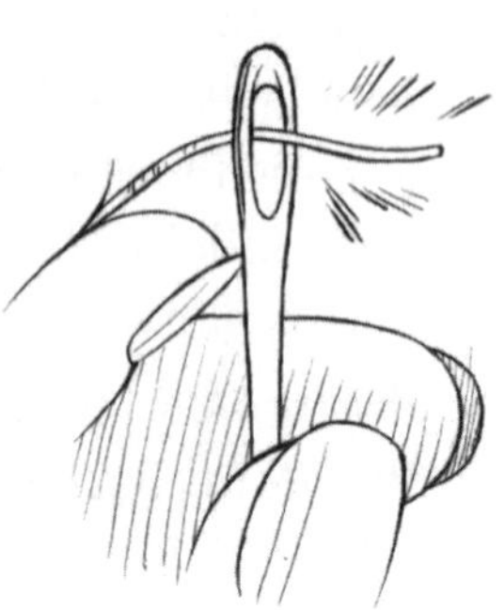

Pergunta: Quanto tempo é necessário para se adquirir prática nos Mapas Mentais?

Resposta: Tudo vai depender da sua persistência e atitude em mudar a forma de registrar as suas anotações. Temos casos de alunos que demoraram um mês para conseguir agilidade na elaboração dos mapas e outros que saíram da primeira aula com um monte de Mapas Mentais na mão. Decida mudar, pague o preço de aprender a técnica, persista, acredite, mapeie, revise e passe no seu concurso.

Vale lembrar que cada planta cresce em seu tempo, do seu jeito. Talvez você consiga criar o hábito de fazer os mapas durante as aulas em mais ou menos tempo que os seus colegas de sala. Você é único(a) e incomparável!

Algo que agiliza bastante o domínio da técnica dos mapas mentais é fazê-los em grupos. Converse com os seus amigos e colegas de sala e crie o hábito de trocar mapas. Sempre notamos em nossos cursos que quando as pessoas participam deles com amigos e colegas de estudos, os resultados aparecem em um prazo menor, além de garantir que a técnica será colocada em prática. Afinal de contas, quando um não quer o outro insiste.

Fazer mapas em grupo vai ajudar a perceber como as outras pessoas conseguem sintetizar a matéria em forma de mapas e também como elas elaboram os seus desenhos.

IMPORTANTE: cuidado para não transformar as reuniões para estudo em grupo em reuniões sociais, com muita animação e conversa, muita alegria... Bem, você sabe, e pouco estudo, concentração e resultados.

O estudo em grupo demanda cuidados. Se quiser saber mais sobre técnicas de estudo individual e em grupo, veja a obra *Como passar em provas e concursos*.

Pergunta: Estou levando muito tempo para revisar os mapas. Como posso acelerar a revisão deles?

Resposta: Se os mapas forem elaborados seguindo as cinco regras e respeitando-se o limite de informações, preferindo diluir os conteúdos em vários mapas, a agilidade de leitura é certa. Perceba que os exemplos de mapas aqui expostos são de fácil e ágil leitura, tendo em vista o particionamento das informações por mapa. Lembre-se de que com poucas linhas escritas se faz um Mapa Mental.

A revisão dos Mapas Mentais conforme a sistemática aqui descrita permite que o tempo necessário para revisar os mapas seja cada vez menor. Se você não estiver revisando os mapas elaborados diariamente, colocando-os na caixa DIÁRIA e em seguida semanalmente, quinzenalmente, mensalmente, semestralmente e anualmente, conforme anteriormente descrito, é natural que se leve mais tempo durante as revisões.

Revise os mapas todos os dias e o tempo necessário para revisá-los será cada vez menor.

Alguns alunos decidem revisar os mapas em dias intercalados, às 2as, 4as e 6as, por exemplo, e acabam gastando um tempo muito maior que se fossem revisar de 2^{a} a domingo, conforme recomendamos.

Dedique um horário específico todos os dias, crie o hábito de revisar os mapas desde o dia de sua elaboração e você vai perceber que o tempo empregado para as revisões será ínfimo.

ERROS MAIS COMUNS

Angulação das palavras

Como a escrita dos Mapas Mentais é em 360°, girando na folha como um sol ou neurônio, algumas pessoas tendem a inclinar as palavras, acompanhando o giro do mapa. Apesar da configuração rotacional do mapa, é muito importante que as palavras fiquem sempre na horizontal, alinhadas sem qualquer angulação para facilitar e agilizar a leitura.

Sempre que um mapa é elaborado, deve-se prestar atenção aos elementos que fazem com que as informações sejam memorizadas com maior eficiência e também aos outros fatores que tornam a revisão do mapa mais rápida, aproveitando as duas grandes vantagens de se dedicar tempo e energia para colocar os Mapas Mentais em prática: poder de memorização e lembrança dos conteúdos e agilidade de revisões.

As palavras devem ficar dispostas nos mapas de forma livre, sempre evitando escrevê-las uma abaixo da outra ou uma ao lado da outra. Jogue as pautas (linhas) do caderno fora, mas mantenha a escrita sempre na horizontal, como se existissem linhas no mapa, sem girar as palavras.

São raros os casos, mas acontece de alguns alunos escreverem girando literalmente o conteúdo, rodando a folha com a mão enquanto elabora o mapa, deixando até algumas palavras de ponta-cabeça (invertidas, de "cabeça para baixo"), o que é um erro grave, visto que toda vez que você for estudar, provavelmente, terá duas consequências negativas:

- L.E.R.: lesão por esforço repetitivo, por ter que girar todos os mapas para conseguir estudar.
- Tomar um Dramin para não enjoar com a rodada dos mapas.

Medo da grande quantidade de Mapas Mentais

É comum presenciar os nossos alunos saindo de sala de aula com 20, 30 ou até 60 Mapas Mentais, condensando os conteúdos ministrados pelo professor.

A quantidade de papel gasta com a elaboração de Mapas Mentais é realmente grande, tendo em vista que algumas linhas ou um parágrafo pode dar origem a um único mapa.

Na verdade, não é necessário "mapear" tudo ao pé da letra. Você pode elaborar Mapas Mentais com resumos das matérias ou livros lidos e se dedicar a colocar em Mapas Mentais a letra da lei daquilo que é mais importante e que você apresente maior dificuldade de aprender e lembrar.

Muitos Mapas Mentais, se bem elaborados e revisados corretamente, conforme as indicações da presente obra, são revisados em um tempo absurdamente curto.

Quando você olhar para as suas resmas e mais resmas de Mapas Mentais, revisando-os sistematicamente, tenha a seguinte certeza: todo aquele conteúdo está garantido em sua memória, tanto em forma de armazenamento, quanto com muita facilidade para lembrar quando da realização de exercícios e provas.

Começar pelos desenhos

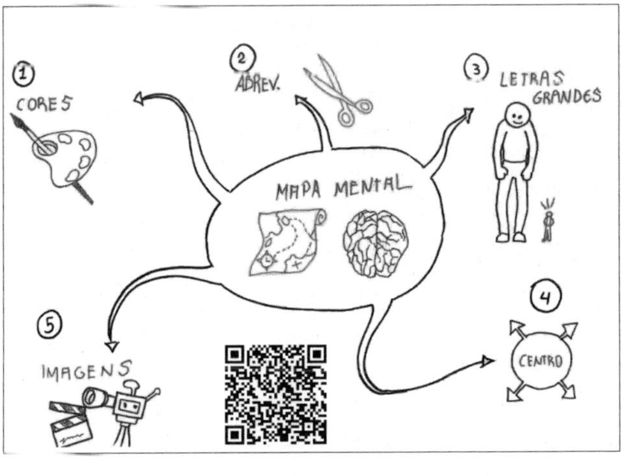

Iniciar a elaboração dos mapas a partir dos desenhos (5ª regra), que sempre devem ser deixados para o final, após o registro de todas as informações escritas. Se não conseguir colocar os desenhos na hora da aula, não tem problema. Finalize-os em casa, pois as informações escritas já estarão registradas e garantidas.

Letras pequenas

Esse é o vício mais difícil de ser vencido por alguns alunos. É impressionante como em nossos cursos repetimos exaustiva e insistentemente para que os participantes sempre usem letras três a quatro vezes maiores que a escrita normal, mas notamos certa resistência ao uso do famoso "LETRÃO".

Talvez pelo hábito de economizar a aproveitar todos os espaços da folha, o aumento da letra só é mais desenvolvido a partir do 3º ou 4º Mapa Mental.

As letras grandes facilitam a aceleram bastante a revisão dos Mapas Mentais, além de estimularem o canal visual, que favorece consideravelmente o processo de memorização e evocação (lembrança) das informações contidas nos mapas.

Poluição visual

O excesso de informações em um Mapa Mental prejudica a captação visual, assim como a agilidade para revisões dos conteúdos armazenados.

Se o assunto é grande, divida-o em várias partes e sinta-se à vontade para transformar poucas linhas em vários mapas.

Lembre-se de duas informações muito importantes: (1) os conteúdos registrados nos mapas, se revisados conforme a metodologia aqui descrita, estarão garantidos em sua memória; (2) a quantidade de informações dos seus vários Mapas Mentais é a mesma das poucas linhas, o que muda é o tamanho e a disposição das mesmas.

É importante deixar algum espaço em branco entre as informações e desenhos do mapa, o que proporciona um conforto visual e facilita, além de agilizar, a leitura e compreensão das imagens.

Pessoalmente, prefiro limitar até cinco informações no 1º subnível do Mapa Mental e adicionar mais alguns detalhes a cada um destes, mas nada impede que o número de informações seja maior, desde que isso não comprometa o tamanho das letras e desenhos, além de não poluir o mapa.

Se necessário for, crie um ou vários Mapas Mentais específicos para cada subnível, aprofundando o detalhamento das informações.

Não tenha "pena" de fazer mapas. Quanto mais Mapas Mentais você tiver, mais informações estarão garantidas de serem memorizadas e lembradas sempre que você precisar.

Perfeccionismo exagerado

O uso de réguas e excesso de detalhes e cores nos desenhos torna a elaboração dos mapas demasiadamente demorada. Faça o melhor que puder, escrevendo de forma legível e criando ícones de fácil compreensão, que o mapa vai te ajudar muito. Vale lembrar também que apenas duas pessoas precisam entender o seu mapa: você e Deus. O pior é que tem gente que escreve de um jeito e depois só Deus entende.

Não usar a folha toda

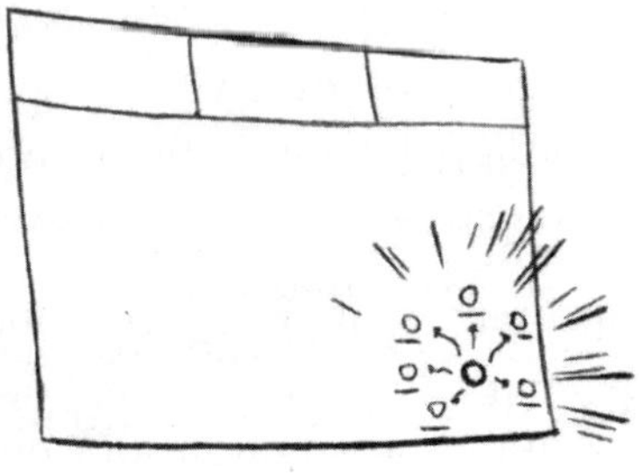

Sugerimos o uso de uma folha de papel branco (sem pautas) inteira para cada Mapa Mental, na posição horizontal, paisagem. Você pode até optar por usar meia folha por mapa, mas isso vai limitar o tamanho da letra e dos desenhos e a quantidade de informações por mapa.

Espalhe as informações pelo mapa todo: cima, baixo, direita, esquerda e diagonais, aproveitando bem os espaços, mas tendo o cuidado de deixar alguma distância entre as informações e desenhos, proporcionando o já citado conforto visual.

Uso demasiado de siglas

Para um estudante de Direito, as siglas CPC (Código de Processo Penal) ou CF (Constituição Federal) são muito familiares, porém, para os marinheiros de primeira viagem que estão estudando as matérias jurídicas para prestar concurso, deve-se ter cuidado com essa "sopa de letrinhas", para evitar a confusão de termos.

Se você se sente seguro com as siglas, use e abuse delas, sempre com letras grandes e cores diferentes.

Não posicionar a informação principal no centro geométrico da folha

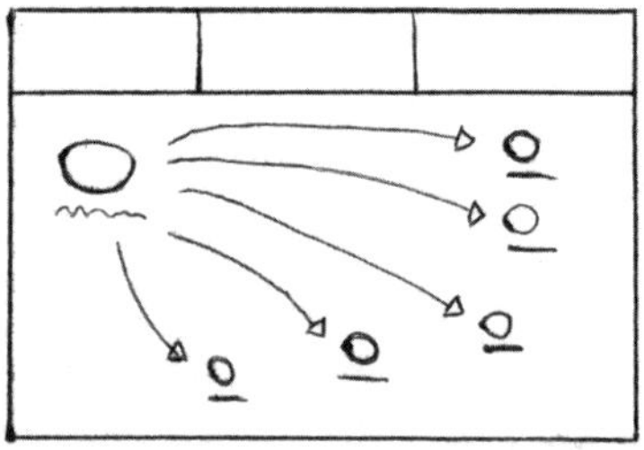

É muito frequente encontrar mapas mentais que possuem a "informação principal" localizada na parte superior do mapa ou à sua esquerda.

É um instinto natural tentar iniciar a escrita na folha no canto superior esquerdo. Com os Mapas Mentais a coisa funciona diferente e precisar irradiar para todos os lados da folha, partindo do meio desta.

Sugere-se posicionar o 1º subitem no canto superior da folha, como um padrão, além de enumerar cada item e subitem do Mapa Mental.

Para elaborar os mapas, insira uma elipse, um círculo achatado, no centro, no meio mesmo da folha e distribua as informações sempre partindo desse centro. Todas as informações devem partir do centro do mapa, salvo se derivarem de subitens desse mapa.

Sugerimos que você imprima ou fotocopie (tire a famosa xerox) a folha da página a seguir. O arquivo em formato .doc está disponível para download no site <www.sougenius.com.br>, no menu Mapas Mentais. Ter muitas folhas dessas com o padrão predefinido a seguir vai facilitar bastante a elaboração dos mapas e economizar tempo na estruturação do cabeçalho e da elipse central.

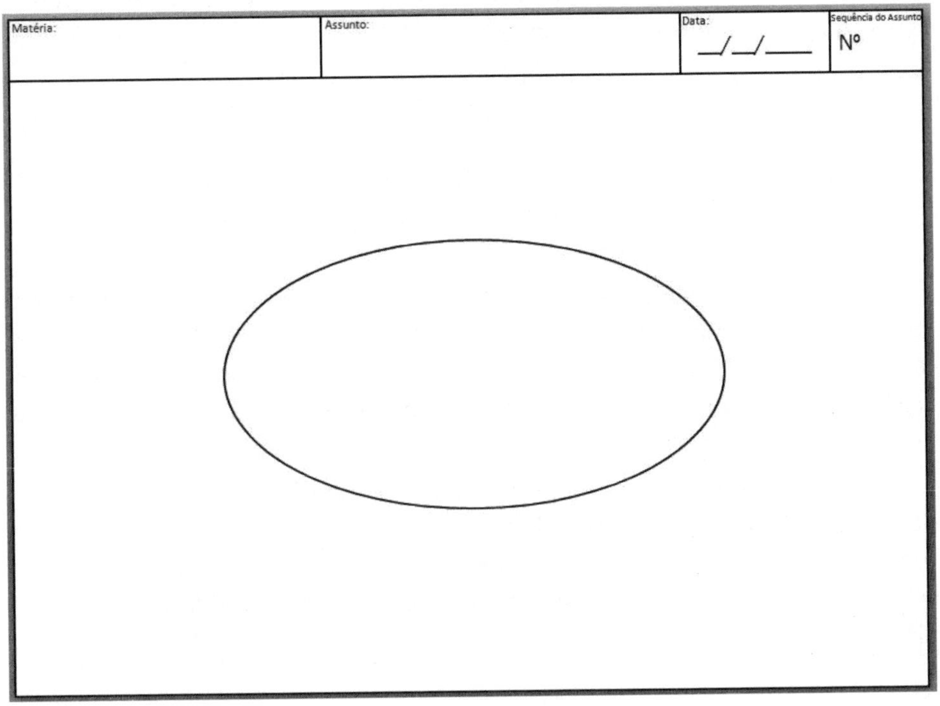

▶ Fazer os mapas apenas em casa, com base nas anotações das aulas

É um retrabalho desnecessário, útil apenas quando você está aprendendo a colocar a técnica dos mapas em prática. Coragem: faça os mapas em sala pelo menos as quatro primeiras regras e deixe os desenhos para fazer em casa. Lembre-se de que você tem uma capacidade mental praticamente infinita! Use-a!

Experimente fazer os mapas em casa e marque o tempo que se leva para elaborá-los. Ter agilidade na feitura dos mapas é importante para que eles sejam elaborados em sala.

Alguns alunos perguntam sobre como decidir o que é importante em um Mapa Mental, como priorizar as informações. Esse processo é muito mais fácil quando estamos estudando em casa ou através dos livros. Durante as aulas, o critério de priorização para as anotações é algo que vem com o tempo, naturalmente. Se você prestar atenção, durante as aulas existem duas maratonas a se vencer:

- 1ª) Prestar atenção na aula e entender o assunto.
- 2ª) Anotar a matéria.

Alguns alunos preferem sacrificar o entendimento da matéria para conseguir anotá-la e "garanti-la" no caderno. Depois, com calma e estudando em casa, se tenta entender os assuntos melhor.

Com os Mapas Mentais não é diferente. Distribua a matéria nos mapas sem tentar definir uma hierarquia das informações. Posteriormente, se necessário, refaça os mapas dividindo os assuntos de forma mais organizada. Com o tempo, os mapas serão elaborados já com esse instinto de organização desenvolvido.

No início, as pessoas estudam um determinado inciso e nem sabem por onde começam o Mapa Mental. Com o passar do tempo elas nem "pensam" duas vezes antes de elaborar os mapas e já conseguem fazer a leitura identificando os pontos principais do texto e a sua divisão e distribuição nos mapas.

Usar termos dispensáveis como preposições, artigos e palavras centrais

Em vez de escrever "FUNDAM~~ENTOS~~ DO DIREITO ADM~~INISTRATIVO~~" no mapa, escreva apenas FUND. ADM. em uma seta e em outra D. ADM., ou FUND. ADM., como preferir.

As palavras centrais podem ficar em evidência.

Ex.: Ramos do Direito

- ~~Direito~~ Penal
- ~~Direito~~ Civil
- ~~Direito~~ Constitucional

EXEMPLOS INCORRETOS[1]

O Mapa Mental a seguir possui informações em excesso, além de ter letras pequenas e não fazer uso de cores.

1 Foram enviados e cedidos gentilmente por nossos alunos.

A disposição das informações está em duas colunas laterais, uma abaixo da outra, quando deveriam ser organizadas de forma radial, para todos os lados.

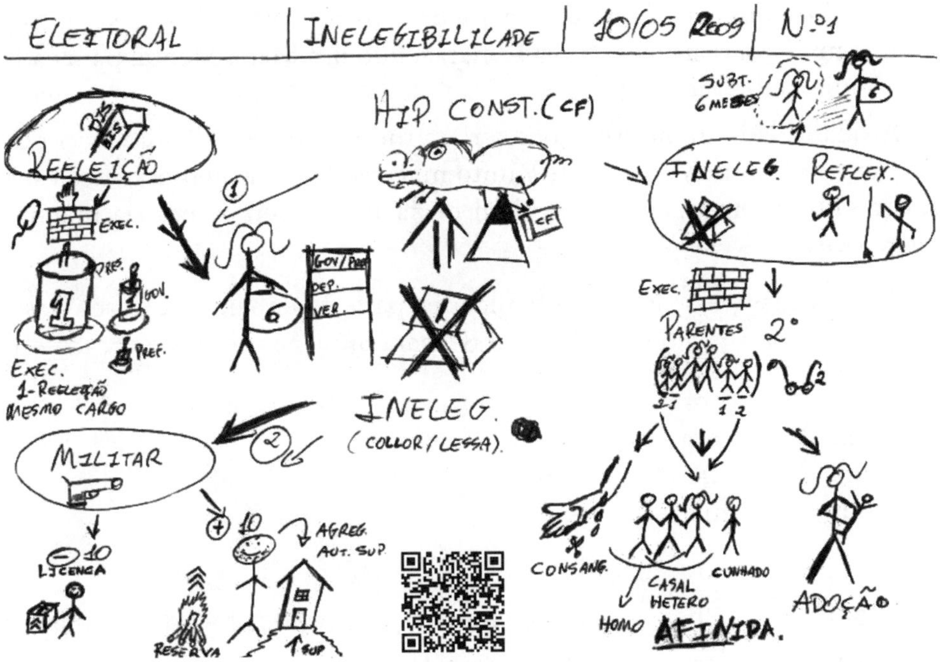

O Mapa Mental da página 133 apresenta erros que são comuns de ocorrer:

- Regra 1 – Cores diferentes: aplicadas apenas às conexões das informações e não às palavras.
- Regra 2 – Nada está abreviado, há muita poluição visual e um excesso de informações absurdo.
- Regra 3 – As letras são extremamente pequenas.
- Regra 4 – Está disposta do centro para as extremidades, porém percebe-se que as informações estão divididas em duas colunas e ainda dispostas uma abaixo da outra.
- Regra 5 – Não possui qualquer ícone ou desenho.

É natural levar muito tempo para revisar um Mapa Mental com essas características, além de não proporcionar uma boa lembrança das informações estudadas.

Para que se tenha uma noção melhor da imensa diferença entre o Mapa Mental em questão e a metodologia aqui exposta, esse mesmo Mapa Mental seria elaborado em 10 (dez) Mapas Mentais, conforme as nossas recomendações.

Sugere-se que seja elaborado um mapa com os títulos principais e outros 9 "quebrando" a matéria por subitem, fazendo um Mapa Mental para cada um deles.

A quantidade de informações seria a mesma, porém dividida em dez mapas, o que tornaria o assunto muito mais fácil de ser memorizado, a sua revisão seria bem mais rápida, além de facilitar a lembrança da matéria nas provas.

OBS.: algumas pessoas têm dificuldades para desenhar. Se é o seu caso, acrescentamos mais um capítulo, o 8º, para ajudar você nesse tópico em particular.

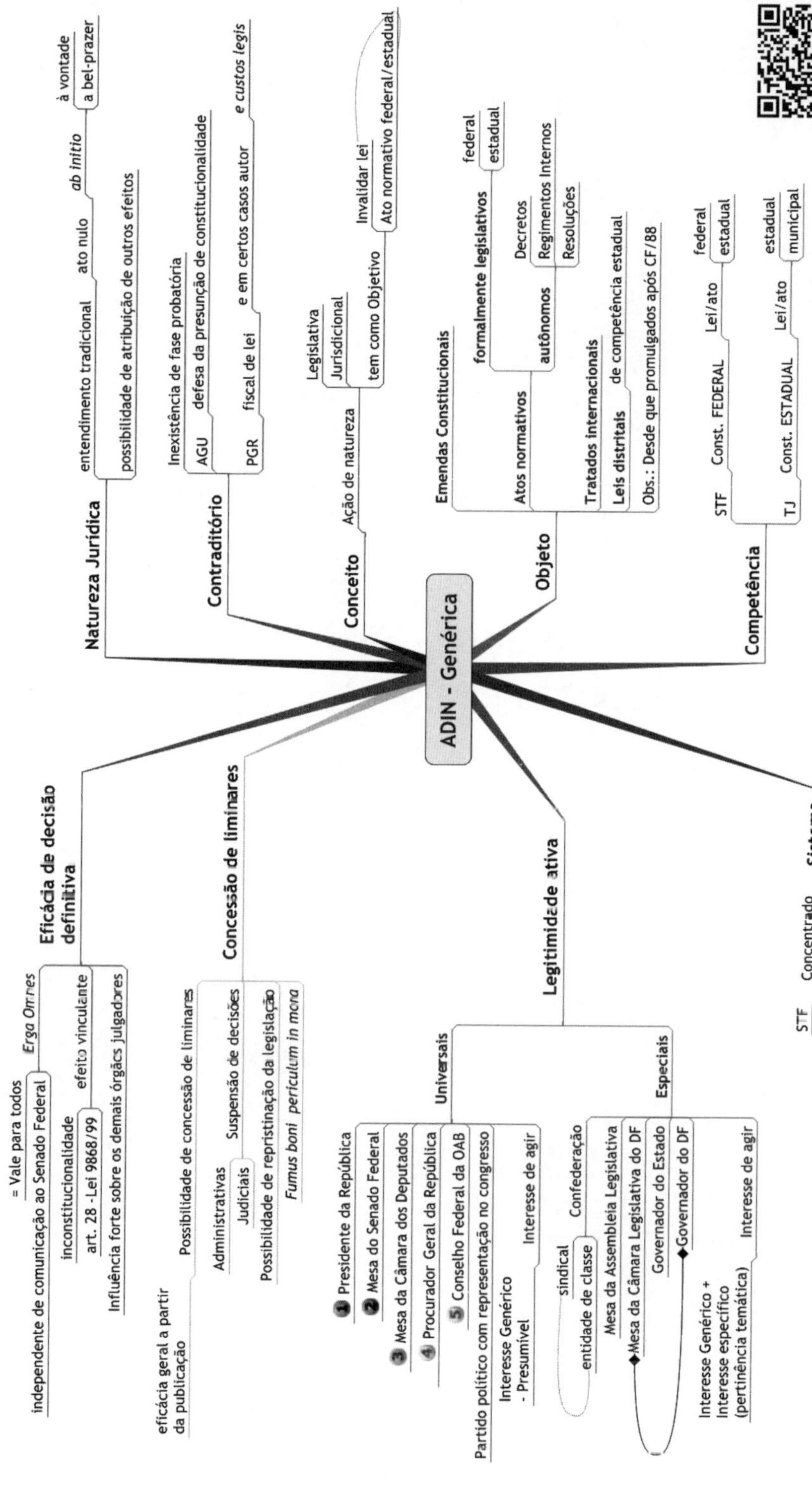
ADIN - Genérica
Natureza Jurídica
entendimento tradicional
ato nulo
ab initio
à vontade
a bel-prazer
possibilidade de atribuição de outros efeitos
Contraditório
Inexistência de fase probatória
AGU
defesa da presunção de constitucionalidade
PGR
fiscal de lei
e em certos casos autor
e custos legis
Conceito
Ação de natureza
Legislativa
Jurisdicional
tem como Objetivo
Invalidar lei
Ato normativo federal/estadual
Objeto
Emendas Constitucionais
Atos normativos
formalmente legislativos
federal
estadual
autônomos
Decretos
Regimentos Internos
Resoluções
Tratados internacionais
Leis distritais
de competência estadual
Obs.: Desde que promulgados após CF/88
Competência
STF
Const. FEDERAL
Lei/ato
federal
estadual
TJ
Const. ESTADUAL
Lei/ato
estadual
municipal
Sistema
Concentrado
STF
Legitimidade ativa
Universais
1 Presidente da República
2 Mesa do Senado Federal
3 Mesa da Câmara dos Deputados
4 Procurador Geral da República
5 Conselho Federal da OAB
Partido político com representação no congresso
Interesse Genérico - Presumível
Interesse de agir
Especiais
Confederação
sindical
entidade de classe
Mesa da Assembleia Legislativa
Mesa da Câmara Legislativa do DF
Governador do Estado
Governador do DF
Interesse de agir
Interesse Genérico + Interesse específico (pertinência temática)
Concessão de liminares
Possibilidade de concessão de liminares
Administrativas
Judiciais
Suspensão de decisões
Possibilidade de repristinação da legislação
Fumus boni periculum in mora
eficácia geral a partir da publicação
Eficácia de decisão definitiva
Erga Omnes
= Vale para todos
independente de comunicação ao Senado Federal
inconstitucionalidade
efeito vinculante
art. 28 - Lei 9868/99
Influência forte sobre os demais órgãos julgadores

Capítulo 6

Agilidade em Mapas Mentais

"O insucesso é apenas uma oportunidade para recomeçar com mais inteligência."
(Henry Ford)

É VANTAGEM FAZER MAPAS MENTAIS? (RELAÇÃO CUSTO X BENEFÍCIO)

Há em todo "concursando" (candidatos que prestam concursos), "OABeiro" (bacharéis em Direto que buscam a aprovação no exame da Ordem dos Advogados do Brasil), pré-vestibulando ou estudante a PRESSA DE SER APROVADO. O tempo passa, as reprovações se acumulam, a família e o próprio candidato começam a cobrar por resultados.

A situação das pessoas que precisam superar as provas e concursos é de muito gasto e, geralmente, poucos rendimentos financeiros. A família precisa prover o sustento e isso aumenta ainda mais a pressão. Mesmo para aqueles que já trabalham e não dependem dos pais há a cobrança pela aprovação, tendo em vista os investimentos consideráveis de dinheiro, tempo e privações.

Eles têm uma vida social mais escassa e um convívio em família, com os amigos e com o cônjuge mais reduzido pelas horas de estudo, investimento em aulas e até mesmo pelas próprias provas.

Em uma situação dessas é normal questionar se os Mapas Mentais vão realmente ajudar a agilizar a aprovação e trazer resultados imediatos. Não se pode perder tempo!

Às vezes nos deparamos com pessoas que alegam haver desistido da aplicação da técnica dos Mapas Mentais por considerarem um tempo demasiadamente longo para a elaboração dos mesmos. De fato, no início e apenas neste período, há uma redução da velocidade da passagem dos assuntos, mas é algo a ser superado em curto ou médio prazo, ganhando até mais agilidade, e os resultados valem muito a pena.

Quantas vezes você, ao revisar um assunto de determinada matéria, não pensou: *Eu já estudei isso antes e não me lembro de quase nada.* Por si só não ter a sensação de nítido esquecimento das matérias ao passar do tempo já seria uma grande vantagem, mas os Mapas Mentais não param por aí. Você pode ter os dois juntos: excelente memória e agilidade nos estudos, bastando, para isso, desenvolver algumas práticas.

Vale recordar duas grandes vantagens e o uso da técnica de memorização por Mapas Mentais, elaborados por você mesmo ou por terceiros (Mapas Mentais adquiridos prontos):

A) Lembrar-se das imagens na hora da prova;

B) Conseguir revisar tudo o que foi "mapeado" em um espaço curto de tempo.

Recebemos depoimentos de alunos que afirmam conseguir revisar mais de 5.000 (cinco mil) Mapas Mentais em menos de uma semana. Seria muito mais difícil fazê-lo com o mesmo volume de matéria (levando em consideração que cada mapa possui uma dose significativa de conhecimento), por meio de resumos e anotações, menos ainda com a releitura de livros (ainda que grifados) e apostilas ou por revisões de aulas. Recebemos também relato de um aluno que com 3.000 mapas está mais perto da aprovação.

A princípio, você pode até penar para fazer um único Mapa Mental e achar que fez a coisa mais feia do mundo. Com o tempo, persistência e prática, além do nosso apoio por meio das mídias sociais (Twitter: @Site_WD e @ProfFelipeLima / Facebook: PaginaWilliamDouglas e ProfFelipeLima5 ou 6), e-mails e vídeoaulas, você vai conseguir fazer 10, 20, até 30 Mapas Mentais ou mais por dia.

A resposta para a pergunta *"É vantagem investir tempo e energia nos Mapas Mentais?"* é um grande e consolidado "SIM". Entretanto, a pergunta que vem em seguida é "COMO?", e esse capítulo vem trazer algumas soluções que tornam ainda mais viável o uso dos Mapas Mentais.

SOLTANDO OS "FREIOS DE MÃO"

Existem algumas práticas que podem ser utilizadas, e outras evitadas, para que os Mapas Mentais sejam produzidos com bastante agilidade. São elas:

A) **Deixe sempre os desenhos para o final:** quando você terminar todos os Mapas Mentais do dia, somente então pare para pensar sobre os desenhos de cada mapa. Algumas pessoas têm MEDO dos desenhos dos Mapas Mentais e alegam não possuir criatividade suficiente para fazê-los, ou que esses tomam muito tempo. Concentre-se em fazer desenhos muito simples e utilize a internet (e o Google) para pesquisar e favorecer as ideias. Sinta-se à vontade para solicitar a nossa ajuda. Nós daremos sugestões de desenhos e, quando possível, faremos exemplos destes, ou até mesmo alguns Mapas Mentais, para que você possa ter uma ideia melhor sobre como fazê-los de forma rápida e simples.

Eventualmente, você pode fazer um desenho ou outro enquanto faz o Mapa Mental; entretanto, a ideia é tornar a apenas com palavras e sem desenhos, e tão rápida quanto a escrita natural. Considerando que os Mapas Mentais comportam abreviações e anotações de ideias principais, podendo ser feitos também com o conteúdo na íntegra (letra de lei, Súmulas, decisões etc.), o tempo será reduzido pela quantidade menor de palavras a serem escritas.

B) **Contando nos dedos:** para identificar a quantidade de tópicos existentes em cada Mapa Mental, onde o ideal seriam seis tópicos por mapa, vá contando nos dedos cada termo a ser anotado ou marque com um lápis o trecho do texto em cada bloco de palavras que constarão em cada tópico.

Para conseguir uma boa distribuição das informações nos Mapas Mentais, sem deixar espaços em branco muito grandes ou produzir mapas muito poluídos, é fundamental separar uma determinada quantidade de informações para cada mapa.

Em uma aula de determinada matéria, os Mapas Mentais podem ser elaborados durante a explicação do professor, anotando-se as informações em sequência direto nos mapas.

C) **Perfeccionismo exagerado:** geralmente as pessoas confessam a existência de uma preocupação com deixar os Mapas Mentais visualmente bonitos, e isso pode fazer com que se gaste um tempo extra corrigindo possíveis erros, fazendo desenhos muito rebuscados ou até mesmo "passando a limpo" mapas que não ficaram esteticamente bonitos.

Preocupe-se em fazer Mapas Mentais do modo mais simples possível, priorizando a anotação das informações, prestando atenção às cinco regras principais dos Mapas Mentais (letras grandes, abreviações, escrever do centro para as extremidades, usando letras e cores diferentes), cuidando apenas para escrever com uma letra legível.

DICA: nunca refaça um Mapa Mental! Ele pode estar absurdamente horrível, com muitos ajustes e correções, mas mantenha o mapa! Provavelmente seja por esse "absurdo", estudado na presente obra no capítulo de Memorização, que os Mapas Mentais mais estranhos e "mal-feitos" (em termos estéticos) sejam mais facilmente lembrados.
Ainda que seja necessário rasurar o Mapa Mental, e riscar a informação equivocada para inserir a correta ao lado, mantenha o mapa!

D) **Facilitando os desenhos:** talvez esse seja um dos maiores mitos dos Mapas Mentais. Há quem alegue não possuir criatividade suficiente para fazê-los ou ser perda de tempo, tendo em vista já ser possível entender apenas lendo as informações registradas no mapa.

   Os desenhos não visam facilitar o entendimento da matéria registrada nos Mapas, **podem eles até cumprir essa função** (COMO ASSIM?). Eles servem para agilizar o processo de revisões, além de melhorar a memorização das informações. Ao recordar-se de um Mapa Mental, as primeiras informações lembradas são os desenhos, que naturalmente fazem um link com a informação escrita.

   Para fazer os desenhos, não é necessário que você possua grandes habilidades artísticas. Qualquer rabisco que lhe sirva como referência de uma ideia que remeta à informação da matéria anotada no Mapa Mental, já está valendo.

   Vale a pena recorrer ao site de buscas Google na seção de imagens e pesquisar pelo conjunto "TERMO A SER DESENHADO + ilustrações".

   Em um dos depoimentos enviados por nossos leitores, foi relatada a prática de decalcar a ilustração encontrada no Google. O aluno colocava a folha do Mapa Mental em cima da tela do notebook e cobria o desenho com uma caneta.

   Vale lembrar o cuidado para não se preocupar com desenhos que exijam muitos detalhes e tomem muito tempo.

E) **Poucas informações em cada mapa:** a quantidade de informações dispostas em um Mapa Mental precisa ser a menor possível para que a ideia seja transmitida e que existam espaços em branco gerando conforto visual, acelerando e facilitando a percepção das palavras.

   Concentre-se em condensar as ideias pontualmente nos mapas e não tenha medo de dividi-las em Mapas Mentais diferentes.

   Mapas com uma visão macro do assunto podem ser produzidos.

Capítulo 7

Oficina de Desenhos

"Ou encontro um caminho ou eu o faço."

(Sir P. Sidney)

Em nossos cursos telepresenciais e presenciais, ministrados em todo Brasil, percebemos um certo temor dos alunos sobre a elaboração dos desenhos nos Mapas Mentais. Este capítulo é para aqueles que não desenham "nada", ou seja, não têm qualquer intimidade com essa prática. Lembre-se que o desenho é instrumento, é ferramenta e não o fim. Não tenha receio de fazer desenhos simples.

Como já foi dito, e vale ser reafirmado pela importância do assunto, os desenhos devem ser deixados para o final, sendo estes os últimos elementos a entrarem nos mapas mentais, quando todas as informações escritas já estiverem registradas e anotadas.

Decidimos dedicar uma atenção especial à presente seção, visto que a elaboração dos desenhos é fundamental para tornar o mapa eficiente, com um alto poder de memorização. Também é extremamente importante para que se ganhe velocidade durante a revisão dos mapas. Quando estamos lembrando, evocando, as informações de cada mapa, inicialmente os desenhos vêm à tona e, em seguida, as informações relacionadas a eles. Lembramos com muito maior facilidade e agilidade do que está desenhado e, em seguida, o conceito do mapa, as informações da matéria naturalmente são evocadas. Os desenhos funcionam como ganchos, links de fácil acesso às informações memorizadas através dos Mapas Mentais.

Já conversei com alunos que desistiram dos mapas e, posteriormente, retomaram à técnica pela dificuldade com os desenhos, que fazem muita falta na composição final dos mapas.

REGRAS PARA A ELABORAÇÃO DOS DESENHOS

Sempre temos a prática de realizar uma "oficina de desenhos", que tem algumas regras básicas para a elaboração destes.

Os desenhos precisam ser:

- rápidos;
- simples;
- feios – para que você não perca tempo tentando deixá-los bonitos;
- grandes;
- com poucos detalhes.

Após a realização das oficinas de desenhos, fica evidente maior familiaridade e habilidade criativa, por parte dos alunos, com a elaboração dos desenhos específicos para cada ideia ou conceito dos mapas.

REGRAS PARA A OFICINA DE DESENHOS

Vamos fazer um ensaio aqui do que seria essa oficina, mas precisaremos contar com o seu autocontrole e disciplina para não cair na tentação de virar a página e ver os desenhos prontos. Sugerimos que você coloque uma folha de papel em branco cobrindo a página seguinte e pouco a pouco vá descendo a folha para que os desenhos apareçam um a um.

Fizemos questão de não delegar a elaboração dos desenhos a seguir a cartunistas ou outras pessoas dotadas de uma habilidade artística superior a de uma criança de cinco anos de idade. Acredite: nós mesmos fizemos à mão cada desenho a seguir. Apesar disso, não pediremos desculpas pela simplicidade e ausência de beleza em nossas "obras de arte" (apenas nossas mães diriam isso e há algumas décadas), visto que os desenhos devem ser isentos de perfeccionismo ou detalhes, eles precisam apenas transmitir a ideia da matéria registrada nos mapas. Ou seja, eles devem ser feios mesmo e rápidos.

Se você fizer desenhos horríveis e ridículos, não se preocupe por duas razões:

1) Apenas você precisa entendê-los;
2) Existe uma relação inversamente proporcional entre a "feiura" dos desenhos e a beleza da sua carteira funcional, aquela que você terá quando for aprovado no seu concurso. Portanto, quanto mais feio o desenho, mais linda será a sua carteira ou o seu crachá.

Deve-se sempre partir do princípio de que todo assunto pode ser desenhado e expresso de forma visual. Você pode fazer um desenho bem simples com uma situação ou exemplo que te faça lembrar-se do conceito a ser memorizado.

EXEMPLOS DE DESENHOS SIMPLES E RÁPIDOS

Inicialmente, faremos uma série de 10 desenhos e, na folha a seguir, colocaremos mais 20. Lembre-se de colocar desde já uma folha em branco para esconder os desenhos do item 4 e aos poucos você vai tirando a folha e vendo os desenhos que fizemos. Sugerimos que você faça 5 desenhos da lista de 20 que damos e, ao final da elaboração de um bloco de 5, confira a nossa sugestão:

TERMO*	DEFINIÇÃO	
Réu	(Lat. *reo*) O mesmo que acusado. No direito processual há três pessoas que constituem o juízo: o autor, que demanda a ação, o réu, que se defende, e o juiz, que julga. A Constituição assegura plena defesa ao réu.	
Liminar	(Lat. *Liminare*) Diz-se de um conceito ou providência que antecede o objeto fundamental da ação.	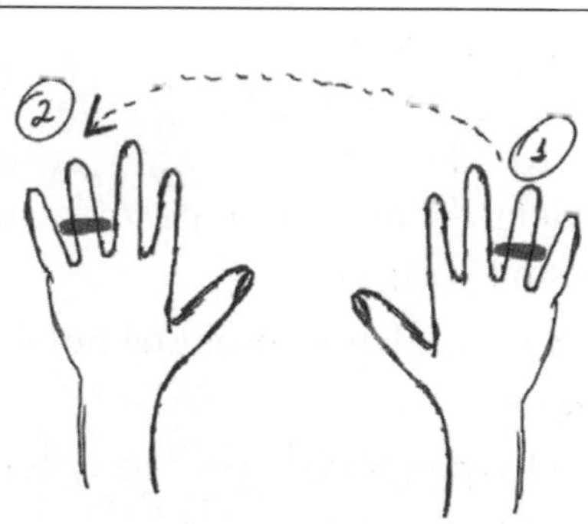

* Os verbetes foram retirados do *Dicionário Jurídico*, de Martim Pierre, 5.ed., Niterói/RJ, Impetus.

Apelação	Recurso interposto da sentença dada por um juiz inferior a uma instância superior, para que esta confirme de modo definitivo, ou reforme a sentença anterior (Direito Civil – Processual).	
Enfiteuse	(Grego *emphyteusis*) O proprietário de um imóvel (sítio, chácara etc.) cede a outrem os direitos de propriedade deste mediante frutos ou pagamento de um valor numerário anualmente. Esse direito é transmissível aos herdeiros (Direito Civil – Comercial).	
Inimputa-bilidade	(Verb. Jur.) Incapacidade ou falta de provas necessárias a serem atribuídas a alguém, a responsabilidade da autoria de um crime ou de um ato lícito.	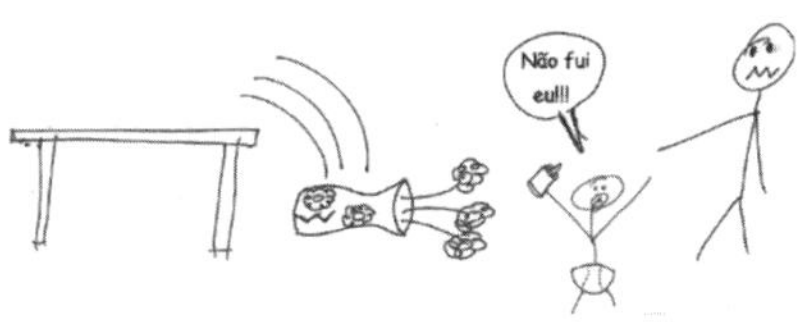
Líquido e Certo	Não passível de dúvida ou contestação.	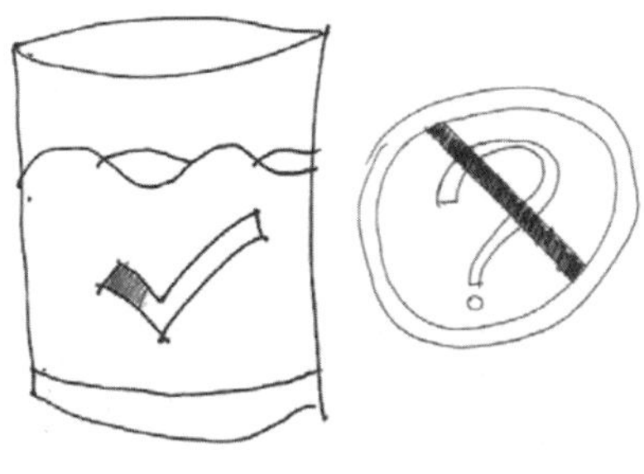
Sentença	(Lat. *sententia*) Decisão pronunciada pelo juiz. Uma questão posta em juízo resolvida pelo mesmo e entendido entre as partes (Direito Processual).	

Imposto	(Lat. *impositus*) Contribuição ou tributo monetário exigido de pessoas físicas ou jurídicas assegurando o desempenho do Estado (Direito Tributário).	
Taxa	(Lat. *taxare*) Tributo, imposto. Razão de juro: taxa de 5% ao mês (Direito Financeiro – Tributário).	
Pena	(Lat. *penna*) Medida repressiva de caráter civil, fiscal ou administrativo, podendo ser de modo pecuniário ou não, proveniente de infrações previstas nas respectivas leis, e, quanto as civis, também nos contratos (Direito Processual Penal).	

SUA VEZ!

Agora é a hora de colocar a mão na massa e deixar a criatividade fluir.

Elabore um desenho, simples e rápido, para cada item a seguir.

Jogue fora o perfeccionismo e compare o seu desenho ao nosso, a cada cinco itens desenhados e nem pense em colar (filar).

Este exercício será excelente para estimular a sua criatividade, a sua capacidade de pensar em algo simples de desenhar para expressar uma ideia ou conceito complexo.

Se você decidir por não fazê-lo, estará perdendo uma grande oportunidade de desenvolver competências que vão fazer a diferença na elaboração dos seus Mapas Mentais e, consequentemente, na sua aprovação.

TERMO	DEFINIÇÃO	
11. Inadimplemento da Obrigação	Falta de cumprimento de uma obrigação; descumprimento, inadimplência.	
12. Inação	Falta de ação; inércia; ociosidade. Falta de iniciativa.	
13. Peculato	(Lat. *peculatus*) Furto ou apropriação de bens – praticados por funcionários públicos (Direito Processual Penal).	
14. Perempção	(Lat. *peremptio*) Perda do direito de ação por causa do abandono ou pela inércia na utilização no prazo legal.	

15. Nascituro	(Lat. *nasciturus*) O ser humano já concebido, cujo nascimento se espera como fato futuro certo. Quem ou aquele que há de nascer.	
16. Ofensor Leviano	Agressor que julga ou procede irrefletidamente (Direito Processual Penal).	
17. Revogar	(Lat. *revocare*) Tornar nulo, sem efeito; fazer que deixe de vigorar; anular, invalidar, revocar.	
18. Medida Provisória (MP)	(Termo Parlamentar) A MP tem força de lei e efeito imediato. Entra em vigor assim que é editada pelo Presidente.	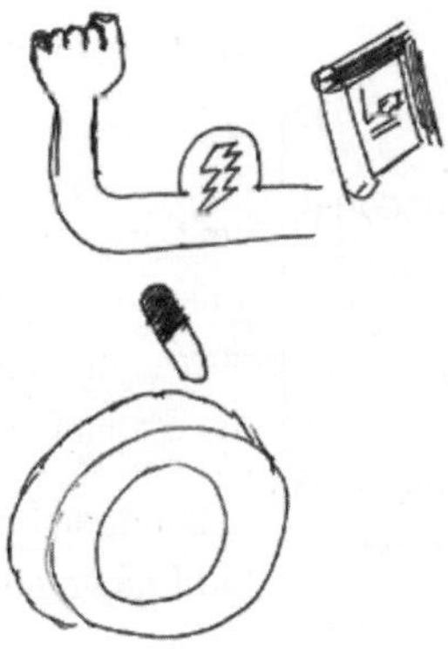

19. Medida Cautelar	É o procedimento judicial que propõe a prevenção da defesa ou seja protestar a eficácia de um direito (Direito Processual Civil).	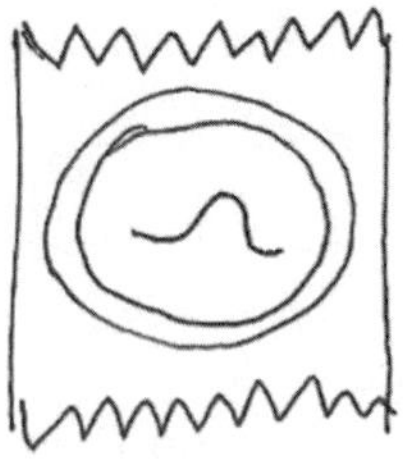
20. Emenda	Alteração de um texto. Correção.	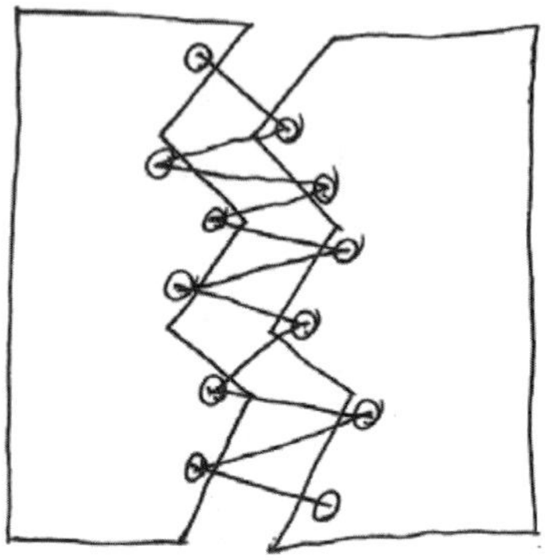
21. Embargos	(Verb. Jur.) Recurso contra despacho ou sentença.	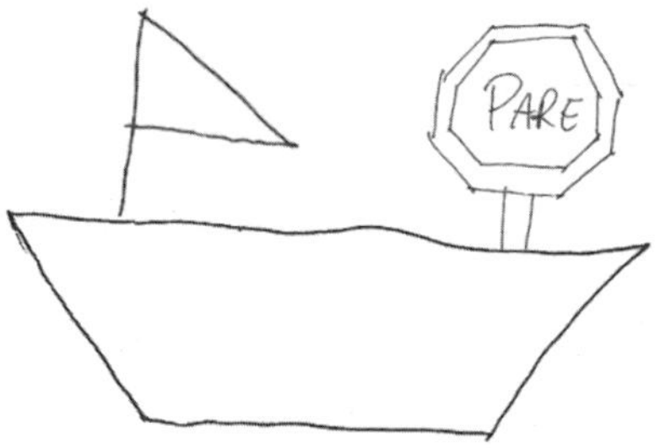
22. Litiscon-sórcio	(Lat. *litisconsors*) É a reunião de várias pessoas no processo, com os mesmos interesses. Um fato processual que consiste na pluralidade das partes em uma lide (Direito Processual Penal).	

23. Inviolabi-lidade	(Lat. *inviolabilis*) Diz-se das vantagens pelas quais certas pessoas (parlamentares) a certos lugares ficam livres (imune) de ação da justiça.	
24. Inquérito Policial	É um procedimento administrativo que consta todas as informações necessárias para a investigação apurando as infrações e sua autoria. Não é processo – apenas procedimento (art. 4º do CPP – Direito Civil – Penal – Processual Penal).	
25. Instância	(Lat. *instantia*) Repartição que exerce um poder de decisão. Jurisdição; foro(ô). Série de atos de um processo, desde a sua apresentação a um juiz ou tribunal até a sentença decisória. Ordem ou grau da hierarquia judiciária.	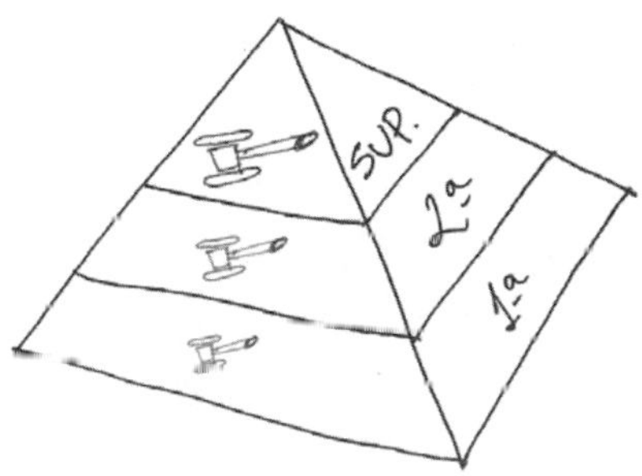
26. Instru-mento Formal	Reduzido o escrito, em forma apropriada, para que se constitua um documento que o torne concreto, autêntico, provável e oponível contra terceiros. O mesmo que ofício.	

27. Homologar	Confirmação ou aprovação por autoridade judicial ou administrativa.	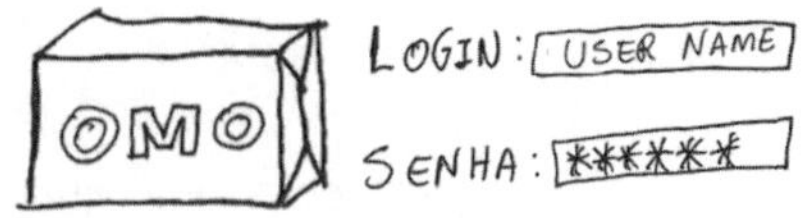
28. Habeas Corpus	(Loc. Lat.) – Remédio constitucional àquele que sofrer violência ou sentir-se ameaçado em sua liberdade de locomoção, por ilegabilidade ou abuso de poder. Ex.: o juiz concedeu *habeas corpus* ao réu (Direito Processual).	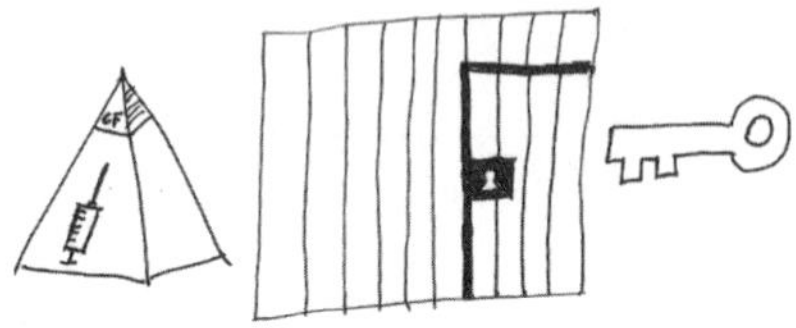
29. Garantia Legal	Esta não é necessária ser escrita porque seus prazos são de leis. Produtos não duráveis trinta (30) dias; e duráveis noventa (90) dias.	
30. Garantia Contratual	Esta tem início somente após o uso da garantia legal, ou seja, o objeto ou o aparelho apresentou defeito e ele, como está em garantia, é levado para que se cumpra o contrato e que este seja entregue em perfeitas condições de uso.	

Capítulo 8

Memorização

"A vida vai ficando cada vez mais dura perto do topo."
(Friedrich Nietzsche)

TESTANDO A MEMÓRIA

Antes de passar as técnicas de memorização e os segredos de uma boa memória, precisamos avaliar como está a sua.

Segue abaixo uma lista com 20 termos.

Marque o tempo de dois minutos e tente memorizá-las, na ordem. Depois do tempo marcado, confira como você se saiu.

Se você acha que atualmente essa é uma tarefa difícil demais, saiba que em nosso curso presencial sobre memorização, os alunos memorizam facilmente, na primeira aula, uma média de 60 palavras. Em cursos híbridos, que abordam vários temas, esse número não é possível apenas pela limitação do tempo e não pela capacidade dos participantes. Existem aqueles que têm dificuldades de memorizar, outros apresentam maior facilidade, mas todos conseguem!

Acredite, você pode!

1. Júri	6. Recurso	11. Revogar	16. Litisconsórcio
2. Ação	7. Liberdade condicional	12. Dolo	17. Rescisão
3. Inconstitucional	8. Tributo	13. Pena	18. Decadência
4. Sentença	9. Jurisprudência	14. Inafiançável	19. Desapropriação
5. Prescrição	10. Sanção	15. Cônjuge	20. Réu

Valendo: dois minutos!

INTRODUÇÃO À MEMORIZAÇÃO[1]

Ter uma boa memória não é um privilégio de poucos que nasceram com uma capacidade diferenciada. Você pode "treinar" a sua memória, com exercícios simples e práticos, que elevarão imensamente a sua capacidade de aprender e lembrar em longo prazo.

Como nada na vida vem de graça, um esforço inicial para aprender a aplicar as técnicas é indispensável para tirar a teoria do papel e acelerar os seus resultados nas provas. Não propomos aqui um milagre que vai te proporcionar uma *supermemória* sem esforço. Você terá que se dedicar para transformar o uso das técnicas em um hábito de vida, aplicando-as em tudo que puder no seu dia a dia: nos estudos, trabalho, memorizando nomes de pessoas, listas de compras e afazeres da semana, números de telefones etc.

O uso de técnicas mnemônicas favorece um armazenamento com maior eficiência, e o simples treino dos exercícios, por si só, já vai melhorar o seu desempenho mental, acelerando o raciocínio, estimulando a concentração e aperfeiçoando a memória.

Se você perguntar à maior parte das pessoas o que é necessário para passar no seu concurso, a grande maioria dirá um puro e simples: "Estude!" Talvez alguns dirão: "Dedique-se a estudar e tenha fé que as coisas acontecem", mas muito poucos aconselharão, "Estude com eficiência e cuide para manter os assuntos disponíveis para lembrar-se com facilidade".

Para tudo na vida existe técnica, uma habilidade específica desenvolvida para produzir melhores resultados. Quer seja nas tecnologias, esportes, medicina e em toda e qualquer área, até para namorar, existem métodos e procedimentos cada vez mais inovadores para tornar a realização das tarefas mais eficientes, consumindo menos tempo e recursos, além de produzir melhores resultados.

Competência para ser aprovado

$$\text{Competência} = \frac{\text{Resultado}}{(\text{Tempo} \quad \text{Recursos})}$$

---

1 Para mais informações sobre memorização, indicamos, também, o livro *Leitura Dinâmica e Memorização* (William Douglas e Ricardo Soares)

Algumas pessoas conquistam suas aprovações após anos de muito estudo e tentativas em provas. O mesmo RESULTADO, a aprovação, pode ser conquistado com uma brevidade maior e muito menos sofrimento, quando as técnicas de aprendizagem acelerada são utilizadas.

Outros alunos têm RECURSOS limitados, como uma menor capacidade financeira para adquirir livros, realizar cursos ou precisam trabalhar durante o dia, cuidar da casa durante a noite e fazer milagre de madrugada para estudar em apostilas ou em grupos de estudo.

Por vezes, o foco único e exclusivo no RESULTADO "cega" os concurseiros para o fator tempo, que pode desgastar e até pode fazê-los desistir pelas sucessivas tentativas fracassadas em provas.

Se você tem estudado do mesmo jeito a vida inteira, ou pior, da mesma forma como as gerações anteriores o fizeram, alguma coisa está errada. É como se você fosse contratado para exercer alguma função em uma empresa e o fizesse do mesmo jeito durante anos, sem melhorar em nada.

Ao começar a trabalhar como consultor na área de gestão empresarial e certificações ISO (9001, 14001 etc.), Felipe Lima aprendeu o que chama de Princípio da Melhoria Contínua, o qual, basicamente, consiste em se posicionar considerando que não há nada que não possa ser melhorado. Traduzindo em palavras positivas: tudo pode e deve ser melhorado, sempre!

Assim como o papel do administrador é fazer com que a empresa torne-se mais lucrativa e cresça no mercado, como o médico precisa tornar os procedimentos cirúrgicos e tratamentos mais rápidos e menos dolorosos para os pacientes, a exemplo da "videolaparoscopia" (técnica cirúrgica através de vídeo, em que as incisões são bastante minimizadas, bem como o tempo de recuperação), você, "profissional em ser aprovado no seu concurso", precisa fazer com que a sua aprovação aconteça em um tempo cada vez menor (você, mais que ninguém, sabe os motivos para isso), aproveitando ao máximo cada hora de estudo.

A competência de evocar (lembrar)

Uma das competências essenciais para passar em provas e concursos é a de evocar e fazer uso de tudo o que você aprendeu quando da resolução de questões. Pouca gente presta atenção no fato de que além de aprender a matéria estudada é preciso manter os conteúdos "vivos" na memória e evocá-los sempre que necessário.

Portanto, em suas orações, não se limite a pedir que você aprenda a matéria, mas que você possa lembrar-se dela sempre que precisar.

O processo de evocar os conteúdos aprendidos está relacionado a uma série de fatores que definem a sua capacidade de fazer prova:

- Ansiedade.
- Concentração.
- Cansaço (mental e físico).
- Pressões e cobranças: própria e da família.
- Nível de oxigenação cerebral e glicose no sangue.
- Memória devidamente treinada para acessar conteúdos apreendidos em longo prazo.

Fatores que influenciam a memória

Quando áreas cerebrais passam muito tempo sem irrigação sanguínea, elas tendem a morrer por falta de oxigênio. Isso pode ser causado pela falta de uso das zonas cerebrais, através da utilização de cálculos numéricos, raciocínio lógico, acesso a conteúdos armazenados e do desenvolvimento de habilidades, como tocar um instrumento, ou o uso da criatividade.

Zonas cerebrais

Para exemplificar melhor a utilização das zonas cerebrais e a manutenção da saúde mental, segue uma tabela relacionando a área cortical e a função exercida quando do seu uso:

Área Cortical	Função
Córtex Pré-frontal	Resolução de problemas, emoção, raciocínio
Córtex de Associação Motora	Coordenação de movimentos complexos
Córtex Motor Primário	Produção de movimentos voluntários
Córtex Sensorial Primário	Recebe informação tátil do corpo

Área de Associação Sensorial	Processa informação dos sentidos
Área de Associação Visual	Processa informação visual complexa
Córtex Visual	Detecta estímulos visuais simples
Área de Wernicke	Compreensão de linguagem
Área de Associação Auditiva	Processamento de informação auditiva complexa
Córtex Auditivo	Detecta qualidades básicas do som (tom, intensidade)
Centro da Fala (Área de Broca)	Produção e uso da fala

(Fonte: http://www.portalsaofrancisco.com.br/alfa/corpo-humano-sistema-nervoso/cortex-cerebral.php)

O hipocampo é uma parte do córtex cerebral, uma estrutura pertencente ao sistema límbico, importante para a consolidação da memória recente. O armazenamento da memória de longo prazo está relacionado ao córtex cerebral. (Fonte http://www.portalsaofrancisco.com.br/alfa/corpo-humano-sistema-nervoso/cortex-cerebral.php)

O ***hipocampo*** *é importante no processo de transição da memória a curto prazo para memória a longo prazo: faz com que a mente repita várias vezes aquela informação a fim de que seja consolidada a memória para aquela informação.* (http://www.guia.heu.nom.br/hipocampo.htm)

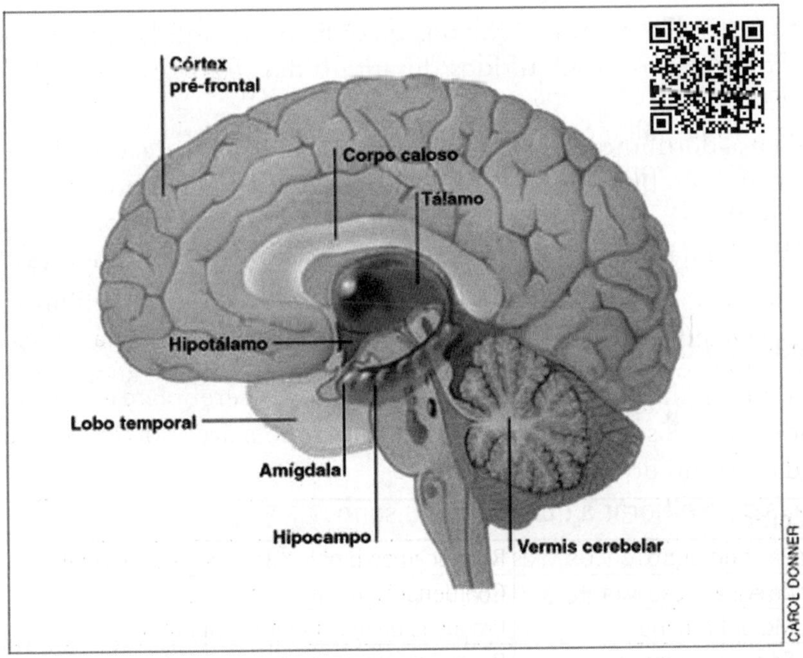

(Fonte: http://www.guia.heu.nom.br/hipocapo.htm)

A "mágica" que transforma informações em ***memória*** *acontece em duas regiões do cérebro ao mesmo tempo:*

- *o* ***hipocampo*** *(bem no centro do cérebro, na altura dos lobos temporais);*
- *e o* ***córtex frontal*** *(a massa cinzenta que reveste a fronte do cérebro).*

(Fonte: http://www.guia.heu.nom.br/hipocampo.htm)

QUALIDADE DE VIDA PROPORCIONA BENEFÍCIOS À MEMÓRIA

Sono

É durante o sono que o corpo tem a oportunidade de descansar, fazer um *check-up* em todos os órgãos e sistemas e se preparar para a maratona do dia seguinte. Faço o uso do termo "maratona", pois a aprovação em concurso, além de exaustiva, como correr 42km, às vezes você não verá a linha de chegada, mas precisará persistir e exige uma preparação completa que te faça aguentar a batalha em médio e longo prazo (vide o livro *A maratona da vida*).

É fundamental ter um sono de boa qualidade e quantidade para que as ideias e conhecimentos adquiridos durante o dia sejam armazenados em longo prazo.

Enquanto dormimos, possibilitamos uma melhor irrigação do fluxo sanguíneo no cérebro. Com a aplicação de técnicas mnemônicas, zonas específicas também são irrigadas, proporcionando uma maior vitalidade cerebral, o que não ocorre sem a aplicação das referidas ferramentas.

Você já deve ter ido dormir e, quando acordou, no dia seguinte, teve a sensação de que fechou os olhos e em um breve instante já tinha que levantar, como se as 8h dormidas durassem apenas 1min, e acordou ainda mais cansado do que quando foi dormir.

Formas de melhorar a qualidade do sono

- Fazer alongamentos três vezes por dia: ao acordar, à tarde, antes de começar a estudar, e à noite, antes de dormir.
- Exercícios físicos reduzem a necessidade de sono, além de proporcionar uma melhor qualidade deste.

- A qualidade da sua alimentação está diretamente ligada a uma noite bem dormida e um dia bem acordado. É importante procurar um nutricionista para a elaboração de uma dieta adequada.
- O uso de música erudita ou instrumental, minutos antes de deitar-se, é indicado para estimular ondas cerebrais mais profundas e dormir bem.
- Travesseiro e colchão de qualidade são importantes.
- Tomar um banho quente antes de dormir e beber algo quente, exceto café e bebidas estimulantes, são excelentes para favorecer o sono.
- Técnicas de relaxamento são aconselháveis (baixe no site www.sougenius.com.br arquivos em áudio com relaxamentos específicos para melhorar a qualidade do sono, concentração, agilidade mental, controle da ansiedade, entre outros).
- Se você tem problemas como o sono, recomenda-se a consulta de um médico de sua confiança para uma avaliação clínica.
- Evitar a exposição a telas que emitem luz (computador, televisão, celular e tablets), pelo menos 15 minutos antes de dormir, também tem resultados bastante positivos. Telas que não emitem luz como as que utilizam e-ink estão liberadas. Se você não tem um dispositivo que não emite luz, recomendamos o uso de aplicativos e filtros para lidar com a luz emitida pela tela. Alguns aparelhos possuem a configuração de "modo noturno" que age da mesma forma. Isso ajuda a minimizar os efeitos da luz azul emitida pela tela que, entre outras coisas, prejudica o sono e nossa capacidade de reter informações.

Brigando com o despertador

Geralmente, os amigos me confidenciam que para acordar às 6h da manhã (da madrugada para alguns), têm que colocar o despertador do celular para as 5h30min e, quando ele toca, SONECA, SONECA, SONECA e já são 6h, o despertador vence pelo cansaço.

Acordando desse jeito, o dia já começa mal, o bom humor ficou na cama dormindo, a criatividade, nível de concentração e agilidade mental estão lerdos e o rosto ainda traz as marcas do lençol.

Como diz o mestre Nuno Cobra, referência internacional em saúde: "A melhor hora de acordar é quando abrimos os olhos", naturalmente sem os "gritos" do despertador, quer ele seja uma máquina ou alguém da família.

Malefícios de um sono ruim

- Esquecer parte da matéria estudada (a transição de conhecimentos adquiridos que acontece durante o sono, migrando do hipocampo para o córtex cerebral, será mal realizada e parte do conteúdo não passará da região de armazenamento de curto prazo para a de longo prazo).
- Baixa capacidade de aprender no dia seguinte.
- Baixa capacidade de manter os assuntos vivos na memória.
- Lentidão e baixa capacidade de lembrar.
- Morte de neurônios.
- Redução do sistema imunológico.
- Impotência sexual (por favor, não me diga que esse item não tem ligação direta com o seu rendimento da aula do dia seguinte).

LEMBRE-SE: estudos revelam que dormir mal leva à impotência.

Quanto mais perto das provas, mais os alunos sacrificam o sono, na tentativa desesperada de recuperar o tempo perdido e atualizar as matérias atrasadas.

A culpa por não ter estudado o suficiente e a matéria acumulada fazem com que os dias que antecedem as provas sejam cada vez mais mal e menos dormidos.

Provavelmente, o hábito de dormir menos nas vésperas das provas foi adquirido ainda na época da escola, quando as provas cobravam conteúdos apenas de um ou dois meses de aula e ainda assim com uma quantidade e complexidade muito menores que os cobrados em concursos jurídicos.

Estudar nas viradas da noite, sem uma compensação de sono suficiente para te fazer bem, é o mesmo que jogar muita água em um balde cheio de furos. Você vai precisar de muito tempo e energia para conseguir enchê-lo (se conseguir). Se você estudar diariamente, acompanhando o seu planejamento de estudos, não será necessário sacrificar o sono, muito menos os horários de descanso e lazer por conta das provas.

Portanto, estude bem, durma bem, alimente-se bem, cuide-se, faça exercícios físicos durante a semana, divirta-se com responsabilidade, cumpra o seu planejamento de estudos e boa aprovação!

Como diz um dos principais mantras dos concursos[2]: “O sacrifício é passageiro, mas o cargo é para sempre”.

2 Confira a lista completa de mantras no site <http:// www.williamdouglas.com.br>.

Alongamentos básicos (*)

ANTES DE CORRER

Aproximadamente 7 minutos

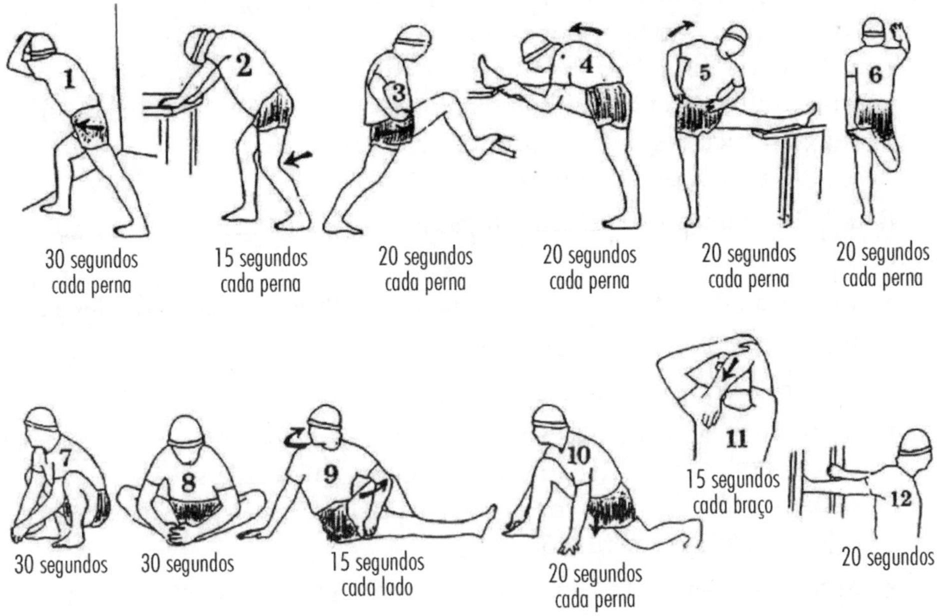

DEPOIS DE CORRER

Aproximadamente 9 minutos

(*) Extraídos do livro *Correndo para o século XXI*, de Mario Dittmann.

Exercícios físicos e os benefícios à memória

A Revista *Isto É*[3] publicou um artigo que mereceu a capa da revista, informando que os exercícios físicos aumentam a inteligência e há comprovação científica, através de pesquisas, que a atividade física faz bem não apenas ao corpo, mas que o cérebro também ganha e que a rotina da ginástica regenera neurônios, facilita o aprendizado e melhora a memória.

Benefícios, comprovados cientificamente, da realização de exercícios físicos:

- Reduz a necessidade de sono e ainda melhora a qualidade deste.
- Reduz a incidência de doenças.
- Melhora a oxigenação cerebral.
- Melhora a capacidade cardiorrespiratória, permitindo que o coração seja fortalecido e o pulmão absorva ainda mais oxigênio, que será distribuído pelo corpo e principalmente enviado ao cérebro, otimizando as suas funções.
- Melhora a concentração, principalmente esportes com bola.
- Reduz a ansiedade.
- Elimina toxinas.
- Estimula a produção de hormônios favoráveis à aprendizagem, agilidade mental e à evocação (lembrar).
- Melhora a autoestima.

Algumas dicas que vão melhorar o seu desempenho mental, tanto para lembrar-se do que aprendeu quanto para aperfeiçoar a concentração, durante a aprendizagem:

- Sudoku.
- MahJongg – jogo de tabuleiro chinês.
- Xadrez.
- Beber água a cada 1h de estudo, aula ou prova.
- Fazer breves pausas para realizar respirações profundas.
- Exercícios físicos, de preferência esportes com bola.

3 Confira matéria completa em: <http://istoe.com.br/239697_AUMENTE+O+PODER+DO+CEREBRO+COM+EXERCICIOS/>

Alimentação

Com a correria do dia a dia, frequentemente colocamos tanto foco nos nossos objetivos que acabamos por esquecer o principal: nós mesmos!

Uma alimentação de qualidade é fator importantíssimo para o bom funcionamento do corpo e da mente. Durante as horas de estudo, aulas e provas, alimente-se de forma adequada.

O ideal é procurar um bom nutricionista e solicitar uma dieta que favoreça a disposição mental e que o ajude a aguentar as horas de aula e estudo. De antemão, podemos dizer que alimentos muito ricos em sódio e açúcares não contribuem para um organismo mais saudável.

INTRODUÇÃO AO MÉTODO DO MODELO BINÁRIO

O modelo binário é uma técnica muito simples, porém eficiente, para que possamos maximizar nossa capacidade de aprender e lembrar.

Existem outras técnicas mnemônicas que abordamos em nossos cursos e que farão parte de obras futuras.

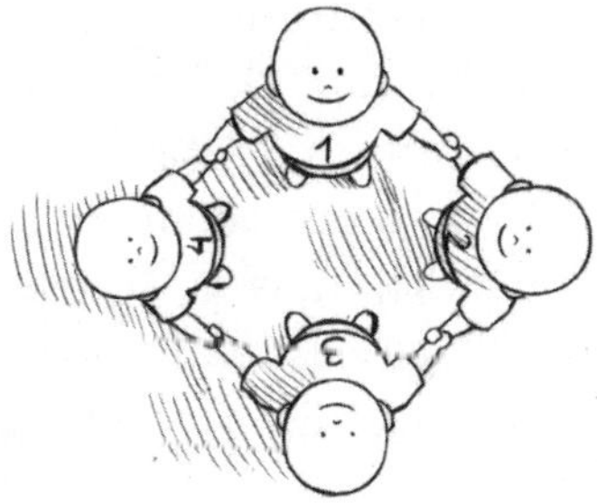

O referido método consiste em criar um filme mental com a finalidade de tornar a matéria mais interessante e despertar funções mnemônicas que farão aprender de uma forma diferente e com maior poder de fixação.

O modelo binário, assim chamado por agrupar as informações 2 a 2, pode ser usado de forma conjugada aos Mapas Mentais, quando você consegue criar uma história e ao mesmo tempo desenhá-lo aplicando as cinco regras dos Mapas Mentais, como o exemplo da história de amor de Paul e Queith.

Benefícios da técnica do modelo binário

A aplicação da técnica, além de favorecer a criatividade, que segundo Albert Einstein é mais importante que o conhecimento, proporcionará uma maior facilidade em lembrar o que foi memorizado.

Portanto, de agora em diante, você não "decora mais nada" (quem faz isso é arquiteto ou decorador), mas sim MEMORIZA!

Você será capaz de se lembrar com facilidade de uma aula inteira e ganhará muito mais agilidade para evocar conteúdos apreendidos.

Mitos e falsos paradigmas

Demora muito

Ao contrário do que alguns possam supor, a aplicação do método do modelo binário não torna a aprendizagem mais lenta, o que naturalmente acontece apenas no início de sua aplicação, mas é superado em pouco tempo, tornando a aprendizagem muito mais eficiente e ágil em médio e longo prazos.

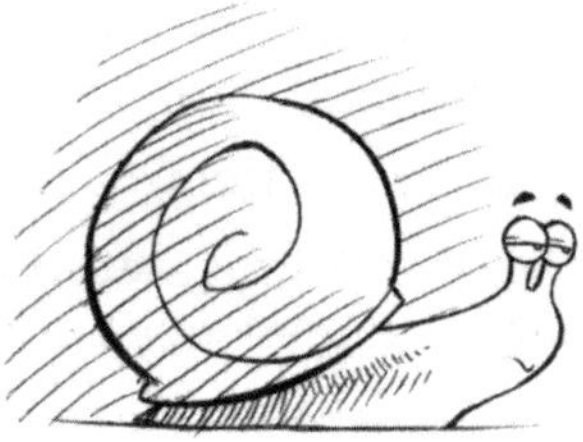

Quanto tempo é necessário para ganhar prática com a técnica?

Isso vai depender da sua força de vontade para aplicar o método e persistir em meio às dificuldades.

Tem muito aluno que acredita na técnica, já colheu os frutos dos seus resultados, mas, por preguiça ou falta de hábito, deixa de colocar em prática.

Criatividade superfértil

Durante a realização de cursos e palestras, alguns alunos dizem não ter criatividade suficiente para criar as histórias e compor os filmes mentais, mas vale lembrar que a criatividade é algo que se desenvolve e, com o treino da técnica, você poderá usar o seu potencial criativo até mesmo para outras coisas que não estão diretamente ligadas à apreensão de conhecimentos, como resolver problemas ou elaborar estratégias de ação.

A PNL aplicada ao método do modelo binário

Explicação das regras:

Canais sensoriais segundo a PNL.

A Programação Neurolinguística (PNL), segundo Getúlio Barnasque, "é o estudo de como representamos a realidade em nossas mentes e de como podemos perceber, descobrir e alterar esta representação para atingirmos resultados desejados", e divide os canais sensoriais em três: auditivo, visual e cinestésico.

Auditivo

O canal auditivo refere-se a tudo que lemos ou ouvimos. Palavras (escritas) são informações puramente auditivas, que precisam ser pronunciadas mentalmente para que possamos compreendê-las.

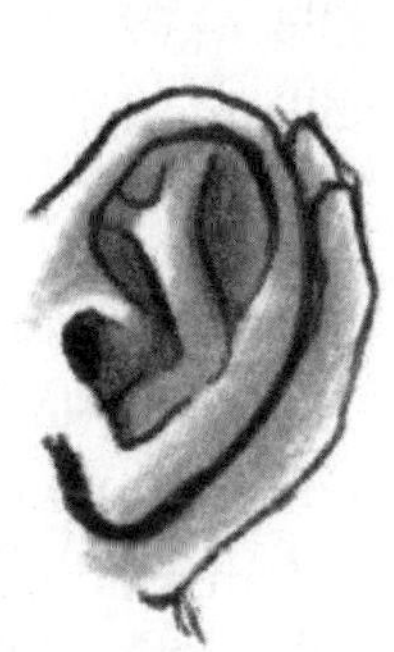

Trata-se do canal com menor força de fixação de conteúdos e infelizmente o mais explorado por professores, que dedicam o foco de suas aulas apenas em escrever (ou passar informações escritas) e falar sem o apoio de algum estímulo visual, como desenhos e esquemas gráficos.

Geralmente, os auditivos preferem direcionar um dos ouvidos em direção da pessoa com quem conversa, estabelecendo um posicionamento físico diagonal (meio de banda, nem de frente e nem de lado), o que os levam a falar olhando para os lados, sem uma fixação visual olho no olho, que pode suscitar uma desconfiança, principalmente para os visuais, sobre sua sinceridade ou caráter. São ótimos leitores e cumprimentam as pessoas com um simples "Oi, tudo bem?", sem a necessidade de acenar com a mão, muito menos de pegar em quem se cumprimenta. Adoram música e têm mania de batucar e assoviar.

Visual

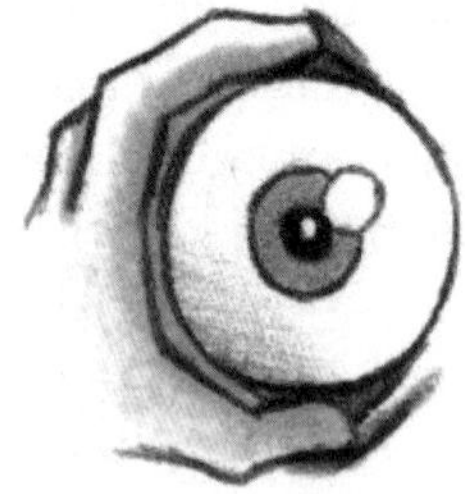

É tudo aquilo que podemos ver ou imaginar visualmente: desenhos, formas, cores e esquemas gráficos. Fica ainda mais potencializado quando usado com o "tempero" do movimento, do exagero bem-humorado (absurdo) e das cores.

Geralmente com um aperto de mão leve e não muito apertado (mão mole), os visuais gostam de olhar para as pessoas de frente e a forma de deixá-los incomodados e furiosos é tocar em seu braço ou ombro enquanto conversam. Não gostam muito de ser abraçados e preferem manter certa distância. Se não falar olhando em seus olhos, acharão que você está mentindo ou sendo falso(a).

Abrem mão do conforto de uma roupa mais folgada em detrimento de uma mais bonita. Sua aparência é fundamental e até a comida precisa ter boa apresentação.

Os visuais adoram combinar as cores e entendem muito melhor as coisas através de desenhos e esquemas gráficos.

Olham muito para cima quando pensam, criam ou lembram-se de algo.

Cinestésico[4]

Subdivide-se em três formas: tato, olfato e paladar. As sensações de toque, cheiro e gosto fazem com que o canal cinestésico tenha uma eficiência <u>intermediária</u>, comparando-se ao auditivo e ao visual.

Para utilizar o canal cinestésico, precisamos sentir o que estamos aprendendo. Você já deve ter pegado o telefone e digitado no teclado para lembrar um número bem conhecido. O movimento da mão digitando os números facilitou a recordação dos oito dígitos.

Os cinestésicos adoram pegar e cheirar a comida e até mesmo livros novos, além das pessoas com quem têm mais intimidade. Um bom perfume é um orgasmo nasal. Eles "veem" pegando: "Deixe-me ver", e pegam com as

---

4 Não confundir "cinestesia" com "sinestesia": Segundo o **Aurélio**, **cinestesia** significa: "Sentido pelo qual se percebem os movimentos musculares, o peso e a posição dos membros" e **sinestesia** é "relação subjetiva que se estabelece espontaneamente entre uma percepção e outra que pertença ao domínio de um sentido diferente (ex.: um perfume que evoca uma cor, um som que evoca uma imagem etc.). Ex.: 'Avista-se o grito das araras.' (João Guimarães Rosa, Ave, Palavra, p. 91); 'Tem cheiro a luz, a manhã nasce.../Oh sonora audição colorida do aroma!' (Alphonsus de Guimaraens, Obra Completa, p. 100)". Assim, o termo cinestesia, com "C", é o que se refere à forma de captação relacionada com percepção corporal (tato, paladar, olfato, músculos).

mãos. O aperto de mãos é forte, às vezes um alicate, e geralmente seguido de tapinhas no braço ou ombro do cumprimentado.

Quando encontram um amigo, partem logo para o abraço e, se puderem, conversam abraçados ou pelo menos tocando na outra pessoa.

Preferem uma roupa confortável a uma bonita. O gostoso é melhor que o belo. Descontam a ansiedade na comida, que "só por hoje" não vai fazer tanta diferença para engordar.

Todo mundo tem um canal sensorial mais desenvolvido que o outro e isso não chega a ser um defeito ou qualidade, mas uma característica.

Há quem prefira aprender ouvindo ou criando músicas, em que a sonoridade e musicalidade também desenvolvem o acesso ao canal cinestésico, além do auditivo, é claro. Se você é uma dessas pessoas, opte por músicas clássicas ou eruditas ou por barulhinhos específicos para auxiliar a programação mental. Existem alguns aplicativos gratuitos que fornecem esse tipo de som.

Canais sensoriais: as cordas do conhecimento

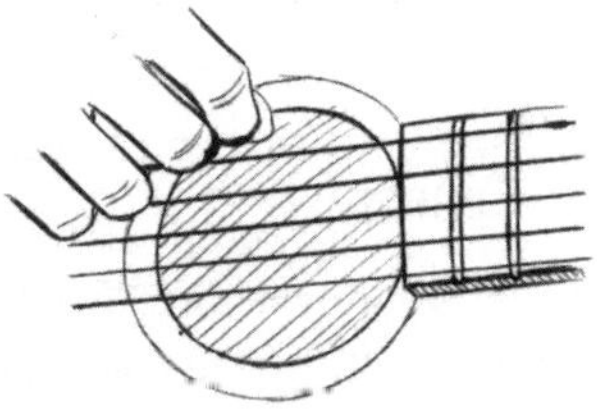

Entenda cada um dos canais sensoriais como uma "corda" que amarra o conhecimento em nossas mentes. O uso de dois ou mais canais sensoriais faz com que aquilo que aprendemos e entendemos da matéria fique ainda mais fixo e de fácil acesso para que seja lembrado de forma rápida quando da realização de exercícios e, principalmente, nas provas.

Confúcio, certa vez, disse que "aquilo que ouvimos, esquecemos; o que vemos, às vezes nos lembramos e o que fazemos, aprendemos".

Uso simultâneo dos três canais

Está cientificamente comprovado que a mente humana funciona muito melhor com imagens que com palavras, mas um "trunfo" extremamente poderoso para potencializar a memória, tanto para aprender e apreender conhecimentos quanto para acessá-los e lembrar com facilidade, é o uso simultâneo dos três canais sensoriais: vendo, ouvindo e tocando tudo, com muita riqueza de detalhes.

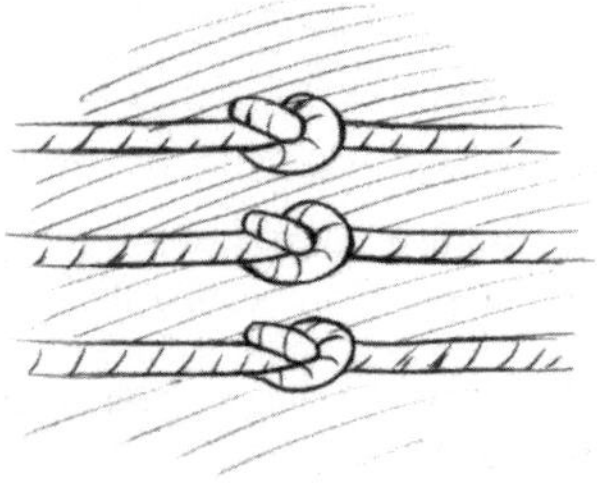

O desenvolvimento dos três canais sensoriais para a aprendizagem e também para o ensino são adquiridos com o tempo, através da prática. No início, pode parecer meio estranho tentar visualizar e ouvir os sons de tudo o que se estuda ou ensina, mas isso torna a matéria mais tangível e palpável.

É um paradigma que se vence e, quando a técnica se torna uma competência inconsciente, você estará fazendo uso dos três canais sem nem mesmo perceber.

Temos uma capacidade mental infinita e, apesar disso, usamos muito pouco do que dispomos, obtendo, consequentemente, resultados bem inferiores ao que poderíamos alcançar.

Vença o desafio: use os canais sensoriais com alguns exercícios diários e comece a aplicá-los nas aulas e estudando em casa.

Pondo em prática: suba um degrau de cada vez

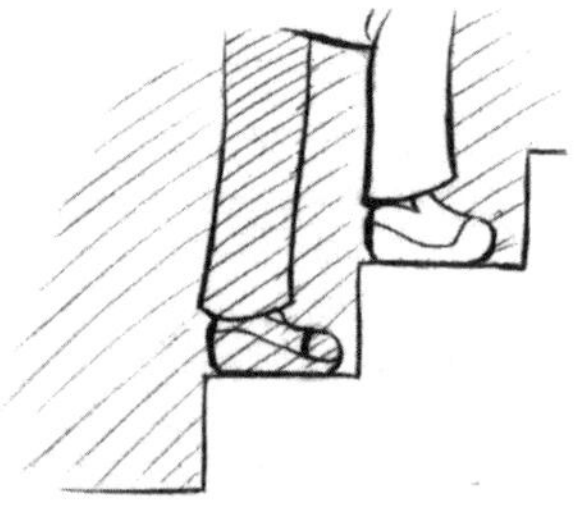

Para pôr em prática a aplicação dos canais sensoriais, comece com apenas um deles. Sugiro que você inicie pelo visual, por ser o mais forte e com maior facilidade de desenvolvimento. Visualize mentalmente tudo o que se propor a aprender e sempre que for estudar ou assistir aulas, através da criação de um filme mental, escrevendo por meio de símbolos, esquemas com cores diferentes, e torne as suas anotações dotadas de movimento, mesmo que isso só aconteça na sua cabeça. Visualize o movimento, a matéria tomando vida em sua mente e estimule sua criatividade, criando diferentes padrões de memória para cada assunto.

Facilita muito também criar analogias e fazer comparações com outros assuntos que você já domina.

Exemplo de analogia

O melhor professor que Felipe Lima teve no ensino médio explicou para ele com maestria as características da corrente elétrica em resistores paralelos. Ele explicava para a turma que a corrente se "comportava" como algumas pessoas que caminham em uma calçada e encontram um monte de areia, como se fosse resto de material de construção. A reação natural é que algumas pessoas desviem para a outra calçada, passando um número inversamente proporcional à resistência oferecida pelo trecho percorrido.

Ora, se é possível ver algo, ouvir o som que isso faz e tocá-lo, sentir seu cheiro ou gosto, o inconsciente "acredita" que aquilo está acontecendo de fato, que se trata de realidade, e não de imaginação.

Exemplo da pizza: real x imaginário

Imagine um garçom com uma bandeja na mão e uma pizza nela. Observe-o abrindo a tampa de ferro enquanto o vapor sobe e o cheiro daquela pizza com o queijo borbulhando chega até você. Fico me perguntando se pode imaginar como é o movimento do queijo em cima da pizza que se aproxima de você e o garçom pega uma espátula e levanta uma fatia. Mas que queijo chato, que insiste em despencar da fatia, caindo em cima da pizza que está em baixo! A fatia é colocada em seu prato e fica aquele fio de queijo que o garçom precisa cortar e colocar em seu prato, juntamente com aquele recheio que caiu no meio do caminho. Não sabemos se a sua pizza é de calabresa, quatro queijos, muçarela, portuguesa ou a famosa frango com catupiry, mas acredito que pode ver as fases dela: a massa, o recheio e o queijo em cima. Fico me perguntando se a sua pizza tem muito ou pouco queijo, se a massa é fina ou grossa, se o recheio é muito ou pouco.

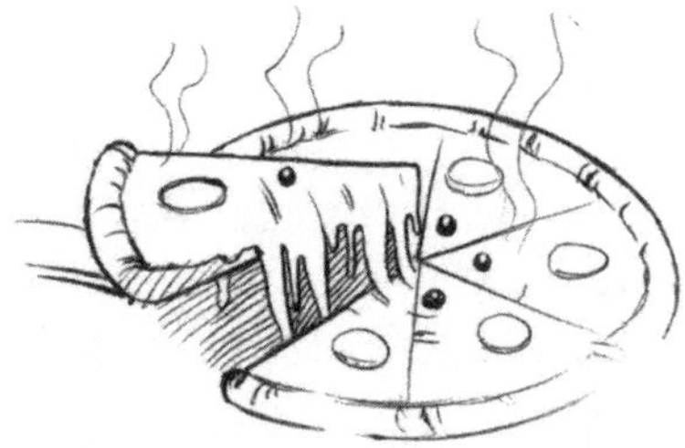

Talvez sua massa seja grossa, talvez seja fina, talvez seja uma pizza feita no forno à lenha. Talvez você coloque um pouco de ketchup, maionese ou mostarda, talvez um pouco de azeite, mas com certeza você pode sentir a faca e o garfo nas mãos e cortar aquele triângulo que fica na ponta da fatia da pizza e, quando traz o pedaço em direção à boca, fica ainda aquele fio de queijo que você enrola no garfo com a faca e finalmente coloca na boca e mastiga vagarosa e deliciosamente. Depois vem aquele gole da bebida de sua preferência, que desce "rasgando" e você consegue desenhar todo esse caminho.

Agora pode engolir a saliva e ligar para a pizzaria.

Você não viu pizza alguma, mas existia uma em sua mente, bem viva por sinal, tanto quanto o ronco da barriga e a salivação enquanto a imaginava.

Uso dos canais sensoriais

O primeiro grande benefício de dominar o uso dos canais sensoriais é identificar qual o seu canal predominante. Identificando se você aprende melhor vendo, ouvindo ou interagindo fisicamente com os assuntos, você pode estimular

os outros canais que ainda não estão tão desenvolvidos, com a finalidade de fazer com que a "vivência" dos assuntos, enquanto são estudados e apreendidos, seja cada vez mais real, tornando a memorização dos conteúdos mais bem fixada, além de favorecer a evocação dos conteúdos.

Enquanto assiste à aula, é importante transformar o conteúdo transmitido pelo professor, quer ele esteja disposto de forma visual, auditiva ou cinestésica, em algo que possa ver, em movimento, pegar e ouvir o som que ele produz. É como apertar o botão da tecla SAP e traduzir todas as informações para o uso dos três canais simultaneamente.

Você não precisa pegar de fato no que está aprendendo, mas mentalmente você pode estimular o seu cérebro a fazê-lo, como no caso da pizza; aquela cheia de queijo, lembra?

Tudo (absolutamente tudo!) pode ser expresso de forma visual, quer seja em sua forma original ou em uma representação ilustrativa. Já que está vendo: pegue! Se puder morder e sentir o cheiro, melhor ainda! Bata com isso em alguma coisa, provoque sons diferentes. Se for um copo, fale dentro dele e ouça como o som que sai engraçado.

Lembre-se de fazer isso usando associações absurdas, que potencializarão ainda mais a absorção dos assuntos.

- **A força do absurdo:**
  - Exagero.
  - Humor.
  - Nojo.
  - Vulgaridade.

Todas as informações absurdamente incomuns proporcionam um processamento e armazenamento diferenciados, tornando os conteúdos mais bem memorizados e mais fáceis de serem evocados.

Hábeis professores têm, além de conhecimentos aprofundados sobre a matéria, a capacidade de expor os assuntos de forma inusitada, fazendo o uso do humor de forma inteligente e única.

Os alunos também precisam transformar a matéria estudada, por mais chata que ela possa parecer, em algo interessante, divertido, e o absurdo é uma ótima solução para isso.

Você não precisa tornar todos os assuntos algo absurdo e engraçado, mas os tópicos estudados de tal forma terão uma significativa facilidade de armazenamento e lembrança.

A vulgaridade tem uma "força" especial na fixação de assuntos, porque, além do humor, se bem utilizada, ela mexe com instintos primitivos e chama muito a atenção de quem a usa.

Note que cada vez mais as propagandas publicitárias fazem uso de mulheres e homens com pouca roupa e de forma um tanto ou quanto insinuante. O mais curioso é que, teoricamente, a propaganda existe para expor a marca e o produto anunciados, que estrategicamente aparecem na tela da TV em tamanhos reduzidos, proporcionando uma fixação subliminar, diretamente ao inconsciente, sem que sejam percebidos de forma consciente.

Outros elementos muito utilizados em propagandas de TV são animais falantes e personagens absurdamente inusitados, como ETs e siris com marquinha de sunga que desdenham do dono da cerveja que ele bebeu.

Faça acontecer!

Coloque uma pitada de exagero em cada assunto estudado e torne isso um hábito. O hábito faz a diferença! Como tudo na vida, o início trará certa dificuldade, mas a prática fará com que você apreenda as matérias de forma muito mais consistente.

Exemplos práticos de modelos binários

Seção IX – Da Fiscalização Contábil, Financeira e Orçamentária

Art. 70.

"A fiscalização contábil, financeira, orçamentária, operacional e patrimonial da União e das entidades da administração direta e indireta, quanto à legalidade, legitimidade, economicidade, aplicação das subvenções e renúncia de receitas, será exercida pelo Congresso Nacional, mediante controle externo, e pelo sistema de controle interno de cada Poder."

Criando o filme mental...

Da Fiscalização Contábil, Financeira e Orçamentária	**CENA 01** Porta da sala 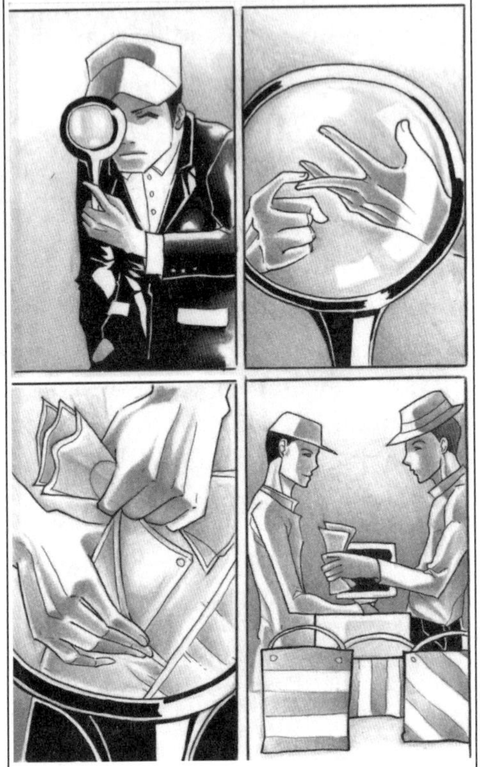
A fiscalização contábil, financeira, orçamentária, operacional e patrimonial	**CENA 02** Entrando na sala 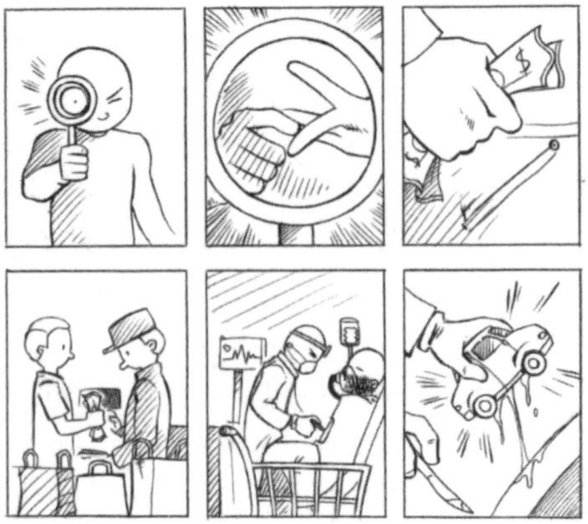

<table>
<tr>
<td>A fiscalização contábil, financeira, orçamentária, operacional e patrimonial</td>
<td>Homem com uma lente de aumento (fiscalizando), observando uma mão contando nos dedos (contábil), tirando dinheiro do bolso (financeira), pagando a conta da feira do supermercado (orçamentária); dentro do carro de feira há um médico operando (realizando cirurgia – operacional) e retirando do abdome do paciente um carro que é seu patrimônio (patrimonial).</td>
</tr>
<tr>
<td>da União e das entidades da administração direta e indireta</td>
<td>CENA 03
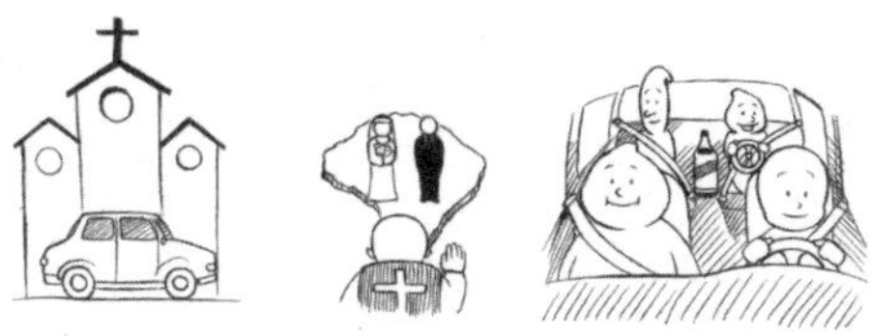
O carro para na frente da igreja, onde um casamento está sendo realizado em cima do mapa do Brasil (União), tendo como padrinhos o Gasparzinho, fantasminha camarada, e seus amigos (entidades), cada um com um volante na mão (dirige = administra), alguns dentro e outros fora dos carros em movimento.</td>
</tr>
<tr>
<td>quanto à legalidade, à legitimidade, à economicidade, à aplicação das subvenções e à renúncia de receitas</td>
<td>CENA 04

</td>
</tr>
</table>

quanto à legalidade, à legitimidade, à economicidade, à aplicação das subvenções e à renúncia de receitas	*O Gasparzinho dirige com o braço para fora do carro, cumprimentando as pessoas, levantando o polegar (legal = legalidade); no banco do passageiro há uma garrafa do legítimo Whisky Johnnie Walker (legitimidade). No carro falta gasolina, então o Gasparzinho pega uma moto e enche o tanque com o Whisky, por ser mais econômico (economicidade). A moto é muito veloz e ele recebe uma multa por excesso de velocidade. O Gasparzinho tenta subornar o guarda de trânsito com uma seringa cheia de dinheiro (aplicação das subvenções), mas ele honestamente recusa e prefere uma saborosa feijoada (renúncia de receitas).*
será exercida pelo Congresso Nacional	**CENA 05**  *A feijoada é servida diante do Congresso Nacional.*
mediante controle externo, e pelo sistema de controle interno de cada Poder.	**CENA 06** 

mediante controle externo, e pelo sistema de controle interno de cada Poder.	*Um dos deputados que está se servindo é manipulado, como se fosse um fantoche, com cordões presos em seus braços e pernas, ligados a uma cruz de madeira (mediante controle externo).* *Abrindo o terno do deputado, percebe-se que dentro de sua roupa há uma tela (um monitor) com três controles de "videogame" (sistema de controle interno de cada Poder).*

Direito Administrativo

Classificam-se os Órgãos Públicos:

- Independentes.
- Autônomos.
- Superiores.
- Subalternos.

Criando o filme mental...

Classificam-se os Órgãos Públicos	
Independentes	

Autônomos	
Superiores	
Subalternos	

Direito Penal – Crimes

A) **Crimes comuns e próprios:** comum é o que pode ser praticado por qualquer pessoa; ex.: furto, estelionato, homicídio etc.; crime próprio é o que só pode ser cometido por uma determinada categoria de pessoas, pois pressupõe no agente uma particular condição ou qualidade pessoal.

B) **Crimes de mão própria ou de atuação pessoal:** são os que podem ser cometidos pelo sujeito em pessoa; ex.: falso testemunho, incesto etc.

C) **Crimes de dano:** são os que só se consumam com a efetiva lesão do bem jurídico; ex.: homicídio, lesões corporais etc.

D) **Crimes de perigo:** são os que se consumam tão só com a possibilidade do dano; ex.: perigo de contágio venéreo, rixa, incêndio etc.; o perigo pode ser: a) presumido (é o considerado pela lei em face de determinado comportamento positivo ou negativo; é a lei que o presume *juris et de jure*) ou concreto (é o que precisa ser provado; precisa ser investigado e comprovado); b) individual (é o que expõe ao risco de dano o interesse de uma só pessoa ou de um limitado número de pessoas) ou comum (coletivo) (número indeterminado de pessoas).

E) **Crimes materiais, formais e de mera conduta:** distinguimos os crimes formais dos de mera conduta; estes são sem resultado; aqueles possuem resultado, mas o legislador antecipa a consumação à sua produção; no *crime de mera conduta*, o legislador só descreve o comportamento do agente; *no crime formal*, o tipo menciona o comportamento e o resultado, mas não se exige a sua produção para a consumação; ex.: crimes contra a honra, ameaça etc.; no *crime material*, o tipo menciona a conduta e o evento, exigindo a sua produção para a consumação; ex.: homicídio, infanticídio, furto etc.

F) **Crimes instantâneos:** são os que se completam em um só momento; a consumação se dá num determinado instante, sem continuidade temporal; ex.: homicídio, em que a morte ocorre num momento certo.

G) **Crimes permanentes:** são os que causam uma situação danosa ou perigosa que se prolonga no tempo; o momento consumativo se protrai no tempo; ex.: sequestro, cárcere privado; se caracteriza pela circunstância de a consumação poder cessar por vontade do agente; se divide em necessariamente permanente e eventualmente permanente.

H) **Crimes instantâneos de efeitos permanentes:** são os crimes em que a permanência dos efeitos não depende do agente; ex.: homicídio, furto, bigamia etc.; são crimes instantâneos os que se caracterizam pela índole duradoura de suas consequências.

I) **Crime continuado:** diz-se que há crime continuado quando o agente, mediante mais de uma ação ou omissão, pratica dois ou mais crimes da mesma espécie e, pelas condições de tempo, lugar, maneira de execução e outras semelhantes, devem os subsequentes ser havidos como continuação do primeiro (CP, art. 71, *caput*).

Criando o filme mental...

A) Comuns e próprios	 *Homem simples roubando e sendo preso / Político Engravatado roubando e depois comendo pizza*
B) De mão própria ou de atuação pessoal	 *"Pinóquio" (mentiroso) sentado no banco dos réus (falso testemunho)*
C) De dano	

<table>
<tr><td>D) De perigo</td><td>
</td></tr>
<tr><td>E) Materiais, formais e de mera conduta</td><td>

Formal: homem engravatado ameaçando outro.
Material: homem matando outro.
Mera conduta: médico que deixa homem baleado morrer (omissão de socorro).</td></tr>
<tr><td>F) Instantâneos</td><td>

Crime "Miojo": em 3 minutos está pronto.</td></tr>
</table>

G) Permanentes	
H) Instantâneos de efeitos permanentes	 *Bigamia*
I) Continuado	 *Atirando e dois GRILOS que fazem barulho continuamente.*

Português

A) **Adjetivo**: é uma palavra que atribui características e qualidades. Você pode visualizar uma pessoa com extremos (muito magra ou gorda, muito bonita ou feia) dentro de um pote de vidro e você colocando (em movimento) uma etiqueta com a característica mais marcante dela. Sinta o pote em suas mãos e escute o som da tampa fechando a pessoa lá dentro. Dá até pra ouvir o barulho dela batendo no vidro e pedindo para sair dali.

B) **Verbo**: é uma palavra que exprime ação. Basta visualizar um arco e flecha, com a palavra VERBO escrita nela. Sinta-os em suas mãos e atire em um alvo.

- Se for diretamente nele e passar por alguns carros, será VTD: verbo transitivo direto.

- Se você precisar apontar para cima para desviar de um muro com a preposição DE para acertar no alvo, será VTI: verbo transitivo indireto.

Matemática financeira

A) **Juros**: um fermento que colocam em cima de um bolo de contas que você deve. Para associar ainda melhor com a palavra, visualize um CHURRO recheado com doce de leite ou chocolate e, quando você morde, vem dinheiro e as contas vencidas para pagar.

B) **Prazo**: uma ampulheta com a areia escoando.

Direito Penal

A) **FIANÇA**: visualize o absurdo de um advogado ir a uma casa lotérica em que o caixa é um juiz que recebe o dinheiro da fiança e entrega um recibo, junto com a chave da cadeia.

B) **IMPRESCRITÍVEL**: um relógio sendo quebrado (não o visualize já quebrado e sim quebrando, produzindo os sons do vidro e das peças de ferro).

C) **JURISPRUDÊNCIA**: um juiz embriagado, porém prudente, decide "passar a chave".

D) **COMORIÊNCIA**: imagine dois caranguejos que, com um revólver, atiram um no outro, fazendo o movimento Matrix de desviar das balas, mas são acertados, ao mesmo tempo, no coração (dá até para ouvir o som dele batendo) e morrem ao mesmo tempo, rindo. *Art 8º do Código Civil: "não se podendo averiguar se algum dos comorientes precedeu aos outros, presumir-se-ão simultaneamente mortos."*

Direito Constitucional

A) CONSTITUIÇÃO: imagine no topo de uma pirâmide um faraó que ergue a constituição e a entrega ao presidente do Brasil.

B) INCONSTITUCIONAL: uma faca entrando, ferindo a constituição, que sangra e geme de dor.

* Desafio qualquer pessoa a me mostrar uma palavra ou termo que não possa ser pelo menos visualizada. A grande maioria pode ser, além de visualizada, tocada e provocar um som.

Existem alguns termos fáceis para "vivenciar" mentalmente e, outros, ainda mais fáceis.

Dúvidas frequentes e erros comuns

- É importante que os links entre os elementos a serem memorizados sejam estabelecidos em uma sequência contínua, em que o primeiro liga-se ao segundo e este ao terceiro elemento. Não é recomendado que o primeiro elemento ligue-se ao terceiro ou a qualquer outro elemento do filme mental.
- Lembre-se de sempre usar os três canais sensoriais para reforçar a fixação dos conteúdos: auditivo, cinestésico e visual.
- A utilização do absurdo não é obrigatória em todos os processos mnemônicos, porém o seu emprego potencializa consideravelmente a eficiência da técnica.

Exercícios de memorização

- Fui à feira e comprei...
- Memorizar cumulativamente 10 palavras por dia, durante um mês.

DESCRIÇÃO:

Exercício: Fui à feira e comprei...

Este exercício pode ser feito com pelo menos duas pessoas e não tem limite de participantes.

Cada pessoa fala todas as palavras que já foram ditas e coloca mais uma.

Naturalmente, a 1ª pessoa vai dizer a 1ª palavra do jogo.

Já a 2ª pessoa vai dizer a 1ª palavra e acrescentar uma.

A 3ª pessoa vai dizer as duas palavras já ditas e adicionar uma.

Se só três pessoas estiverem jogando, a 1ª pessoa vai ter que repetir as três palavras já ditas e colocar mais uma.

<u>OBSERVAÇÕES</u>:

- Brincar em família ou com os amigos.
- Quem erra a sequência de palavras bebe: água, leite, refrigerante etc.
- O presente exercício tem o objetivo de desenvolver os três canais sensoriais: auditivo, cinestésico e visual. Se ele for realizado de forma muito rápida, repetindo as palavras com grande velocidade, as pessoas não terão tempo para criar as histórias mentais. Portanto, é recomendável que elas sejam ditas e repetidas devagar, para que todos os participantes tenham tempo suficiente para criar e revisar as suas histórias, os seus vídeos mentais.
- Cada participante precisa criar a sua história mental usando as palavras que estão sendo ditas, sem ser necessário contá-la para os demais.
- Não é permitido apontar com o dedo para as pessoas que falaram as respectivas palavras. Sugere-se que as palavras não sejam vinculadas às pessoas que participam do jogo.
- Sugere-se que a cada 10 ou 20 palavras, o sentido das pessoas seja mantido, mas que as palavras sejam invertidas, ficando a 1ª palavra sendo a última e a última passando a ser a 1ª e o processo de adição de palavras continua.

- É importante que o 1º elemento seja conectado apenas ao 2º e este ao 3º, que se conecta apenas ao 4ª e assim por diante. Não é recomendável que o 1º elemento interaja com o 3º ou o 2º elemento com o 4º.
- Exemplo com três participantes:

  1ª pessoa: Eu fui à feira e comprei um **AVIÃO.**

  - Você laça um avião que estava voando, como se estivesse em um rodeio e o coloco sobre meu ombro. Dá pra ouvir o barulho e sentir o vento das turbinas.

  2ª pessoa: Um avião e um JUMENTO.

  - Os passageiros revoltados que o voo foi laçado, pegam um JUMENTÁXI (um táxi sendo puxado por um jumento voador, que bate assas como um unicórnio).

  3ª pessoa: um avião, um jumento e uma **CONSTITUIÇÃO.**

  - O JUMENTÁXI estaciona com um cavalo de pau, rodando e cantando pneu, em cima de uma pirâmide, que vai significar a Constituição.

  1ª pessoa: um avião, um jumento, uma Constituição e um "**REVOGAR**".

  - Em cima da pirâmide tem um faraó com uma constituição na mão. Ele coloca a CF em uma panela e a refoga com cebola, alho e manteiga. Como a palavra REFOGAR é muito semelhante à REVOGAR, fica fácil de lembrar.

  2ª pessoa: um avião, um jumento, uma Constituição, um revogar e um **JÚRI.**

  - A comida que foi refogada, ops... revogada com a CF será servida ao Juri que participa de um julgamento no tribunal.

  3ª pessoa: um avião, um jumento, uma Constituição, um revogar, um júri e uma **LICITAÇÃO.**

  - Os participantes do júri têm uma indigestão e para ir embora logo começam a vender pelo melhor preço, a licitar o veredicto por R$ 1,00 como preço mínimo.

  1ª pessoa: um avião, um jumento, uma Constituição, um revogar, um júri, uma licitação e um **PROCESSO.**

  - Todo o dinheiro arrecadado com a licitação é arquivado em uma pasta com muitos papéis e algumas engrenagens, que simboliza o processo, uma sequência de ações.

2ª pessoa: um avião, um jumento, uma Constituição, um revogar, um júri, uma licitação, um processo e um **INQUÉRITO.**

- Um homem foi assassinado e jogado dentro do processo. Em uma das páginas pretas do processo foi desenhado com giz o formato do cadáver e com uma lupa para investigar, um inquérito foi instaurado.

3ª pessoa: um avião, um jumento, uma Constituição, um revogar, um júri, uma licitação, um processo, um inquérito e uma **IMPROBIDADE ADMINISTRATIVA.**

- A lupa que estava sendo usada durante as investigações do inquérito foi roubada por um dos investigadores, que a escondeu na cueca.

INVERTE!!!

1ª pessoa: uma improbidade administrativa, um inquérito, um processo, uma licitação, um júri, um revogar, uma Constituição, um jumento, um avião e uma **LEGÍTIMA DEFESA PUTATIVA.**

- O piloto do avião saiu da cabine e puxou uma escova do bolso. Imediatamente todos os passageiros sacaram uma arma e atiraram nele, por acreditarem que o piloto atentaria contra suas vidas.

2ª pessoa: uma improbidade administrativa, um inquérito, um processo, uma licitação, um júri, um revogar, uma Constituição, um jumento, um avião, uma legítima defesa putativa e uma **CONTESTAÇÃO.**

- Um advogado, tendo recebido um treinamento Matrix, agilmente protege o piloto com uma Contestação, em forma de escudo, barrando todas as balas.

3ª pessoa: uma improbidade administrativa, um inquérito, um processo, uma licitação, um júri, um revogar, uma Constituição, um jumento, um avião e uma legítima defesa putativa, uma contestação e uma **AUDIÊNCIA**

- Imediatamente o advogado salta do avião e cai de paraquedas no meio de uma audiência, em que todos, inclusive o juiz, estavam com fones de ouvido, escutando uma rádio, fazendo parte da audiência da mesma.

Quanto mais rico em detalhes e movimento tiver o filme mental, mais fácil será de memorizar e se lembrar das palavras memorizadas.

Com mais duas rodadas adicionando palavras, os jogadores inverteriam mais uma vez toda a sequência memorizada.

Este mesmo exercício pode ser realizado como um fio condutor, por exemplo, escolhendo um assunto, uma letra a ser repetida, uma condição etc. Caso ainda existam dúvidas sobre como praticar este exercício, acesse o site <http://www.sougenius.com.br>, onde há uma "videoaula" disponível sobre o tema.

Exercício: Memorizar cumulativamente 10 palavras por dia, durante um mês

O presente exercício pode ser feito individualmente ou em grupo.

As 10 palavras usadas em cada dia podem ser oriundas da matéria estudada naquele dia.

No 1º dia do exercício, você vai listar 10 palavras e memorizá-las, criando um filme mental, usando os três canais sensoriais da PNL, com o máximo de absurdos possíveis, usando o humor, o nojo ou a vulgaridade.

No 2º dia você vai memorizar mais 10 palavras e revisar as 10 memorizadas no 1º dia.

No 10º dia você vai revisar as 90 palavras já memorizadas e adicionar mais 10.

No 30º dia você vai revisar as 290 palavras já memorizadas e adicionar mais 10.

No dia 1º do próximo mês, revise as 300 palavras memorizadas pela última vez. Agora você vai memorizar 11 palavras por dia cumulativamente por mais um mês e a cada mês vai aumentar uma palavra no bloco a ser memorizado todos os dias.

“Você perde 100% dos tiros que você nunca dá.”

(Wayne Gretzky)

“Uma longa viagem começa com um único passo.”

(Provérbio chinês)

Capítulo 9

Memorização Numérica

INTRODUÇÃO

Existem diversas formas de memorizar números. Escolhemos uma bem prática para ajudar a reter na memória as informações numéricas que você precisa, tais como: prazos, penas, prescrições, números de incisos e artigos etc.

É importante dominar os conhecimentos básicos sobre memorização para iniciar os treinamentos com a memorização numérica, que no início pode parecer trabalho demais para benefícios de menos, mas depois que você pegar o jeito vai conseguir memorizar datas, senhas, números de telefones e documentos, além de informações importantes que vão te ajudar a realizar a sua aprovação.

Justamente pela exigência de um bom domínio da técnica do modelo binário, não ministramos a parte de memorização numérica em nossos cursos básicos e deixamos esse módulo para os cursos intermediários e avançados.

O segredo está em aplicar as técnicas para memorizar números no seu dia a dia. Quando você for estudar a matéria e tiver a exigência de relacionar números e informações na memória, isto já será uma competência desenvolvida.

CONVERSÃO NUMÉRICA EM CONSOANTES

0	1	2	3	4	5	6	7	8	9
C S	L	D T	F Z	R	V X CH	G J	M N	B P	Q K

O princípio é bem fácil para memorizar.

A tabela acima traz uma correlação entre números e letras (apenas consoantes).

Existe uma explicação completamente ilógica para a tabela acima:

- 0
  - Corte o ZERO ao meio com uma espada e você terá um "C".
  - A letra "S" é similar ao "C" pela fonética, a forma com que se pronuncia.

- 1
  - Se juntar dois números 1, forma a letra "L".

- 2
  - O número DOIS começa com a letra "D".
  - O "T" é similar ao "D" pela fonética.

- 3
  - As letras F e Z têm 3 traços.

- 4
  - Há quem diga que a letra R pode ser dividida em 4 partes, mas acredito que 1.000 livros não conseguiriam explicar por que o 4 é representado pela letra "R". Acredite: 4 = R.

- 5
  - Em algarismo romano, o 5 é a letra "V".
  - O dobro de 5 é "X".
  - O "CH" é similar pela fonética com o "X".

- 6
  - A forma gráfica do 6 lembra a letra "G".
  - O "J" é similar ao "G" pela fonética.

- 7
  - Lembre-se das 7 <u>"M"aravilhas</u> do mundo.
  - O "N" é similar ao "M" pela fonética.

- 8
  - Imprense o 8 na parede e ele se transforma em um "B".
  - A letra "P" é similar pela fonética ao "B".

- 9
  - O 9 parece com o "Q" minúsculo.
  - O "K" é similar ao "Q" pela fonética.

TABELA DE PADRONIZAÇÃO NUMÉRICA

Criamos uma sugestão de tabela com 100 itens, enumerada de 00 a 99, transformando números em palavras.

Exemplo: todo o art. 5º da Constituição Federal precisa ser memorizado com a interação de um senhor de muita idade, uma pessoa com os seus 100 anos de idade, sendo tida como velha, que corresponde ao número "5".

01	Lar	11	Lula	21	Telha	31	Fala	41	Rolo
02	Doido	12	Lata	22	Dedo	32	Farda	42	Roda
03	Fé	13	Luz	23	Troféu	33	Fofo	43	Rifle
04	Rua	14	Loira	24	Tora	34	Feira	44	Arara
05	Velho	15	Larva	25	Trevo	35	Favo	45	Revolver
06	Giz	16	Lago	26	Tigre	36	Fogo	46	RG
07	Mai	17	Lama	27	Tonel	37	Fumo	47	Remo
08	Bunda	18	Lápis	28	Tábua	38	Zebra	48	Ramho
09	Kimono	19	Laka	29	Tanque	39	Faka	49	Raquete
10	Laço	20	Disco	30	Foca	40	Rico	50	Vaca

continua

51	Vela	61	Gelo	71	Mala	81	Bola	91	Quilo
52	Vidro	62	Gato	72	Moto	82	Bota	92	Kadarço
53	Vazo	63	Garfo	73	Nozes	83	Bife	93	Kofre
54	Vara	64	Girafa	74	Muro	84	Pera	94	Kara
55	Xixi	65	Gavião	75	Machado	85	Peixe	95	Kaxo
56	Vesgo	66	Jujuba	76	Manga	86	Prego	96	Queijo
57	Chama	67	Jumento	77	Mamãe	87	Bhrama	97	Kama
58	Chapa	68	Japão	78	Mapa	88	Babá	98	Kapa

59	Cheque	69	Jaqueta	79	Maquete	89	Bouquet	99	Kaka
60	Jaca	70	Macaco	80	Barco	90	Kasca	00	Coco

* Nota-se que os itens entre 90 e 98 estão escritos com a letra K de forma errônea para forçar a presença da referida letra na palavra e fazer lembrar o número 9.

Quando o artigo passar de 99, quebre a numeração em dois blocos. Exemplo:

Art. 171 – Estelionato CP

- 171 = 1 + 71 = Lar + Mala
- Visualização mental: jogar um <u>estelionatário</u> dentro da sua casa (lar-1) e trancar ele na mala-71.

Art. 158 – Exame de corpo de delito CPP

- 158 = 1 + 58 = Lar + Chapa
- Visualização mental: dentro da sua casa, dar uma surra em um meliante que tentava assaltar a residência com uma chapa quente de ferro. Em seguida realizar o <u>exame de corpo de delito</u> com o sujeito em cima da chapa.

EXERCÍCIO DE MEMORIZAÇÃO DO CALENDÁRIO

Apenas para exercitar o domínio da tabela numérica, segue um exercício interessante sobre como memorizar todo o calendário de 2011, que com uma subtração ou adição simples de 1 ou 2 pode-se encontrar todas as datas de 2010 e 2012.

2011			
Mês	**1º Domingo do mês**	**Letras do 1º Domingo**	**Mês alterado**
Janeiro	2	D e T	Daneiro: danei a porrada no Daniel San
Fevereiro	6	G e J	Jevereiro: carnaval andando de Jegue
Março	6	G e J	Garço: garçom na mesa de bar fumando um maço de cigarros

Abril	3	F e Z	Fabril: Fábrica Faber Castel
Maio	1	L	Laio: Lion Thunder Cats
Junho	5	V e X e CH	Chunho: chove chuva
Julho	3	F e Z	Zulho: zolho zarolho
Agosto	7	M e N	Margosto: mar com gosto salgado
Setembro	4	R	Retembro: ré na regata
Outubro	2	D e T	Doutubro: assalto – dá tudo
Novembro	6	G e J	Jovembro: jovem dando um nó
Dezembro	4	R	Rezembro: rezar no Natal

Explicação da montagem da tabela acima

- A 1ª coluna lista todos os meses do ano de 2011.
- A 2ª lista todos os 1ºs domingos de cada mês.
- Já a 3ª coluna lista as letras correspondentes aos 1ºs domingos de cada mês.
- A 4ª coluna faz uma fusão de uma das letras que representam o 1º domingo de cada mês, com o nome do mês.

Para descobrir em qual dia da semana cai o dia 8 de dezembro de 2011, basta lembrar que dezembro equivale a Rezembro e visualizar a família rezando no Natal. Rezembro começa com a letra "R", que corresponde ao número "4" na tabela numérica. Então, o 1º domingo de dezembro é dia 4. Para saber que dia da semana será 8 de dezembro, basta contar nos dedos 4 dias da semana: segunda, terça, quarta, quinta. Pronto: quinta-feira é a resposta certa

Para descobrir em qual dia da semana cai o dia 30 de agosto, basta lembrar que agosto equivale a Margosto e visualizar e perceber um mar com um gosto de sal muito forte. Margosto começa com a letra "M", que corresponde ao número "7" na tabela numérica. Então, o 1º domingo de Agosto é dia 7. Para saber que dia da semana será 30 de agosto, basta somar 7 dias ao número do 1º domingo até que se chegue ao dia 30 ou perto dele.

- 1º domingo de Agosto 2011 = dia 7.
- 2º domingo de Agosto 2011 = dia 14.
- 3º domingo de Agosto 2011 = dia 21.

- 4º domingo de Agosto 2011 = dia 28.

Agora basta somar 2 dias ao 4º domingo para chagar ao dia dia 30 de agosto: segunta, terça. Pronto: terça-feira é a resposta certa.

Exercício

Seguindo o método descrito acima, encontre os dias da semana na tabela abaixo e depois confira com um calendário:

Mês	2010		2011		2012	
	Dia do mês	Dia da semana	Dia do mês	Dia da semana	Dia do mês	Dia da semana
Janeiro	1		15		25	
Fevereiro	28		27		29	
Março	28		31		13	
Abril	29		28		1	
Maio	30		26		15	
Junho	31		25		16	
Julho	31		25		17	
Agosto	30		27		18	
Setembro	30		17		19	
Outubro	29		18		20	
Novembro	27		29		21	
Dezembro	28		15		25	

Dica: Cuidado com os meses que não têm 31 dias.

Depois que terminar o exercício acima, confira as respostas com um calendário.

Sugestão: Teste a mesma técnica com outros anos.

Memorizando 2010, 2011 e 2012

A tabela a seguir traz o primeiro domingo de cada mês dos anos de 2010, 2011 e 2012.

Percebe-se que a diferença entre 2011 e 2010 é de menos 1 dia.

- 1 ano para frente = 1 dia para traz.

Já em 2012, por ser bissexto, nota-se uma diferença em relação a 2011 de menos 1 dia apenas para janeiro e fevereiro e de menos 2 dias nos demais meses, sinalizados com um "*".

Mês	1º domingo de cada mês		
	2010	2011	2012
Janeiro	3	2	1
Fevereiro	7	6	5
Março	7	6	4*
Abril	4	3	1*
Maio	2	1	6*
Junho	6	5	3*
Julho	4	3	1*
Agosto	1	7	5*
Setembro	5	4	2*
Outubro	3	2	7*
Novembro	7	6	4*
Dezembro	5	4	2*

Memorizando prazos, incisos e artigos

Observação

Antes de entrar nesse assunto, vale lembrar que o uso constante costuma trazer a memorização natural dos prazos e artigos mais usualmente utilizados. Além disso, no mais das vezes essas informações são acessíveis através da consulta ao índice ou ao índice alfabético-remissivo dos códigos ou *vade mecum* utilizados. Logo, só nos parece necessário memorizar se estivermos diante de provas em que não exista a consulta. Se há a consulta, o melhor é saber bem manusear os códigos e seus vários modelos de índices. Até nas provas orais, onde a consulta nem sempre é permitida ou utilizada, dificilmente um examinador irá cobrar esse tipo de conhecimento. Claro que é um luxo citar, de memória, prazos e artigos, mas o bom senso recomenda que examinadores e candidatos não se prendam à "decorebas" e sim a que o candidato conheça a matéria e saiba manusear a legislação.

Feita essa observação, e se você já se familiarizou com sistemática numérica supracitada, maravilha! Basta correlacionar os conteúdos a serem memorizados com a referência numérica já aprendida.

Alternativa para a memorização numérica

Se ainda não está 100% na memorização numérica, segue uma dica muito prática:

a) Agrupe os conteúdos de prazos iguais, por exemplo: tudo que prescreve com 24 horas ou com 2 dias.

b) Para cada grupo, atribua uma imagem de referência e faça com que essa imagem participe de toda a história mental relacionando os itens com prazos iguais.

- 1 dia ou 24h = sol.
- 2 dias = um mendigo com 2 dentes na boca.
- 3 dias = as 3 garras do Wolverine ou os 3 porquinhos.
- 4 dias = uma mão faltando o dedo mindinho.
- 5 dias = um carrinho de mercado, pois são 5 os dias que têm "feira".
- 15 dias = uma laranja partida.
- 1 mês = uma conta de energia, pois se paga todo mês.
- 6 meses = férias escolares.
- 1 ano = um champanhe no *réveillon*.

Capítulo 10

Ansiedade e os inimigos da memória[1]

A mente é a arma mais poderosa de todas.
Cuide para que ela esteja apontada a seu favor
e no da realização dos seus objetivos,
não para o seu próprio pé.

Muitas pessoas reclamam de baixa eficiência nos estudos, que não têm rendimento satisfatório, que leem com baixa velocidade, que perdem a concentração com facilidade e que a memória não ajuda tanto para aprender como para lembrar. O que notamos é que esses são apenas sintomas do desperdício de energia emocional gerado pela falta do controle da ansiedade.

FALANDO NISSO...

1) Você tem ansiedade?
2) Você se considera uma pessoa ansiosa?
3) O que gera ansiedade para você?

De fato, as técnicas ensinadas neste livro vão potencializar a superação desses aspectos que com frequência não funcionam com excelência, mas há fatores que limitam imensamente o rendimento nos estudos, como a ansiedade e os conflitos internos.

1 Capítulo formulado pelo *coach* Felipe Lima especialmente para esta obra.

Aprender a dominar a ansiedade é tão necessário quanto baixar o freio de mão de um carro para que ele possa ganhar velocidade ou tirar o lixo e o peso desnecessário de dentro do carro. Você nunca terá uma disciplina plena, eficiência na aprendizagem, nem gerenciará bem o seu tempo se não controlar os aspectos que geram ansiedade.

INIMIGO OCULTO

Muitas pessoas vivem com um nível elevado de ansiedade e nem se dão conta disso. Essa ansiedade é proporcionada pela falta de habilidade para lidar com os nossos **pensamentos e sentimentos**. Como aquilo que gera ansiedade é algo incômodo, o nosso primeiro instinto é tentar fugir e evitar o contato com esses pensamentos e sentimentos desagradáveis, tais como: **frustrações, culpa, raiva, medo, insegurança, sentimento de inferioridade, incompetência, angústia, vergonha, cobranças e pressões internas e externas, necessidade de corresponder às expectativas alheias, perfeccionismo, impaciência, desânimo, procrastinação e falta de foco**.

Ufa! É muita coisa que pode gerar ansiedade e que na maioria dos casos age sorrateiramente, sem que nos demos conta do quanto estamos desperdiçando energia emocional em uma guerra travada em nossas mentes.

Muitas pessoas não respondem **questões** e nem fazem **simulados**, ações fundamentais para o sucesso em provas e concursos, pelo medo de errar, por se sentirem frustradas quando erram questões que já sabem ou quando se deparam com algumas questões cujo assunto ainda não dominam.

Outras pessoas **procrastinam** pelo medo de se prepararem e de se frustrarem novamente enfrentando novas reprovações. Elas se culpam de forma severa pelos insucessos do passado, sentem vergonha por ainda não terem conseguido o sucesso, se comparam com outras pessoas e se cobram de forma excessiva para fazerem dar certo logo.

Conseguimos perceber comportamentos como a procrastinação e a falta de estratégias eficientes em relação às questões e simulados, bem como às provas em si, mas tudo isso é apenas uma consequência da falta de controle da ansiedade e não quem o concurseiro é.

PREPARANDO AS MUDANÇAS

Logo no início de uma sessão de *Coaching*, duas das primeiras perguntas são as seguintes:

1) **Quais são** os seus objetivos de sucesso na vida?
2) O que você **precisa mudar** na sua vida para que esses objetivos sejam realizados?

Peço que você dedique algum tempo para pensar sobre essas duas perguntas. Para a primeira, recomendo a estratégia do Cartaz dos Sonhos, que nada mais é que um mosaico com as imagens que simbolizam de alguma forma os seus objetivos de vida, um espelho do que o seu coração pede para que seja realizado. A segunda pergunta deve resultar em uma lista com as mudanças necessárias para que as dificuldades sejam superadas e suas metas sejam realizadas.

Pensando sobre a resposta à primeira pergunta é possível encontrar as respostas para a segunda e, a partir daí, ter mais chances de entender qual as origens do problema e o que está lhe impedindo, até hoje, de promover essas mudanças.

A PERGUNTA DE OURO: TOMANDO O CONTROLE DA SUA MENTE

Sobre essas duas perguntas iniciais, algumas pessoas respondem que gostariam de melhorar o seu nível de organização, por exemplo. Há uma pergunta muito útil no *Coaching* Generativo que nos ajuda a entender como as coisas estão (des)organizadas internamente, que denominamos "a pergunta de ouro": COMO VOCÊ SE SENTE?

Quando pergunto "Como você se sente quando precisa parar para se organizar?", a resposta mais comum é: "*Sinto-me atrasado* e *não posso perder ainda mais tempo para me organizar*". Porém, é necessário entender que a falta de organização gera ainda mais desperdício de tempo. Essa sensação de atraso se dá, geralmente, pelas comparações com outras pessoas ou tomando-se como base uma meta anteriormente estabelecida.

O que é percebido como falta de organização, na verdade, pode ser uma consequência da insegurança gerada pela autoimagem abalada pelo autojulgamento severo.

IMUNIDADE EMOCIONAL

Sua autoimagem é a forma como você se vê e se valoriza, é uma das bases da imunidade emocional. Quando nossa **autoimagem** não está fortalecida, tendemos a nos comparar com outras pessoas e a nos sentir mal com isso, levando a uma constante sensação de inferioridade ou incompetência por não conseguirmos ser/fazer o que outras pessoas são/fazem.

Em algumas pessoas, a culpa por ainda não ter conseguido realizar seus objetivos é tão grande que acaba levando ao medo do futuro, à frustração de não se considerar competente o suficiente, mais uma vez, para fazer as coisas darem certo na sua vida.

Para essas pessoas, recomendamos o vídeo: EU NÃO POSSO ERRAR! NÃO TENHO MAIS IDADE PARA PERDER TEMPO.

<https://www.youtube.com/watch?v=aZkd8x0ZCGQ>

Outra queixa recorrente é a **insegurança** para encontrar o melhor método de estudo. E, mais uma vez, lá vem a pergunta de ouro: **Como você se sente quando chega a hora de estudar e precisa decidir entre um método de estudo ou outro?**

As respostas mais frequentes são: angustiado, com medo, inseguro.

Esses sentimentos estão relacionados à **interpretação dos insucessos passados**. Tudo o que ocorre em nossas vidas é interpretado por um crítico que vive dentro da gente. Se o nosso crítico interno for **apoiador**, teremos a capacidade de (1) aprender com os erros com gentileza; (2) saber valorizar as nossas ações; (3) encontrar a alegria de evoluir continuamente.

Quando nos deparamos com um erro ou insucesso ocorre o "momento mágico", em que temos duas opções:

1) aprender com os erros com gentileza, ou seja, sem culpa excessiva;

2) autojulgamento severo.

Quando nos sentimos mal pelos nossos erros e nos julgamos negativamente, isso afeta a nossa autoimagem e passamos a ter menos autoconfiança.

FORTALECENDO A IMUNIDADE EMOCIONAL

Basicamente dois fatores são estratégicos e fundamentais para a manutenção da imunidade emocional:

1) o *mind set* (modelo mental) do crítico interno, a forma de interpretar a nossa vida e tudo o que acontece nela, seja no presente, passado ou no futuro o nosso autojulgamento;
2) a manutenção dos cinco recursos básicos da imunidade emocional: fé, paciência, paz interior, autovalorização e gentileza.

AS TRÊS PARTES INTERNAS

Temos três *personas*, que agem como se fossem três funcionários, que interagem entre si e nos ajudam a realizar os nossos objetivos.

Tudo começa com o SONHADOR. Ele é responsável tanto pelo desejo de realizar os nossos sonhos, como por nossa autoimagem, o que pensamos sobre nós mesmos, a forma como nos vemos. O sonhador é o responsável por transformar esse desejo de realizar os nossos sonhos em força de vontade e enviar essa energia para o REALIZADOR transformá-la em ações.

O REALIZADOR, como já adiantei, é o mero resultado, a mera consequência do (des)alinhamento entre o SONHADOR e o CRÍTICO internos.

Quando o sonhador define um objetivo, o crítico pode interpretar essa meta como um algo alto demais, muito difícil ou até mesmo impossível de ser alcançado e desanimar o realizador a empreender os esforços necessários para a realização.

A indisciplina, a procrastinação e a preguiça são consequências de um sonhador enfraquecido, indeciso ou desconectado do realizador (sonhar muito e agir pouco) e tudo isso é o resultado de um crítico desajustado e sabotador.

APOIO, INCENTIVO E AUTOVALORIZAÇÃO

Enquanto você não souber o seu valor,
a vida não vai lhe dar tudo o que poderia ter.

Sempre que o realizador age, motivado pela energia do sonhador, o crítico tem a oportunidade de interpretar e julgar aquela ação. Como ninguém começa faixa preta na vida, é muito raro que iniciemos as nossas ações com 100% de acerto, na excelência da performance. Quando o crítico interno está com o *mind set* (modelo mental) condicionado para dar APOIO, qualquer que seja o resultado da ação, ele será parabenizada, valorizado positivamente e os ajustes necessários, as melhorias serão indicadas com incentivo, paciência e foco na evolução contínua: "*Parabéns pelos seus acertos (ainda que pequenos) e vamos melhorar aqui e ali!*"

Um modelo de crítico interno muito usado é o do educador físico atuando como *personal trainner*, incentivando, reconhecendo as evoluções e sempre orientando sobre as melhorias necessárias, mas nunca desanimando ou cobrando negativamente o seu aluno.

Quando o crítico interno está condicionado pelo *mind set* para a COBRANÇA, a tendência é que o resultado seja desvalorizado e se mantenha o foco com maior ênfase nos erros e no que faltou nas ações. Já me deparei com alunos que tinham a meta de estudar seis horas por dia e quando conseguiam estudar apenas cinco, a pergunta de ouro (como você se sente) era respondida com um autojulgamento severo: "*Sinto-me frustrado, acho que não estou fazendo o suficiente* e *sinto como se não fosse merecedor do meu sucesso*."

Às vezes as pessoas até conseguem bater as suas metas, mas mesmo assim, como o perfeccionismo está excessivamente desenvolvido, embora fazendo 100% do que foi planejado o julgamento do crítico interno ainda é de cobrança e não de apoio: "*Você não fez mais do que a sua obrigação*".

REABASTECENDO O SONHADOR

Quando o crítico interno valoriza positivamente as ações do realizador, com apoio e incentivo, o sonhador tem as suas forças reabastecidas, a autoconfiança fortalecida pela autoimagem positiva.

Quando o crítico está condicionado para dar mais cobrança que apoio, valorizando mais os erros que os acertos, olhando mais para a parte vazia do copo do que para a parte cheia, o sonhador acaba se enfraquecendo, pois as ações do realizador são menosprezadas pelo crítico e o sonhador recebe a informação de que "*desse jeito, vai dar errado de novo*".

COMO TER UM CRÍTICO APOIADOR

O crítico interno é o chefe da nossa tríade de *personas*. É praticamente impossível ter um sonhador forte, acreditando na sua capacidade de superar os desafios e dificuldades e realizar os seus sonhos, com um crítico sabotador. Também é muito difícil ter um realizador disciplinado, focado e com uma disposição "pancada"[2] com um crítico negativo e focado apenas nas cobranças.

As três funções básicas do crítico apoiador são:

1) aprender com os erros com gentileza, paciência e usando-os para evoluir, e não de forma autodestrutiva;
2) autovalorização positiva, reconhecendo as ações, os avanços, conquistas e evoluções: com a alegria do que fazemos hoje, faremos ainda mais amanhã;
3) o entusiasmo pela evolução contínua: eu não preciso ser perfeito para realizar os meu sonhos, mas posso me superar sempre e ser cada vez melhor.

O crítico interno ideal não é aquele que apenas não afunda o realizador quando ele não bate as metas definidas pelo sonhador, mas aquele que incentiva, valoriza e positivamente empurra o realizador para a busca da sua excelência: "*Parabéns e você pode mais!*"

A diferença básica entre um crítico apoiador e incentivador e um crítico negativo e sabotador é a forma como ele interpreta e interage com o sonhador e com o realizador, é o "sorriso", a leveza e até a força positiva na busca da evolução contínua, valorizando os aspectos positivos e ajudando a melhorar os que ainda não estão bons. O crítico negativo bate na cara (*Seu fraco!*), o positivo dá um empurrãozinho (*Vai que você pode mais!*).

MODELANDO O CRÍTICO INTERNO APOIADOR

Com quem o seu crítico interno se parece? Qual a pessoa que você conhece na sua vida cujo crítico tem comportamento parecido? Geralmente o nosso crítico interno se parece com os nossos pais, parentes mais próximos, amigos, professores ou alguém que nos foi um modelo, uma pessoa de referência.

É necessário tomar consciência sobre a origem das nossas ações para que possamos mudá-las, adotando novos padrões de modelos de crítico interno que sejam mais saudáveis e benéficos para nós mesmos.

2 Muito forte, firme, inabalável.

SUPERCOBRANÇA X SUPERAPOIO

Quando os pais são "supercobradores", focam mais nos erros dos filhos do que em seus acertos. A intenção positiva disso, o ganho secundário esperado pelos pais é que os filhos não se acomodem e sejam cada vez melhores. Já me deparei com pais que viram os seus filhos melhorarem as suas notas na escola e quando eles conseguiam tirar uma nota dez, ainda assim preferiam, por precaução, continuar na cobrança: "*Você não fez mais do que a sua obrigação*" ou "*Parabéns, mas não é por isso que você vai relaxar nos estudos*".

Já ouvi de uma *coachee*[3] que ela fez aulas de balé por 20 anos e nesse período nunca recebeu ao menos um elogio parabenizando pelas suas evoluções. Mas as pessoas não fazem isso por maldade, é a nítida intenção positiva dos professores de "não elogiar para não estragar" o aluno. Há um temor de que o elogio gere a acomodação, mas como as pessoas não são elogiadas, elas mesmas não aprendem a se valorizar e a reconhecer o valor das suas ações.

Adota-se internamente esse padrão de "supercobrança" e as pessoas passam a se cobrar excessivamente, valorizando muito mais os erros do que os acertos de uma forma até mais severa que os seus pais e professores. Isso acontece como um modo de "honrar" os modelos, as pessoas que admiramos e de quem gostaríamos de merecer a admiração, aceitação, aprovação e até o amor.

Quando os pais, professores ou outras pessoas que se tornam modelos de referência são "superapoiadores" e incentivam excessivamente os filhos, depositando neles muitas expectativas e valorizando-os demais, eles também não aprendem a desenvolver uma autonomia de autovalorização. Quando as pessoas não aprendem a se valorizar e a reconhecer o mérito das suas ações, ainda que realizem algo extraordinário, apenas se sentirão felizes e satisfeitas sobre aquelas ações se e quando alguém fornecer a valorização externa.

Algo frequente é um dos filhos receber "supervalorização" e a(o) irmã(o) receber "supercobrança". Por alguma razão os pais sentem a necessidade de desequilibrar essa forma de tratamento e o resultado geralmente é que os que foram "supervalorizados" seguem na vida sempre dependentes e carentes da valorização externa enquanto os que foram "supercobrados" tendem a aprender a gerar uma autovalorização autônoma, quando conseguem lidar positivamente com a falta de valorização externa.

3 Cliente em um processo de *coaching*.

Vale a máxima: aquilo que a vida não me dá é meu professor para que eu aprenda a ter. Se não recebo valorização externa, eu mesmo preciso aprender a me valorizar. Se me falta incentivo externo, preciso aprender a me incentivar. Se as pessoas não parabenizam as minhas ações e conquistas, é necessário que eu mesmo aprenda a fazer isso. Mas é preciso se ter consciência disso, dessa necessidade da criação de um recurso autonomamente e até da prática de modelagem, de aprender a copiar aquele tipo de comportamento ou *mind set* de alguém que lhe sirva de modelo.

DEMISSÃO DO MODELO DE CRÍTICO INTERNO SABOTADOR E ADMISSÃO DO MODELO APOIADOR

O segredo é tomar consciência do motivo das suas ações mudar o seu modelo de crítico para alguém que o ajude a se valorizar e a reconhecer as suas ações, que o oriente a aprender com os seus erros sem culpa excessiva e também para que nunca fique na zona de conforto e busque energia no sonhador para que o realizador consiga evoluir continuamente.

Por respeito, as pessoas tendem a manter o padrão de comportamento do crítico interno conforme aprendido com o seu modelo, com os pais ou professores.

É preciso mudar o *mind set*, o padrão de interpretação diante dos erros e a forma de nos julgarmos:

- de: "*Quando erro eu me sinto um incompetente*";
- para: "*Posso aprender com os meus erros e evoluir, pois todo mundo erra. Cometer erros na busca dos acertos é algo normal. Não vou permitir que os meus erros me destruam. Vou usá-los para me melhorar*".

OS ERROS NOS APROXIMAM DOS ACERTOS

Acertamos quando "já sabemos" e erramos quando precisamos aprender algo que ainda não sabemos. Os acertos trazem menos aprendizados do que os erros.

Quando alguém está estudando e respondendo questões, os acertos demonstram o que já está dominado da matéria e os erros apontam aquilo que precisamos estudar mais.

Interpretar os erros, "o momento mágico", com gentileza e paciência é algo fundamental para que possamos aprender de fato com eles. Quando interpretamos os insucessos com um autojulgamento severo, pelo crítico interno sabotador com o *mind set* da cobrança, deixamos de dedicar tempo e energia para aprender com eles e tendemos a repeti-los. Se as nossas falhas são interpretadas com um autojulgamento rígido, elas são recebidas com frustração, o que gera uma culpa acentuada e a nossa autoimagem sofre um achatamento. Os primeiros erros geram alguns gramas de culpa, como não aprendemos com eles pelo autojulgamento negativo tendemos a repeti-los, gerando alguns quilos de culpa por isso. O tempo passa, os insucessos se somam e também toneladas de culpa, tornando a autoimagem cada vez menor.

SEJA BEM-VINDO, CRÍTICO APOIADOR

É necessário identificar os padrões antigos que foram modelados, copiados de alguém que serviu de referência no passado, ressignificando os pensamentos e sentimentos negativos e eleger um novo modelo de crítico interno apoiador, alguém na vida real que o incentive, apoie e tranquilize quando as coisas derem errado, que o acalme diante dos problemas e desafios.

Para que essa troca de modelo de crítico interno aconteça, é necessário que se crie um momento de consciência, respeito, gratidão por tudo o que o modelo de crítico antigo foi capaz de ensinar e, em alguns casos, até de perdão por alguma falha, erro, excesso ou omissão cometidos por ele. É como se fosse criada uma carta mental para o pai, mãe ou filho.

A) Modelo de carta para os que receberam "supercobrança":

"Querido pai, querida mãe, eu os amo, os admiro, os respeito e sou grato por tudo o que me ensinaram, por tudo o que fizeram e ainda fazem por mim. Eu os perdoo (pai e/ou mãe) por terem me cobrado tanto e não terem valorizado minhas ações, pois agora entendo que fizeram isso para que eu melhorasse como pessoa, para que não me acomodasse na zona de conforto e buscasse sempre atingir todo o meu potencial, e ser cada vez melhor. Quando vocês focavam mais nos meus erros do que nos meus acertos eu me sentia mal, desvalorizado, incompetente. Parecia que nunca era o suficiente para vocês, mas agora entendo que essa era a forma que tinham para expressar o amor de vocês e de contribuir para a minha

evolução. Por isso, eu os perdoo, pois cada um dá o que tem e cada um recebe com o coração que tem. Hoje o meu coração recebe com gratidão tudo o que me ensinaram e a partir de agora eu mesmo vou me apoiar, valorizar as minhas ações e me incentivar, com paciência, gentileza e buscando a minha excelência, do meu jeito, no meu tempo. Hoje tenho um novo modelo de crítico interno apoiador".

B) Modelo de carta para os que receberam "superapoio":

"Querido pai, querida mãe, eu os amo, os admiro, os respeito e sou grato por tudo o que me ensinaram, por tudo o que fizeram e ainda fazem por mim. Eu os perdoo (pai e/ou mãe) por terem colocado tantas expectativas em mim e me elogiado tanto. Hoje entendo que essa foi a forma que encontraram para me incentivar. Isso acabou gerando uma exigência interna muito grande e acabei me cobrando demais para corresponder as suas expectativas e não decepcioná-los. Agora eu entendo que vocês esperavam muito de mim pelo desejo que sempre tiveram de me ver bem e cada vez melhor, com sucesso e feliz. Quando vocês me elogiavam demais eu não tive a oportunidade de aprender a me valorizar e a reconhecer o valor das minhas ações e até duvidava de mim mesmo por não acreditar que eu era aquilo tudo. Por isso, eu os perdoo, pois cada um dá o que tem e cada um recebe com o coração que tem. Hoje o meu coração recebe com gratidão tudo o que me ensinaram e a partir de agora eu mesmo vou me apoiar, valorizar as minhas ações e me incentivar, com paciência, gentileza e buscando a minha excelência, do meu jeito, no meu tempo. Hoje tenho um novo modelo de crítico interno apoiador para me ajudar a me preocupar menos com o que as pessoas pensam sobre mim e a entender que devo me orgulhar pelas minhas ações, mesmo quando os erros acontecerem, pois ninguém é perfeito, todo mundo erra e é errando que aprenderei cada vez mais, me aproximando do sucesso. A única forma de decepcionar as pessoas que eu amo é sendo desonesto e não tendo caráter, o que é muito diferente de errar na busca da realização dos meus objetivos".

DIÁLOGO DIÁRIO COM AS TRÊS PARTES

É necessário dedicar alguns minutos por dia para alinhar as suas três partes para que elas funcionem cada vez melhor, principalmente o crítico interno.

Recomendo que você crie agora mesmo um alarme no celular para que em sessenta segundos as três partes sejam orientadas:

- sonhador: *fé, foco e força de vontade de aço puro!*
- realizador: *pancada, pra cima, sem mimimi!*
- crítico: *conto com o seu apoio para aprender com os erros e valorizar os acertos!*

OS CINCO PILARES DA IMUNIDADE EMOCIONAL

Depois de 18 anos acompanhando milhares de pessoas em processos de *coaching*, identifiquei cinco itens básicos para que os aspectos que geram a ansiedade sejam controlados. Eles precisam ser cultivados como quem cuida de um jardim, para que esses recursos sempre estejam disponíveis e ativados para que possamos aplicá-los em todas as situações e áreas da vida.

A) Fé: vai dar certo!

Fé é a capacidade de acreditar que você será capaz de fazer dar certo até dar certo, de que você não está sozinho para superar as dificuldades e desafios da vida e, para aqueles que acreditam, de colocar a sua vida nas mãos de Deus e confiar na providência divina. Ter fé não é ter a ilusão de que as coisas não vão dar errado e sim a certeza de que você vai tentar até conseguir, que o sucesso é uma questão de tempo e energia e que ele é o seu destino inevitável;

Quando se perde a fé vem o desespero, o desânimo. *Para que vou continuar a tentar, se não vai dar certo mesmo?* Um coração cheio de fé não tem espaço para permitir que o medo o domine e paralise diante dos desafios.

A sua fé diz mais sobre você mesmo(a) do que sobre uma relação com algo externo. Acreditar em uma força maior faz parte da sua fé. Ter a certeza de que essa energia o conduz e cuida na busca das suas realizações é colocar em prática, fazer uso da sua fé.

Recomendo o texto bíblico em Mateus 14.20, onde Cristo caminha sobre as águas.

B) Paciência: cada coisa no seu tempo.

Quando se perde a paciência, vem a pressa, a angústia e a ansiedade para que as coisas aconteçam cada vez mais rápido. Vivemos em uma sociedade imediatista e acostumada com a agilidade das respostas do WhatsApp. A comida é o *fast-food*, os relacionamentos são instantâneos e os resultados estão sendo cobrados cada vez mais cedo.

A frase *"eu não posso errar, não tenho mais idade para perder tempo"*, escutei de uma *coachee* de 21 anos. Atualmente há crianças que se sentem atrasadas, pois ainda não fizeram o que os seus ídolos fazem, que ainda não têm o que os seus amigos já conquistaram.

A busca pelos resultados é imediata e por muitas vezes esquece-se de que "há tempo de plantar, de cuidar e de colher". Tudo na vida tem o seu tempo e isso também serve para cada pessoa desse planeta. Nunca cometa o erro de se comparar com ninguém. Se você subir em uma esteira e ficar olhando para o cronômetro dela, o tempo vai parecer não passar. Se cair no erro de se comparar com o corredor profissional com anos de experiência na esteira logo ao lado, vai se desanimar e pode se lesionar na tentativa de correr na mesma velocidade que ele.

C) Paz interior: ainda que eu esteja em uma guerra, decido me manter em paz.

Absolutamente nada e nem ninguém deveria ter a permissão de tirar o seu equilíbrio, a sua tranquilidade para enfrentar os desafios da vida. Muitas pessoas vão fazer comentários inconvenientes e às vezes até maldosos, mas a decisão de filtrar o que entra ou não precisa ser sua.

Quando perdemos a paz interior, nos envenenamos pela raiva e nos irritamos por qualquer coisa e permitimos que o caos que acontece lá fora tenha acesso dentro de nós.

É justamente quando nada parece dar certo e não há ninguém para apoiá-lo que precisa manter a sua paz para aumentar as suas chances de encontrar as soluções diante dos desafios.

A paz interior é um recurso fundamental para deixar as guerras, crises e tempestades da vida fora de nós e manter a nossa calma para que a fé não seja abalada e também para manter a autoconfiança, que deriva da capacidade de exercer a autovalorização.

Paz interior não significa passividade e sim manter a guarda alta, nos protegendo enquanto lutamos o bom combate.

D) Autovalorização: eu sei quem sou, sei o meu valor, sou o dono da régua que me mede.

Quando nos esquecemos de quem somos, da nossa força e capacidade de realização, de tudo o que já superamos e conquistamos na vida, de valorizar a nossa história, nos sentimos pequenos diante dos desafios e perdemos a autoconfiança para superá-los.

A autovalorização com bom senso e equilíbrio passa longe da arrogância e da soberba. *Eu não sou perfeito, ninguém é, mas eu sei o meu valor.*

Esse recurso permite o desenvolvimento de uma imunidade sobre as críticas, cobranças e pressões externas. *Aquilo que as pessoas pensam sobre mim não muda em nada a minha vida.*

É uma estratégia importante para que se aprenda a lidar com os seus insucessos. *Os meus erros não me definem. Posso aprender com eles, com paciência, gentileza e evoluir, deixando o passado no passado.*

A autovalorização é um exercício de gratidão pelo que somos, fazemos e temos. É perceber o quanto já conquistamos para fortalecer a nossa autoimagem na busca de novas realizações. *Com a alegria do que faço hoje, farei ainda mais amanhã.*

E) Gentileza: Eu não preciso ser perfeito para realizar os meus sonhos.

Ser gentil com as outras pessoas é algo socialmente bem aceito. Alguém que é gentil com as outras pessoas é admirado, mas ser gentil consigo mesmo(a), principalmente diante dos insucessos, é um grande desafio.

Tendemos a cobrar muito de nós mesmos, quando o crítico interno não encontra uma forma saudável de equilibrar o apoio e o incentivo para a superação contínua.

A gentileza é o amor colocado em prática, um zelo, um cuidado necessário consigo mesmo, a capacidade de aceitar a sua humanidade em busca da excelência, pois você não precisa ser perfeito para realizar os seus sonhos, mas pode ser cada vez melhor.

Ela traz a capacidade de perdão, tão necessária para perdoar as outras pessoas quanto para que possamos nos perdoar das nossas falhas, limitações e insucessos. Aprender a lidar com a culpa é fundamental para a manutenção da autoimagem e, consequentemente, para o fortalecimento da fé e da autoconfiança.

CALIBRANDO OS CINCO RECURSOS DA IMUNIDADE EMOCIONAL

Logo quando acordar, antes mesmo dos 60 segundos conversando com as suas três partes internas (crítico, sonhador e realizador), ainda na cama, é muito importante que você regule cada um dos cinco recursos da imunidade emocional.

Pergunte-se: *Como está a minha fé? Como eu poderia ter mais fé na minha vida e na superação de cada desafio dela?*

Você pode fechar os olhos e imaginar um encontro com um modelo doador de fé. Todos os dias, logo quando acordo, fecho os olhos e me imagino encontrando com Deus, caminhando com Ele em uma praia e recebo fé. Visualizo uma energia azul saindo das mãos de Deus, faço uma respiração profunda e digo em voz alta: seja bem-vinda, fé. Penso um segundo sobre como posso fortalecer a minha fé e recebo uma dose extra desse recurso do Morpheus (do filme Matrix), me conecto com o desejo de realizar os meus sonhos e alinho a minha capacidade de acreditar em mim mesmo e na luz que me guia para tornar as missões que me foram dadas em missões cumpridas.

Nessa caminhada na praia com Deus encontro com um monge que me doa paciência. Uso a minha respiração para sintonizar essa energia que tem uma cor específica e que me ensina a ter mais paciência.

Caminho mais um pouco e encontro com o Rei Leônidas de Esparta, Usain Bolt e com o Anderson The Spider Silva. Os três, cada um do seu jeito, me ensinam a cuidar da minha paz interior. Eles enfrentaram situações extremamente desafiadoras e se mantiveram em paz.

Na caminhada, encontro-me com a minha versão do futuro, com o meu "eu do futuro" que já realizou vários itens do meu cartaz dos sonhos e ele me doa o recurso da autovalorização. Em voz alta, repito: "*Eu sei quem eu sou, sei o meu valor, valorizo a minha história e ações, sou o dono da régua que me mede*".

Finalmente, encontro-me com o Papa Francisco, o meu modelo de gentileza, para que eu aprenda a me tratar com gentileza, lembrando-me de que sou humano, falível, jamais perfeito, mas sempre melhor. Junto com a gentileza, recebo o recurso do perdão, para que eu me perdoe sobre os meus erros e também tenha a mesma capacidade de perdoar as pessoas quando elas falharem comigo e possa tratá-las com gentileza ainda que elas não ajam da mesma maneira.

Essa caminhada não dura mais do que dois minutos e me garante começar o dia "calibrando" os recursos que serão necessários para que ele seja excelente.

Vale lembrar que cada pessoa precisa definir os seus próprios modelos doadores dos recursos (mais de um), pois eles são muito pessoais e dependem da necessidade do momento. A paz interior do Rei Leônidas de Esparta, por exemplo, a tranquilidade diante do perigo iminente, de uma guerra, onde a ação é necessária, em alguns momentos talvez seja mais útil do que a paz interior da Madre Teresa de Calcutá.

Recomendo o vídeo ENCONTRANDO DEUS,

<https://youtu.be/iB-L9h2mGw4>

ÂNCORA DE ATIVAÇÃO DOS RECURSOS

Ao longo do dia esses mesmos recursos podem ser reativados por meio de uma âncora, um movimento físico usando os dedos das mãos. Basta definir um dos dedos da mão para cada um dos cinco recursos básicos da imunidade emocional.

Quando estou dirigindo, apenas ouvindo música e pensando na vida, em uma corrida na academia ou até em um breve intervalo nos estudos ou trabalho, basta dobrar o dedo mindinho e me conecto com a minha fé, automaticamente a respiração torna-se mais profunda e me conecto com os meus modelos doadores de fé.

Mais ou menos dez segundos após conectar-me com a minha fé, dobro o dedo anelar e passo para a paciência, respiro fundo e me concentro nos modelos doadores desse recurso.

Alguns segundos depois passo para a paz interior e dobro o dedo médio, sempre respirando fundo e me concentrando nos modelos doadores, imaginando um encontro com eles.

Em seguida, passo para o encontro com o Tony Stark (Homem de Ferro) e me conecto com a autovalorização (eu sei quem eu sou), respirando fundo e me concentrando nesse recurso e lembrando de dobrar o dedo indicador.

Finalmente dobro o polegar e me conecto com a gentileza do Papa Francisco.

Repito esse ciclo por algumas vezes sempre dobrando um dos dedos da mão relacionados aos recursos.

Essa prática funciona como um tipo de meditação, em que se pode imaginar uma interação com as pessoas que são modelos doadores de cada recurso e sempre usando a respiração como uma forma de conexão a ele.

É como se cada pessoa que me doa um dos recursos me ensinasse o seu jeito de ter mais fé, paciência, paz interior, autovalorização e gentileza.

APLICAÇÃO ESPECÍFICA DOS CINCO RECURSOS DA IMUNIDADE EMOCIONAL

Logo no início do presente capítulo foi mencionada a pergunta de ouro: "*Como você se sente nessa situação ou sobre esse assunto?*" Ela é fundamental para que possamos entender como estamos sendo afetados pelos nossos pensamentos e sentimentos. Essa compreensão é muito importante para que seja possível dominar esses sentimentos e não ser dominado por eles.

Quando pergunto para alguém sobre como se sente sobre os seus insucessos, geralmente a resposta é culpa, frustração ou vergonha.

Quando pergunto sobre como ela se sente sobre os próximos desafios, a próxima prova, frequentemente a resposta é medo, desespero ou insegurança.

O próximo passo é dar as boas-vindas a cada um desses pensamentos ou sentimentos, uma ação aparentemente esquisita, pois não é nada agradável falar em voz alta "*Seja bem-vindo, medo!*", tentando perceber como é esse medo, de onde ele vem, qual a razão de ele existir.

Mas, como não é possível resolver um problema que não se conhece, é necessário fazer uma espécie de radiografia desse sentimento e tentar se aproximar dele, se conectar com ele para que se possa aprender a lidar com ele.

A nossa primeira reação quando temos algum pensamento ou sentimento negativo é tentar fugir deles e nos afastar do incômodo que geram, mas a pior forma de tentar resolver um problema é fingir que ele não existe.

Por isso esse método é tão importante, falar em voz alta a frase: SEJA BEM-VINDO, __________ (pensamento ou sentimento).

Depois que se deu as boas-vindas ao sentimento e já o compreendemos melhor, chegou a hora de angariar os cinco recursos para que possamos lidar melhor com ele e superá-lo. Nesse exemplo, quando você se conectar com a fé, ela será ajustada a esse medo, sobreposta a ele, como se com a fé você aprendesse a dominar esse medo. Se o exemplo fosse sobre raiva, seria uma forma diferente de se usar a fé. Agora basta passar pelos cinco recursos da imunidade emocional, se conectando com modelos doadores, respirando profundamente e se concentrando em como cada recurso pode ajudá-lo especificamente a superar o medo.

Recomendo o vídeo RECEBENDO RECURSOS:

<https://youtu.be/qXtcT_DM9Hc>

Capítulo 11

Calendário do Sucesso

Pensando em tornar o estudo ainda mais produtivo, desenvolvemos uma ferramenta muito útil que vai ajudar a ter disciplina para implantar a prática dos Mapas Mentais e as técnicas de Memorização na sua rotina de estudos. Trata-se de um calendário com apenas 31 folhas. Cada folha é correspondente a um dia do mês e deve ser visualizada a cada mês. Em cada folha existem cinco elementos:

1. A "Dica do dia", com informações sobre como colocar em prática os Mapas Mentais e as técnicas de Memorização.
2. A "Meta do dia", um espaço em branco para que você mesmo(a) escreva uma meta pessoal ou profissional para ser lembrada naquele dia, como a sua aprovação, por exemplo.
   a. Recomendamos que você escolha cinco metas ou hábitos para implantar por vez. Escreva a 1ª meta no dia 1º, a 2ª meta no dia 2 e assim por diante. No dia 6, você vai repetir a meta do dia 1º; no dia 7, vai repetir a meta do dia 2; e assim por diante. No final do mês, você terá lembrado de perseguir as cinco metas por seis vezes.
   b. Ao perceber que uma meta já foi realizada ou hábito já foi implantado, retire-a(o) do calendário e insira uma nova meta ou hábito.
   c. Exemplos de metas e hábitos a serem implantados: boa alimentação, exercícios físicos, uso das redes sociais com moderação, disciplina para cumprir o Planejamento de Estudos, persistência, exercício da fé (crer no sucesso), organização, sono (dormir e acordar nos horários corretos) etc.

3. Uma imagem[1] e uma frase motivadora que tragam inspiração para persistir na "Meta do dia" e também para colocar em prática a "Dica do dia".
   a. Sugerimos que algumas das imagens atuais do Calendário do Sucesso sejam substituídas pelas imagens do seu "Cartaz dos Sonhos".

Trata-se de um calendário que serve para o ano todo, por posssuir apenas a identificação dos dias em suas páginas (sem referêcias a mês e ano), ou seja, as páginas se repetirão uma vez por mês.

COMO USAR O CALENDÁRIO DO SUCESSO

Imprima e recorte, segundo as instruções, as 31 folhas do Calendário do Sucesso, que se encontram disponíveis para download em diversos formatos no site da Editora Impetus (www.impetus.com.br), encaderne--as, colocando um espiral. Esse serviço pode ser feito em qualquer papelaria ou gráfica rápida.

Se você quiser apoiá-lo em sua mesa, como um calendário, basta, com uma cartolina ou papelão mais rígido, criar um triângulo que servirá como base para que o Calendário do Sucesso fique em pé posicionado em cima de uma mesa ou local visível. Peça para que as pessoas que convivem com você te lembrem da importância de cumprir as metas e dicas nele existentes.

Todos os dias vire uma folha, colocando na folha do dia sua motivação/atividade/desejo para o dia, e dedique um breve momento para refletir sobre o que está escrito e sobre sua imagem. Conte-nos o que achou do projeto por meio de nossas redes sociais.

Mãos à obra! Agora é #FazerDarCertoAtéDarCerto

"Concurso não se faz para passar, mas até passar."
(William Douglas - Mantra nº 2)

---

1 Todas as imagens utilizadas no calendário foram obtidas pelo autor Felipe Lima por meio do banco de imagens virtual Stock Xchng e são de uso livre. (Fonte: http://www.sxc.hu/)

Capítulo 12

Como os mapas mentais podem ajudar a ter clareza para pensar e tomar decisões

*"A grandeza do homem consiste na sua decisão de **ser mais forte** que a condição humana."*
(Albert Camus)

Uma **decisão** pode mudar uma vida. Mapas Mentais podem lhe ajudar a **pensar com clareza** e a tomar melhores decisões.

Quantas decisões você já tomou na sua vida que mudaram muita coisa para você e para tantas outras pessoas ao seu redor?

Vivemos em tempos de sobrecarga de informações, tarefas e decisões. Está tudo cada vez mais rápido, desde a forma de se alimentar, consumir conteúdos na internet, redes sociais e notícias sobre o mundo que vivemos.

É um mundo novo sem fronteiras, repleto de oportunidades, novas profissões e até ameaças à saúde física e mental.

Pensar com clareza é um diamante a ser lapidado para viver uma vida com o Novo Sucesso:

- Realização Profissional;
- Prosperidade Financeira;
- Alegria de Viver;
- Liberdade de Tempo;
- Saúde e Qualidade de Vida.

O antigo "Sucesso" era apenas terminar a faculdade, ter uma casa e um emprego. Ponto!

Sucesso, atualmente, vai muito além de atender esses três padrões básicos que foram passados de geração em geração.

Como diz o querido Roberto Shinyashiki: sucesso é ser feliz!

Mas além da Alegria de Viver, é preciso "crescer na vida".

O movimento de crescer faz parte da Alegria de Viver, prosperar financeiramente, trabalhar com aquilo que tem propósito na sua vida e que gera valor na vida das outras pessoas.

Ah... o tempo!

É importante ter "você" na sua agenda e cuidar de quem queremos bem, pois nenhum sucesso justifica um fracasso na família.

O grande desafio é vencer no jogo da vida sem ser uma pessoa ausente da sua própria vida e da vida daqueles que você quer bem.

Você não precisa **deixar de ser** quem você é
para chegar aonde quer!

Decisões: esse é o fator chave que muda o rumo de uma vida.

Mas como pensar de forma clara, tomar decisões com segurança e entender de forma objetiva tudo o que precisa ser considerado para dar o próximo passo?

O mapa mental é uma poderosa e simples estratégia para "esvaziar o HD", tirar da mente a sobrecarga de pensamentos, ideias e possibilidades, para escrever com eficiência aquilo que temos em mente.

Mapas Mentais nos permitem pensar com muito mais clareza, livre da confusão da vida cada vez mais corrida e cheia de desafios internos e externos. Com eles podemos ganhar velocidade na tomada de decisões estratégicas para viver uma vida com o Novo Sucesso.

Vamos partir para a prática?

Nas próximas páginas você vai ver na prática como os Mapas Mentais podem ajudar a tomar decisões com mais clareza e segurança para os seguintes itens:

1 Mudança de carreira;

2 Comprar um carro novo;

3 Mudança de cidade;
4 Relacionamentos afetivos;
5 A escolha de um curso de graduação;
6 Contratar ou demitir;
7 Vamos comprar ou alugar?

Qual é a melhor carreira para você?

Digamos que você precise tomar uma decisão de fazer uma **mudança de carreira**, por exemplo.

- Quais são os prós e contras de cada possibilidade?
- Quais são os riscos e oportunidades de cada caminho?
- O que eu já tentei antes e deu certo ou errado?
- Para quem eu posso pedir ajuda para entender melhor e pensar sobre as possibilidades?
- Como vai ser a minha vida em cada carreira?
- O que eu já sei ou preciso aprender para ter sucesso nessa carreira?
- Esse caminho tem coração (propósito) para mim?
- Eu prefiro a segurança do concurso público ou a liberdade de empreender?
- Será que essas crenças são minhas ou eu as herdei dos meus pais, da família ou das outras pessoas?

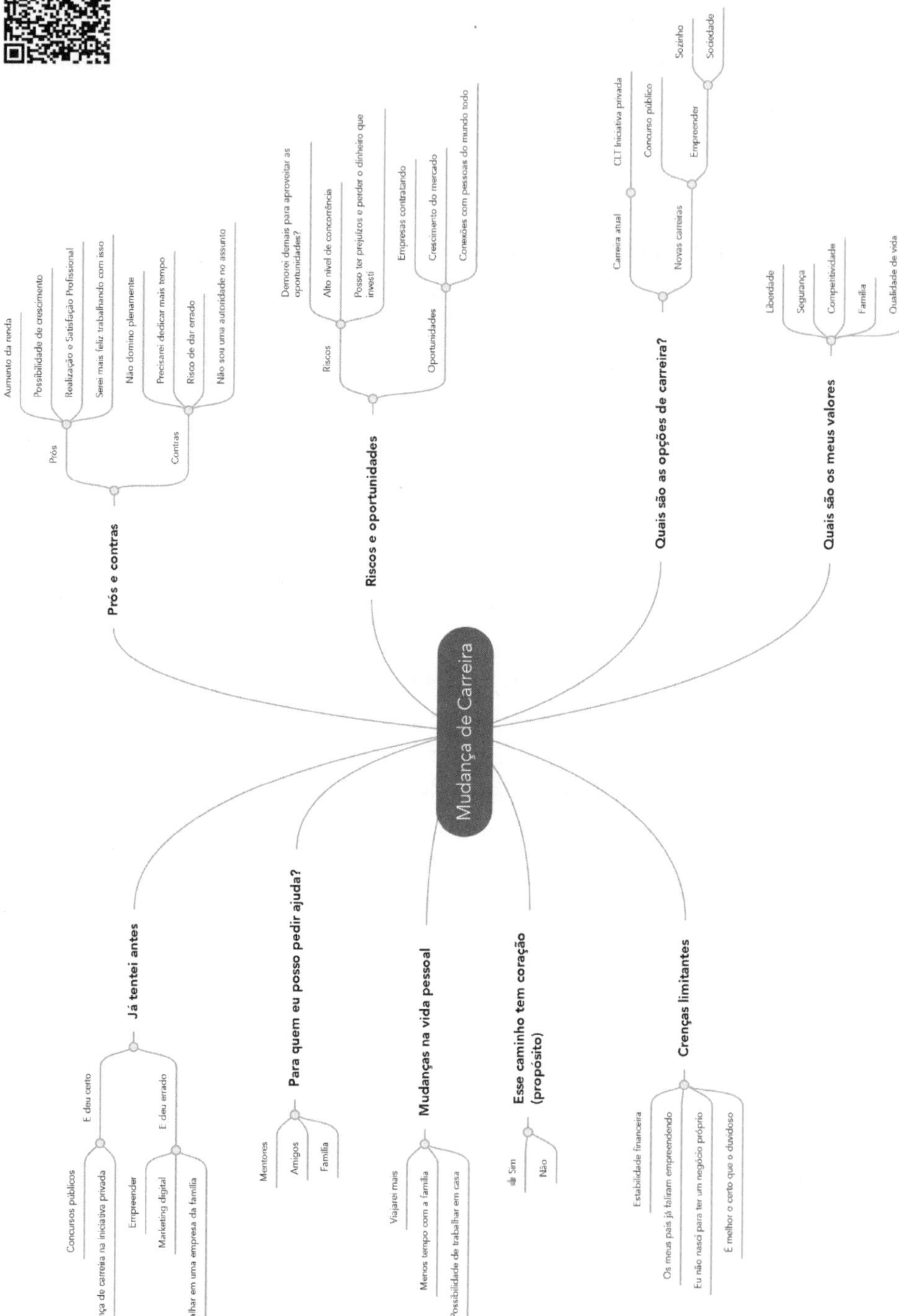
Mudança de Carreira
Prós e contras
Prós
Aumento da renda
Possibilidade de crescimento
Realização e Satisfação Profissional
Serei mais feliz trabalhando com isso
Contras
Não domino plenamente
Precisarei dedicar mais tempo
Risco de dar errado
Não sou uma autoridade no assunto
Riscos e oportunidades
Riscos
Demorei demais para aproveitar as oportunidades?
Alto nível de concorrência
Posso ter prejuízos e perder o dinheiro que investi
Oportunidades
Empresas contratando
Crescimento do mercado
Conexões com pessoas do mundo todo
Quais são as opções de carreira?
Carreira atual
CLT Iniciativa privada
Concurso público
Novas carreiras
Empreender
Sozinho
Sociedade
Quais são os meus valores
Liberdade
Segurança
Competitividade
Família
Qualidade de vida
Já tentei antes
E deu certo
Concursos públicos
Mudança de carreira na iniciativa privada
E deu errado
Empreender
Marketing digital
Trabalhar em uma empresa da família
Para quem eu posso pedir ajuda?
Mentores
Amigos
Família
Mudanças na vida pessoal
Viajarei mais
Menos tempo com a família
Possibilidade de trabalhar em casa
Esse caminho tem coração (propósito)
Sim
Não
Crenças limitantes
Estabilidade financeira
Os meus pais já faliram empreendendo
Eu não nasci para ter um negócio próprio
É melhor o certo que o duvidoso

E lá vamos nós buscar respostas para cada pergunta.

Estruturar cada pergunta e as suas respostas em um Mapa Mental pode facilitar muito a clareza para tomar decisões e até pedir ajuda para que outras pessoas possam unir forças contigo.

Vamos comprar um carro usando os mapas mentais?

Outras vezes a decisão é algo mais simples, como **comprar um carro** e você precisa entender o que você quer (tem que ter), não quer (não pode existir) ou gostaria (é negociável) na sua compra.

- Eu preciso de um carro mais econômico ou que me traga *status*?
- Seria um Sedan ou uma SUV?
- Quais são as marcas que eu prefiro?
- Para quem eu posso pedir ajuda que conhece muito de carro e pode me ajudar a tomar essa decisão?
- Pode ser um carro usado ou precisa ser novo?
- Qual é o valor que eu estou disposto a pagar?

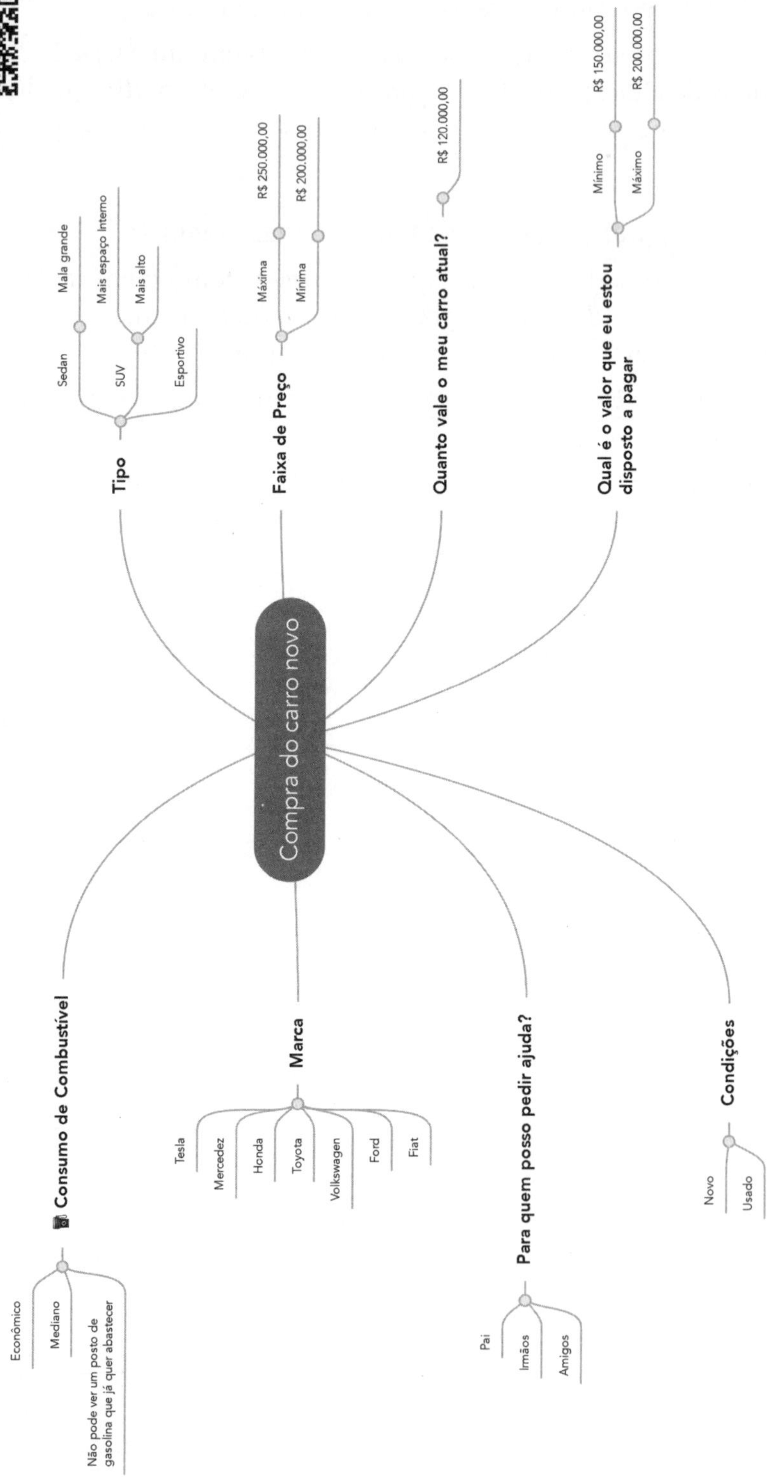
Compra do carro novo
Tipo
Sedan
Mala grande
SUV
Mais espaço Interno
Mais alto
Esportivo
Faixa de Preço
Máxima
R$ 250.000,00
Mínima
R$ 200.000,00
Quanto vale o meu carro atual?
R$ 120.000,00
Qual é o valor que eu estou disposto a pagar
Mínimo
R$ 150.000,00
Máximo
R$ 200.000,00
Consumo de Combustível
Econômico
Mediano
Não pode ver um posto de gasolina que já quer abastecer
Marca
Tesla
Mercedez
Honda
Toyota
Volkswagen
Ford
Fiat
Para quem posso pedir ajuda?
Pai
Irmãos
Amigos
Condições
Novo
Usado

Mudança de cidade

Você pode usar os Mapas Mentais para ter mais clareza sobre a decisão de mudar de **cidade** ou não.

- A cidade que eu moro traz as condições necessárias para viver uma vida feliz, próspera e com sucesso que eu desejo?
- Como seria uma cidade ideal para viver uma vida plena com a minha família?
- Morar longe ou perto da família?
- Prefiro uma cidade dentro ou fora do Brasil?
- Quais são as pessoas que eu conheço e com quem eu poderia conversar sobre a experiência de viver naquela cidade?

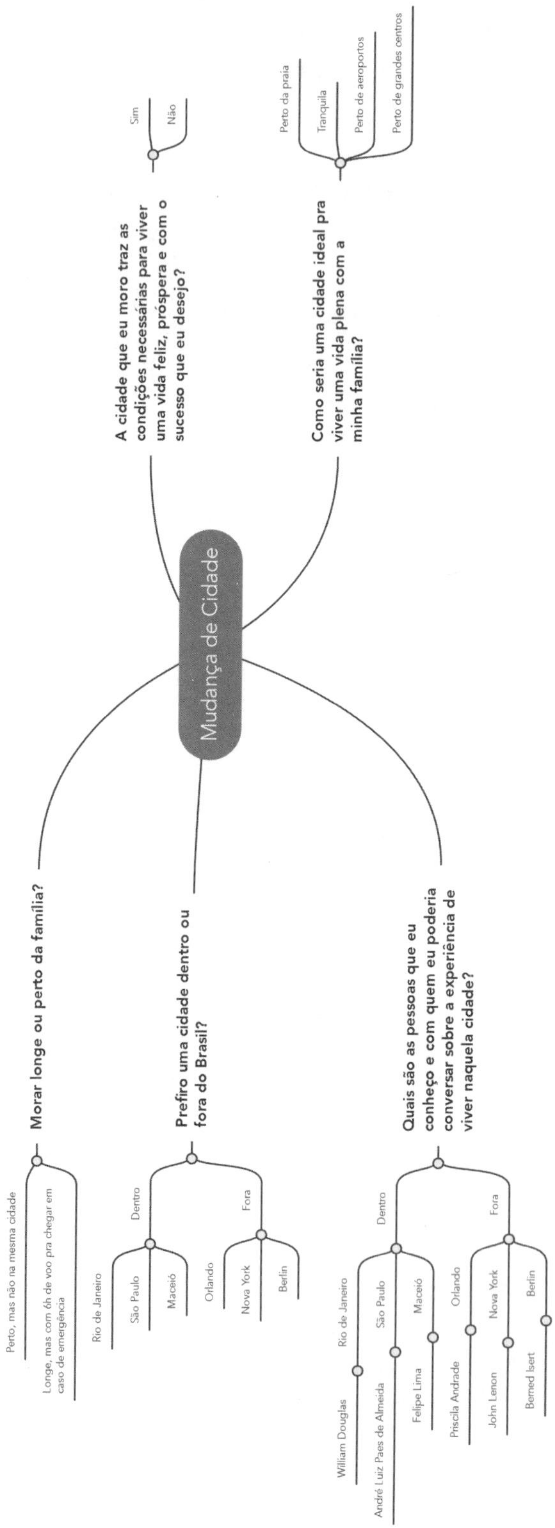
Mudança de Cidade
A cidade que eu moro traz as condições necessárias para viver uma vida feliz, próspera e com o sucesso que eu desejo?
Sim
Não
Como seria uma cidade ideal pra viver uma vida plena com a minha família?
Perto da praia
Tranquila
Perto de aeroportos
Perto de grandes centros
Morar longe ou perto da família?
Perto, mas não na mesma cidade
Longe, mas com 6h de voo pra chegar em caso de emergência
Prefiro uma cidade dentro ou fora do Brasil?
Dentro
Rio de Janeiro
São Paulo
Maceió
Fora
Orlando
Nova York
Berlin
Quais são as pessoas que eu conheço e com quem eu poderia conversar sobre a experiência de viver naquela cidade?
Dentro
Rio de Janeiro
William Douglas
São Paulo
André Luiz Paes de Almeida
Maceió
Felipe Lima
Fora
Orlando
Priscila Andrade
Nova York
John Lenon
Berlin
Berned Isert

Relacionamentos afetivos

Mas talvez a decisão possa ser sobre continuar ou não em um **relacionamento** e escrever em um Mapa Mental o que você sente e como o seu relacionamento está pode lhe ajudar a ter clareza sobre qual caminho seguir.

- O que tem de bom na nossa relação?
- Por que eu estou com essa pessoa?
- Como seria o relacionamento ideal para mim?
- Do que eu não posso abrir mão em um relacionamento?
- O que eu não posso admitir em um relacionamento?
- O que eu gostaria que existisse em um relacionamento, mas sou flexível sobre isso?

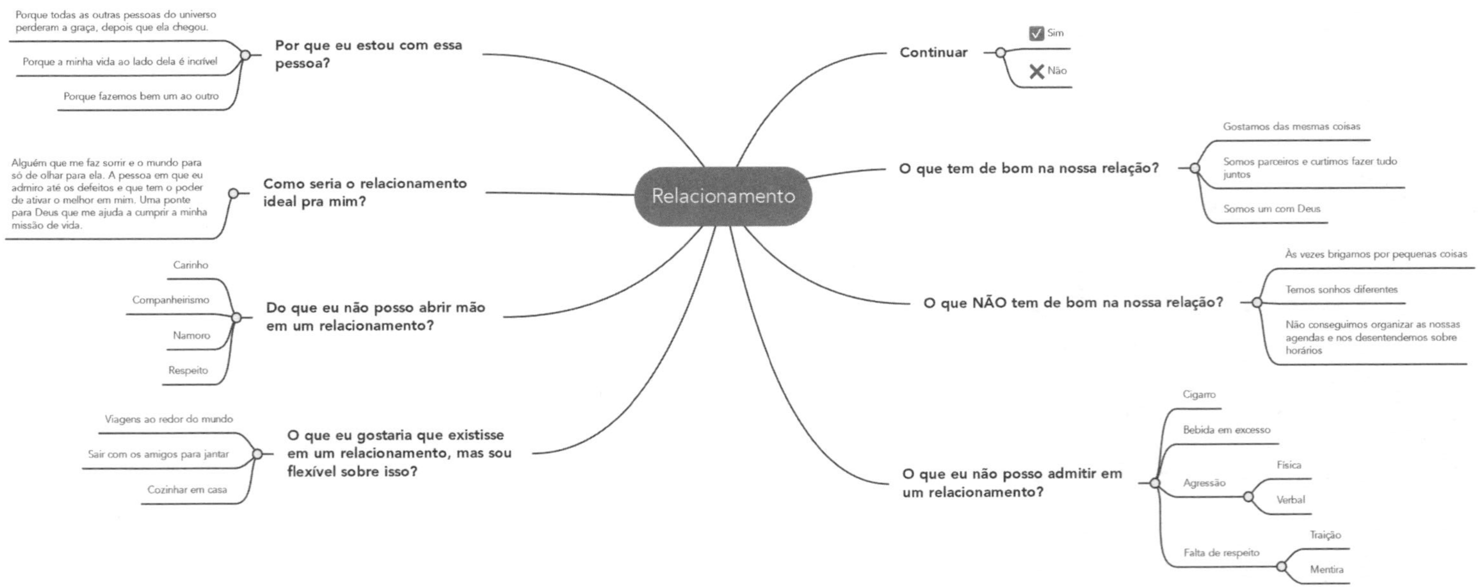
Relacionamento
Continuar
Sim
Não
O que tem de bom na nossa relação?
Gostamos das mesmas coisas
Somos parceiros e curtimos fazer tudo juntos
Somos um com Deus
O que NÃO tem de bom na nossa relação?
Às vezes brigamos por pequenas coisas
Temos sonhos diferentes
Não conseguimos organizar as nossas agendas e nos desentendemos sobre horários
O que eu não posso admitir em um relacionamento?
Cigarro
Bebida em excesso
Agressão
Física
Verbal
Falta de respeito
Traição
Mentira
Por que eu estou com essa pessoa?
Porque todas as outras pessoas do universo perderam a graça, depois que ela chegou.
Porque a minha vida ao lado dela é incrível
Porque fazemos bem um ao outro
Como seria o relacionamento ideal pra mim?
Alguém que me faz sorrir e o mundo para só de olhar para ela. A pessoa em que eu admiro até os defeitos e que tem o poder de ativar o melhor em mim. Uma ponte para Deus que me ajuda a cumprir a minha missão de vida.
Do que eu não posso abrir mão em um relacionamento?
Carinho
Companheirismo
Namoro
Respeito
O que eu gostaria que existisse em um relacionamento, mas sou flexível sobre isso?
Viagens ao redor do mundo
Sair com os amigos para jantar
Cozinhar em casa

A escolha de um curso de graduação

E se você precisar escolher um **Curso de Graduação**, por exemplo? Como seria esse Mapa Mental?

- Quais são os cursos pelos quais eu me **interesso**?
- Como é o **mercado** de trabalho para cada um deles?
- Quais são as **oportunidades** de negócio em cada área?
- Qual o **local** do curso?
- Qual o **valor** do investimento?
- Qual é o **modelo** do curso? EAD ou presencial?
- Quais são os **diferenciais** de cada Universidade?

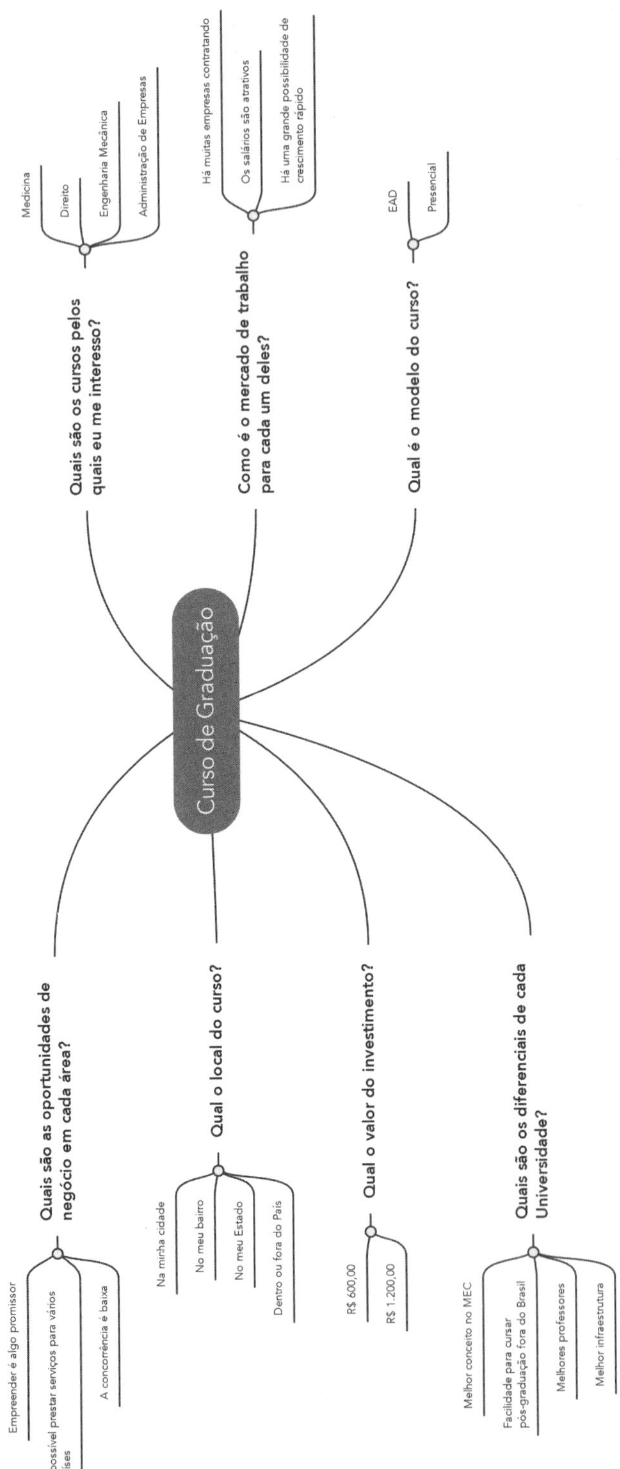

Curso de Graduação
Quais são os cursos pelos quais eu me interesso?
Medicina
Direito
Engenharia Mecânica
Administração de Empresas
Como é o mercado de trabalho para cada um deles?
Há muitas empresas contratando
Os salários são atrativos
Há uma grande possibilidade de crescimento rápido
Qual é o modelo do curso?
EAD
Presencial
Quais são as oportunidades de negócio em cada área?
Empreender é algo promissor
É possível prestar serviços para vários países
A concorrência é baixa
Qual o local do curso?
Na minha cidade
No meu bairro
No meu Estado
Dentro ou fora do País
Qual o valor do investimento?
R$ 600,00
R$ 1.200,00
Quais são os diferenciais de cada Universidade?
Melhor conceito no MEC
Facilidade para cursar pós-graduação fora do Brasil
Melhores professores
Melhor infraestrutura

Contratar ou demitir?

Digamos que você precise **contratar** um novo colaborador para a sua empresa e é importante ter clareza sobre quais aspectos devem ser considerados para que essa contratação seja a melhor possível.

- Quais são as **habilidades** que essa pessoa precisa ter?
- Qual é a **experiência** que eu gostaria que essa pessoa tivesse?
- Quais são os comportamentos e atitudes que essa pessoa **precisa ter**?
- Quais são os comportamentos e atitudes que essa pessoa **não pode ter**?
- Sobre o **local de trabalho**, pode ser home office ou precisa ser no escritório?
- Qual é a faixa de **remuneração** que podemos pagar?
- Qual é o melhor **modelo** de contratação? CLT ou PJ?

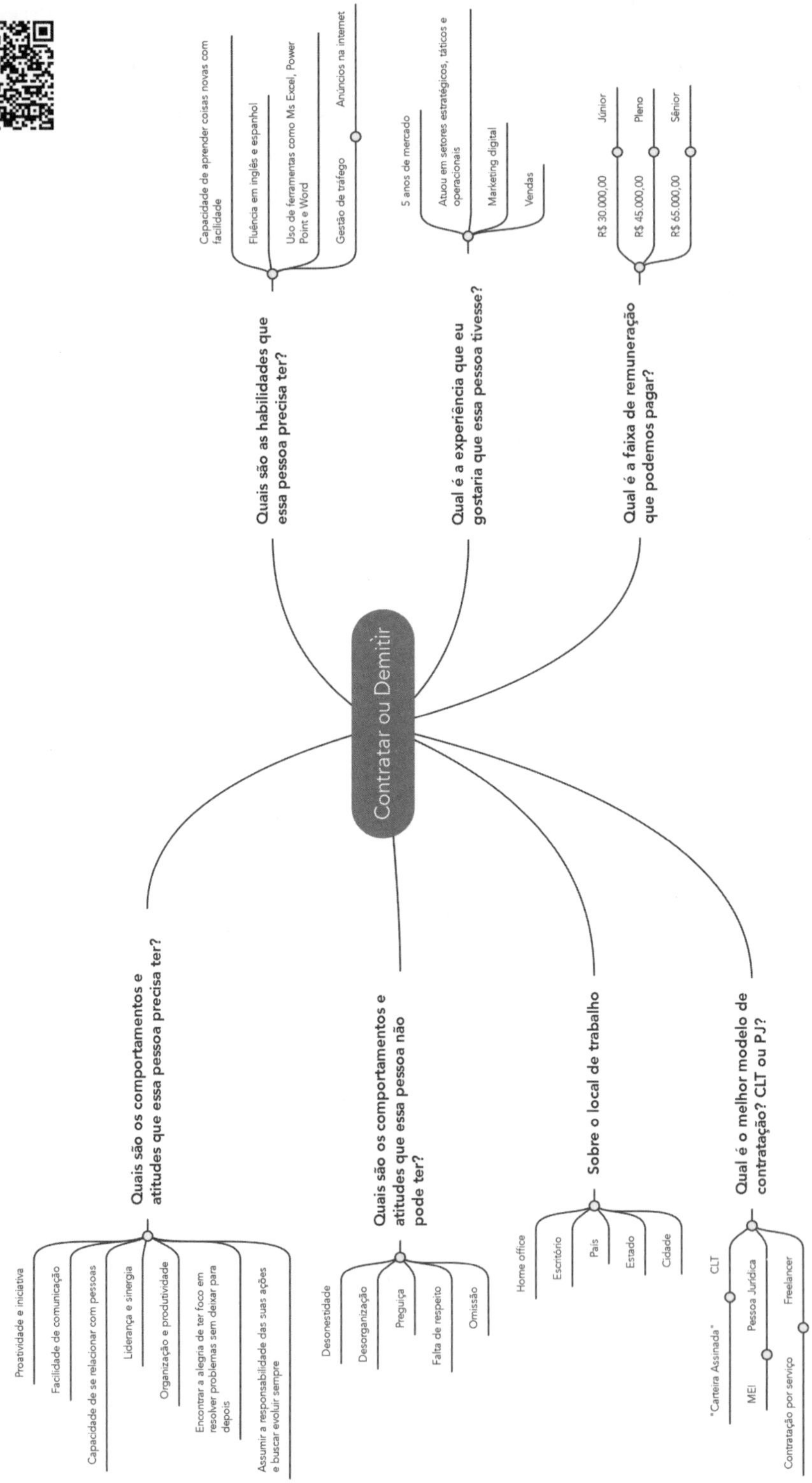
Contratar ou Demitir
Quais são as habilidades que essa pessoa precisa ter?
Capacidade de aprender coisas novas com facilidade
Fluência em inglês e espanhol
Uso de ferramentas como Ms Excel, Power Point e Word
Gestão de tráfego
Anúncios na internet
Qual é a experiência que eu gostaria que essa pessoa tivesse?
5 anos de mercado
Atuou em setores estratégicos, táticos e operacionais
Marketing digital
Vendas
Qual é a faixa de remuneração que podemos pagar?
R$ 30.000,00
Júnior
R$ 45.000,00
Pleno
R$ 65.000,00
Sênior
Quais são os comportamentos e atitudes que essa pessoa precisa ter?
Proatividade e iniciativa
Facilidade de comunicação
Capacidade de se relacionar com pessoas
Liderança e sinergia
Organização e produtividade
Encontrar a alegria de ter foco em resolver problemas sem deixar para depois
Assumir a responsabilidade das suas ações e buscar evoluir sempre
Quais são os comportamentos e atitudes que essa pessoa não pode ter?
Desonestidade
Desorganização
Preguiça
Falta de respeito
Omissão
Sobre o local de trabalho
Home office
Escritório
País
Estado
Cidade
Qual é o melhor modelo de contratação? CLT ou PJ?
CLT
"Carteira Assinada"
Pessoa Jurídica
MEI
Freelancer
Contratação por serviço

Vamos comprar ou alugar?

Talvez você precise tomar a decisão de **comprar ou alugar** uma casa nova ou apartamento e deve ter clareza sobre a melhor escolha a ser feita para você e para a sua família.

- Qual é o imóvel de minha preferência?
- Qual é o mais seguro?
- Quais são os custos de cada tipo de imóvel?
- Quais são as vantagens de alugar?
- Quais são as desvantagens de alugar?
- Quais são as vantagens de comprar?
- Quais são as desvantagens de comprar?
- Para quem eu posso pedir ajuda?
- Qual é a melhor localização?
- Quais são as características do imóvel?

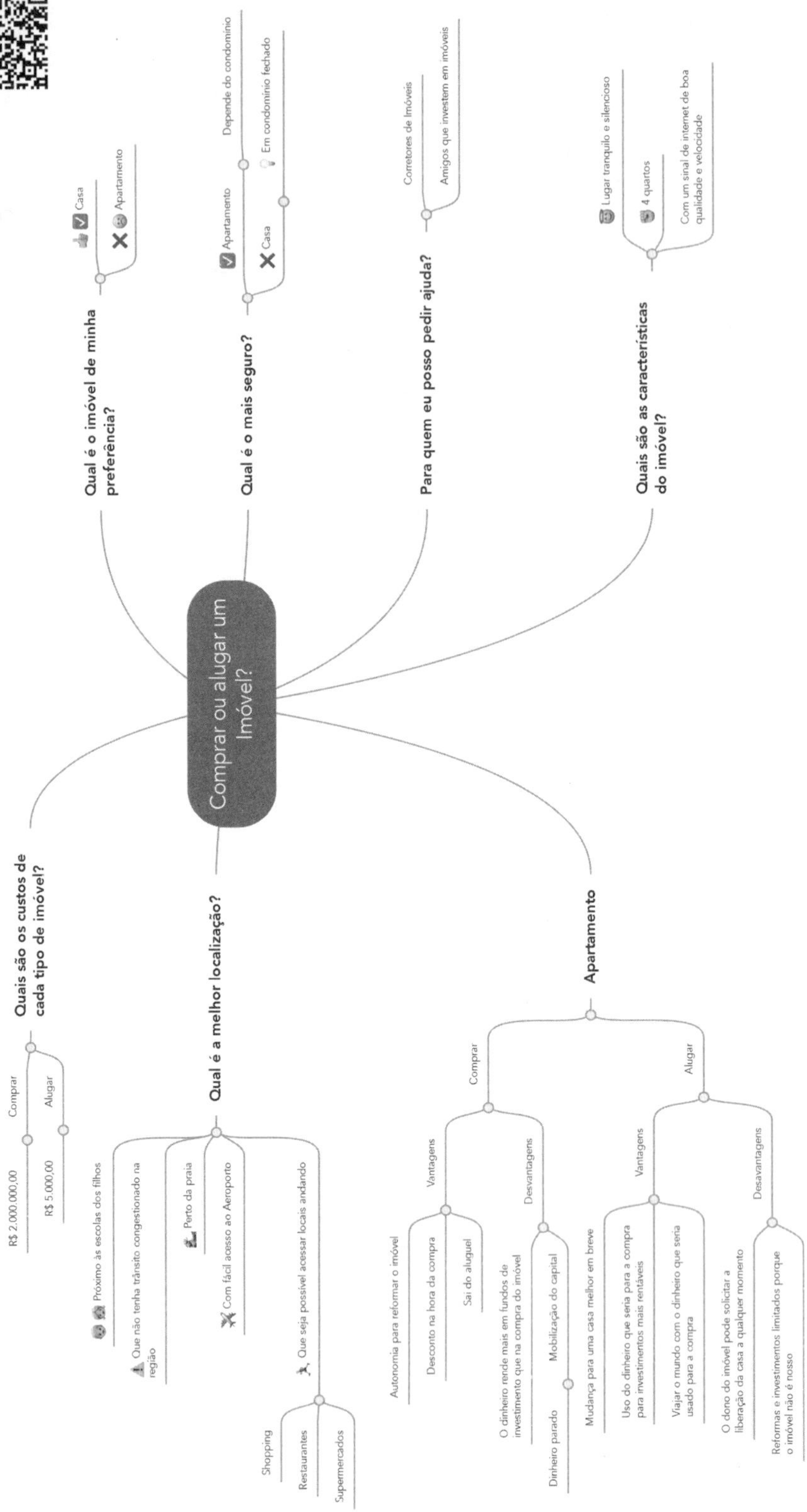

Comprar ou alugar um Imóvel?
Qual é o imóvel de minha preferência?
Casa
Apartamento
Qual é o mais seguro?
Apartamento
Depende do condomínio
Casa
Em condomínio fechado
Para quem eu posso pedir ajuda?
Corretores de Imóveis
Amigos que investem em imóveis
Quais são as características do imóvel?
Lugar tranquilo e silencioso
4 quartos
Com um sinal de internet de boa qualidade e velocidade
Quais são os custos de cada tipo de imóvel?
Comprar
R$ 2.000.000,00
Alugar
R$ 5.000,00
Qual é a melhor localização?
Próximo às escolas dos filhos
Que não tenha trânsito congestionado na região
Perto da praia
Com fácil acesso ao Aeroporto
Que seja possível acessar locais andando
Shopping
Restaurantes
Supermercados
Apartamento
Comprar
Vantagens
Autonomia para reformar o imóvel
Desconto na hora da compra
Sai do aluguel
Desvantagens
O dinheiro rende mais em fundos de investimento que na compra do imóvel
Dinheiro parado
Mobilização do capital
Mudança para uma casa melhor em breve
Alugar
Vantagens
Uso do dinheiro que seria para a compra para investimentos mais rentáveis
Viajar o mundo com o dinheiro que seria usado para a compra
Desvantagens
O dono do imóvel pode solicitar a liberação da casa a qualquer momento
Reformas e investimentos limitados porque o imóvel não é nosso

Importante:

Você pode começar a escrever os Mapas Mentais sempre do centro para as extremidades e deixar o pensamento fluir, simplesmente anotando aquilo que surge na mente.

Quando terminar de escrever as ideias, pensamentos e possibilidades, basta reorganizar o mapa mental para ter clareza do cenário atual e de qual seria a melhor decisão para o momento.

Essa é uma das grandes vantagens de fazer Mapas Mentais usando um programa de computador, como o Ms Power Point, Google Apresentações ou o Mind Mister, programa usado para elaborar os mapas mentais deste capítulo.

Você pode reagrupar as informações de tal forma a trazer a clareza necessária para todas as melhores decisões, diante de cada momento de vida que você esteja.

Antecipando dificuldades

A maior parte das pessoas raramente tem o hábito de escrever os prós e contras quando vão tomar decisões importantes. Apenas a ação de esvaziar o "HD da mente", escrevendo as possibilidades e ideias já vai lhe ajudar muito a ter clareza na forma de pensar, tomar decisões e agir.

Mas talvez no início seja tentador escrever as informações simplesmente como uma lista, um item abaixo do outro. Porém, ao experimentar fazer os mapas mentais, você vai perceber que a tomada de decisão será algo mais fácil e claro.

A experiência de elaborar Mapas Mentais, construindo cada ramo deles, é algo indescritível. É preciso viver essa experiência para conseguir entender o poder desse método tão simples e eficaz.

Capítulo 13

Comunicação Eficiente

Os Mapas Mentais são uma tradução visual da forma que pensamos. Sempre que você cria estruturas visuais de anotações que imitam neurônios, o poder de compreensão e retenção dessas informações é muito maior que uma simples escrita "monótona", linear (uma linha abaixo da outra) e em apenas uma cor.

Se você olhar para páginas diferentes de um livro comum, a estrutura de linhas serão muito parecidas.

Mas se você observar o Mapa de uma cidade comum, exceto Brasília ou outra cidade planejada, vai perceber que as diferentes formas ajudam a memorizar o traçado das ruas da cidade.

Vamos trazer um exemplo concreto: digamos que eu precise comunicar para você os pilares do método do Livro *Disciplina inabalável*, sobre o passo a passo para acabar com a **PROCRASTINAÇÃO** da sua vida.

Segue o passo a passo para vencer a Procrastinação:

Passo 1 - Encontrar o momento da **falha**: Qual é a exata hora do dia que você procrastina?

Passo 2 - Como você se **sente** nesse exato momento? Identificar o sentimento que surge no momento.

Passo 3 - Domine o sentimento para não ser dominado por ele. Compreender como você se sente vai lhe trazer clareza sobre qual é a verdadeira trava invisível que o impede de agir.

Passo 4 - **Vença** o sentimento que gera a procrastinação usando o método da Imunidade Emocional.

Passo 5 - Destrave no **passado** o momento do trauma que criou o sentimento.

Passo 6 - Blinde a sua mente para que no **futuro** a ação seja realizada de forma leve, feliz, com confiança e alegria.

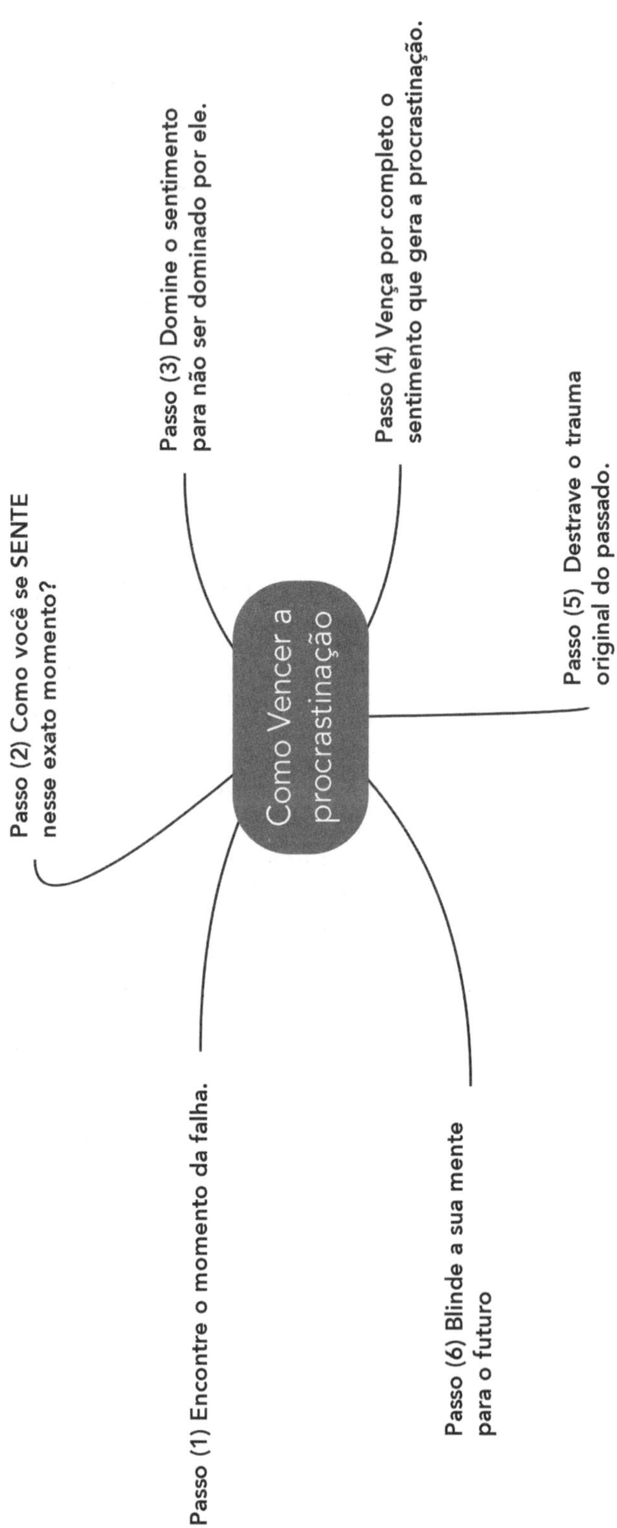
Como Vencer a procrastinação
Passo (1) Encontre o momento da falha.
Passo (2) Como você se SENTE nesse exato momento?
Passo (3) Domine o sentimento para não ser dominado por ele.
Passo (4) Vença por completo o sentimento que gera a procrastinação.
Passo (5) Destrave o trauma original do passado.
Passo (6) Blinde a sua mente para o futuro

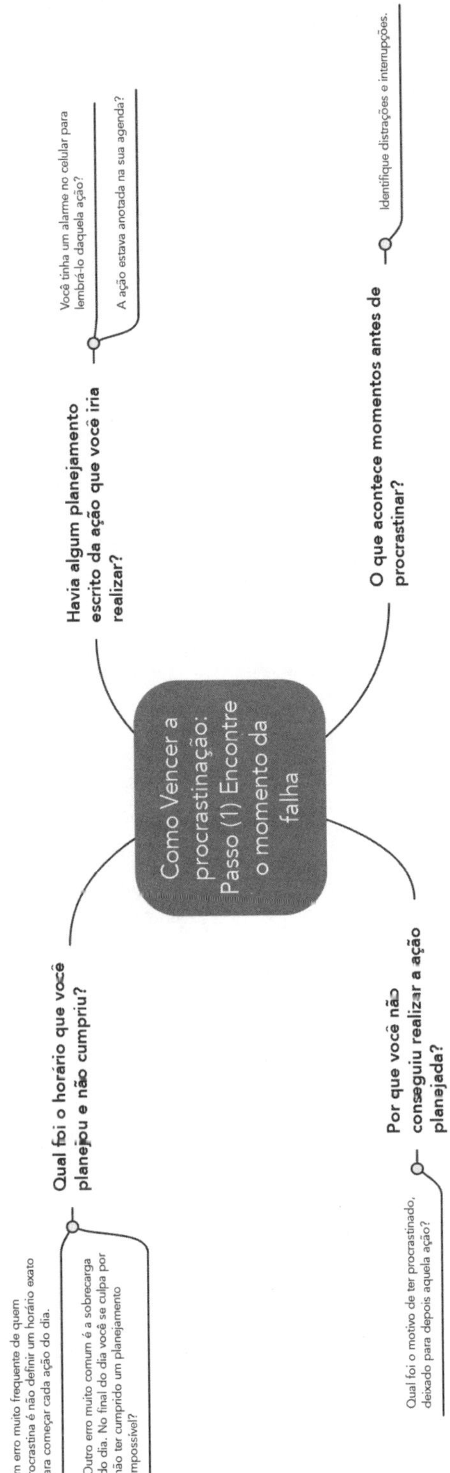
Como Vencer a procrastinação: Passo (1) Encontre o momento da falha
Havia algum planejamento escrito da ação que você iria realizar?
Você tinha um alarme no celular para lembrá-lo daquela ação?
A ação estava anotada na sua agenda?
O que acontece momentos antes de procrastinar?
Identifique distrações e interrupções.
Qual foi o horário que você planejou e não cumpriu?
Um erro muito frequente de quem procrastina é não definir um horário exato para começar cada ação do dia.
Outro erro muito comum é a sobrecarga do dia. No final do dia você se culpa por não ter cumprido um planejamento impossível?
Por que você não conseguiu realizar a ação planejada?
Qual foi o motivo de ter procrastinado, deixado para depois aquela ação?

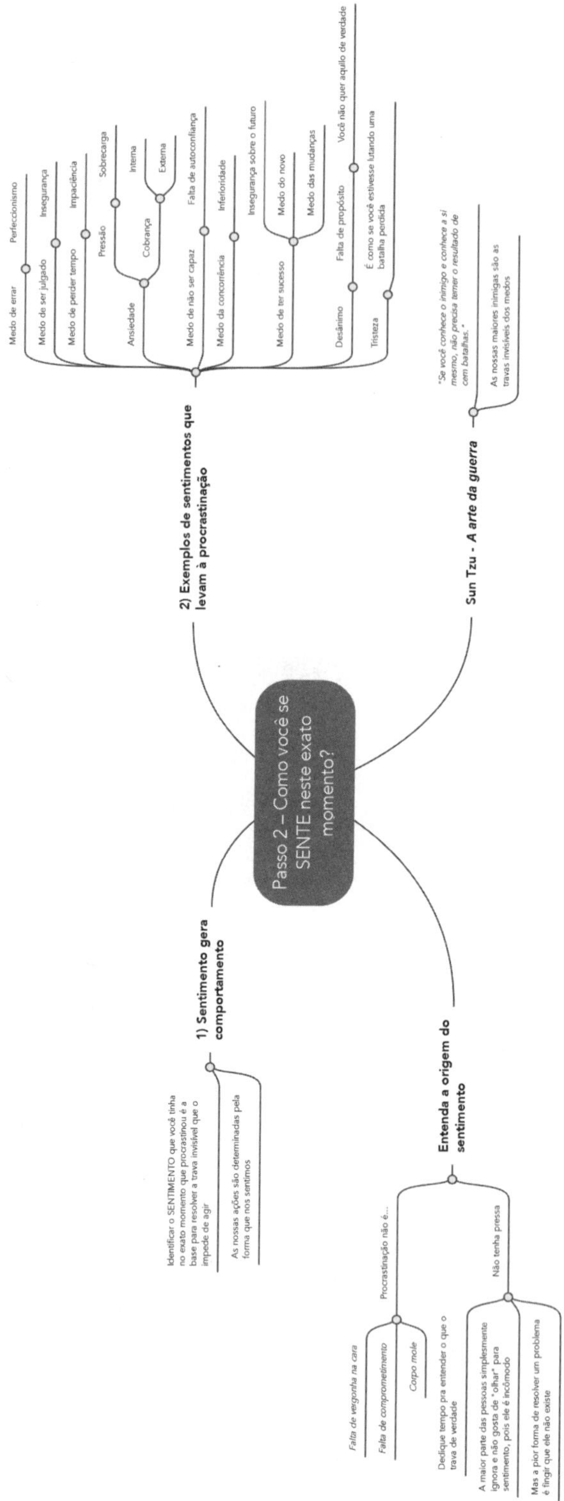
Passo 2 – Como você se SENTE neste exato momento?
2) Exemplos de sentimentos que levam à procrastinação
Medo de errar
Perfeccionismo
Medo de ser julgado
Insegurança
Medo de perder tempo
Impaciência
Ansiedade
Pressão
Sobrecarga
Cobrança
Interna
Externa
Medo de não ser capaz
Falta de autoconfiança
Medo da concorrência
Inferioridade
Insegurança sobre o futuro
Medo de ter sucesso
Medo do novo
Medo das mudanças
Desânimo
Falta de propósito
Você não quer aquilo de verdade
Tristeza
É como se você estivesse lutando uma batalha perdida
Sun Tzu - A arte da guerra
"Se você conhece o inimigo e conhece a si mesmo, não precisa temer o resultado de cem batalhas."
As nossas maiores inimigas são as travas invisíveis dos medos
1) Sentimento gera comportamento
Identificar o SENTIMENTO que você tinha no exato momento que procrastinou é a base para resolver a trava invisível que o impede de agir
As nossas ações são determinadas pela forma que nos sentimos
Entenda a origem do sentimento
Procrastinação não é...
Falta de vergonha na cara
Falta de comprometimento
Corpo mole
Não tenha pressa
Dedique tempo pra entender o que o trava de verdade
A maior parte das pessoas simplesmente ignora e não gosta de "olhar" para sentimento, pois ele é incômodo
Mas a pior forma de resolver um problema é fingir que ele não existe

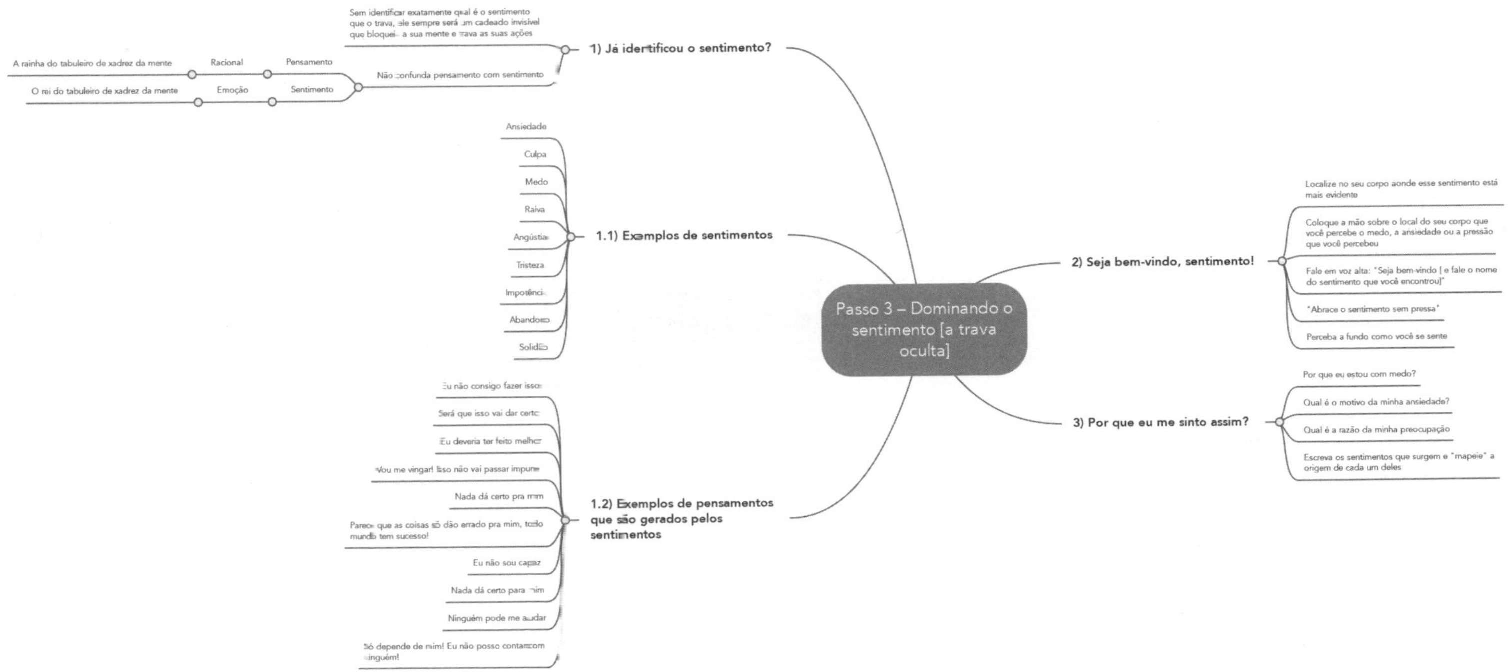
Passo 3 – Dominando o sentimento [a trava oculta]
1) Já identificou o sentimento?
Sem identificar exatamente qual é o sentimento que o trava, ele sempre será um cadeado invisível que bloqueia a sua mente e trava as suas ações
Não confunda pensamento com sentimento
Pensamento
Racional
A rainha do tabuleiro de xadrez da mente
Sentimento
Emoção
O rei do tabuleiro de xadrez da mente
1.1) Exemplos de sentimentos
Ansiedade
Culpa
Medo
Raiva
Angústia
Tristeza
Impotência
Abandono
Solidão
1.2) Exemplos de pensamentos que são gerados pelos sentimentos
Eu não consigo fazer isso
Será que isso vai dar certo
Eu deveria ter feito melhor
Vou me vingar! Isso não vai passar impune
Nada dá certo pra mim
Parece que as coisas só dão errado pra mim, todo mundo tem sucesso!
Eu não sou capaz
Nada dá certo para mim
Ninguém pode me ajudar
Só depende de mim! Eu não posso contar com ninguém!
2) Seja bem-vindo, sentimento!
Localize no seu corpo aonde esse sentimento está mais evidente
Coloque a mão sobre o local do seu corpo que você percebe o medo, a ansiedade ou a pressão que você percebeu
Fale em voz alta: "Seja bem-vindo [e fale o nome do sentimento que você encontrou]"
"Abrace o sentimento sem pressa"
Perceba a fundo como você se sente
3) Por que eu me sinto assim?
Por que eu estou com medo?
Qual é o motivo da minha ansiedade?
Qual é a razão da minha preocupação
Escreva os sentimentos que surgem e "mapeie" a origem de cada um deles

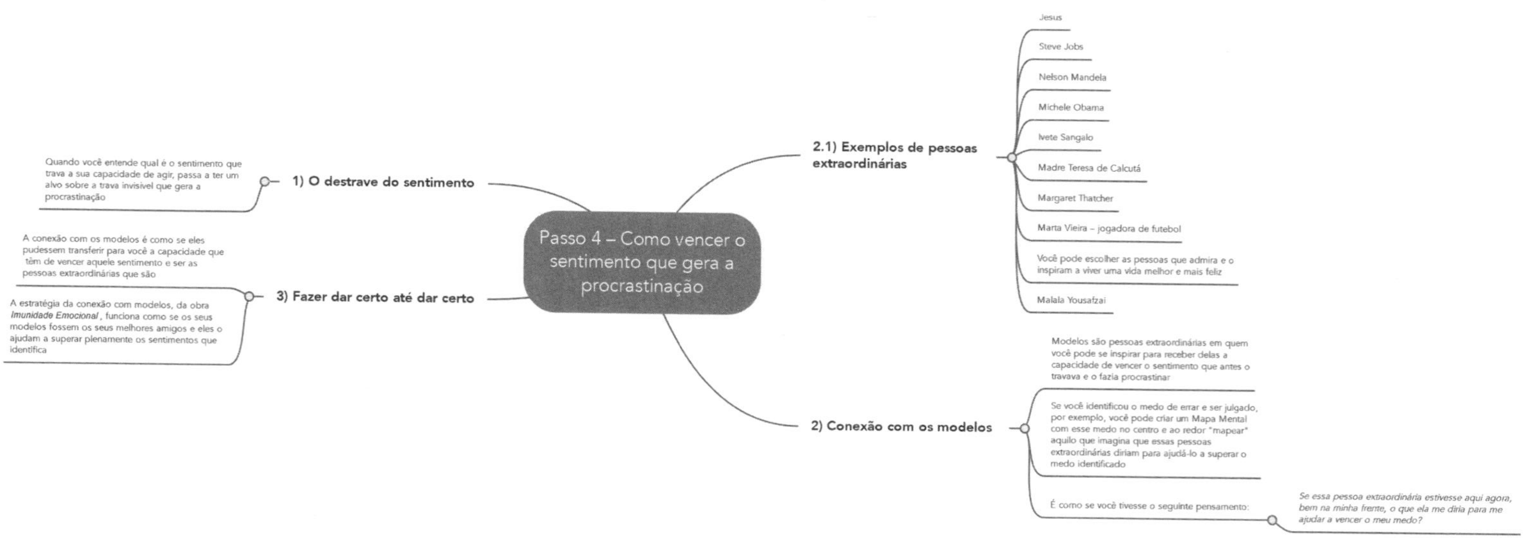
Passo 4 – Como vencer o sentimento que gera a procrastinação
1) O destrave do sentimento
Quando você entende qual é o sentimento que trava a sua capacidade de agir, passa a ter um alvo sobre a trava invisível que gera a procrastinação
2) Conexão com os modelos
Modelos são pessoas extraordinárias em quem você pode se inspirar para receber delas a capacidade de vencer o sentimento que antes o travava e o fazia procrastinar
Se você identificou o medo de errar e ser julgado, por exemplo, você pode criar um Mapa Mental com esse medo no centro e ao redor "mapear" aquilo que imagina que essas pessoas extraordinárias diriam para ajudá-lo a superar o medo identificado
É como se você tivesse o seguinte pensamento:
Se essa pessoa extraordinária estivesse aqui agora, bem na minha frente, o que ela me diria para me ajudar a vencer o meu medo?
2.1) Exemplos de pessoas extraordinárias
Jesus
Steve Jobs
Nelson Mandela
Michele Obama
Ivete Sangalo
Madre Teresa de Calcutá
Margaret Thatcher
Marta Vieira – jogadora de futebol
Você pode escolher as pessoas que admira e o inspiram a viver uma vida melhor e mais feliz
Malala Yousafzai
3) Fazer dar certo até dar certo
A conexão com os modelos é como se eles pudessem transferir para você a capacidade que têm de vencer aquele sentimento e ser as pessoas extraordinárias que são
A estratégia da conexão com modelos, da obra Imunidade Emocional, funciona como se os seus modelos fossem os seus melhores amigos e eles o ajudam a superar plenamente os sentimentos que identifica

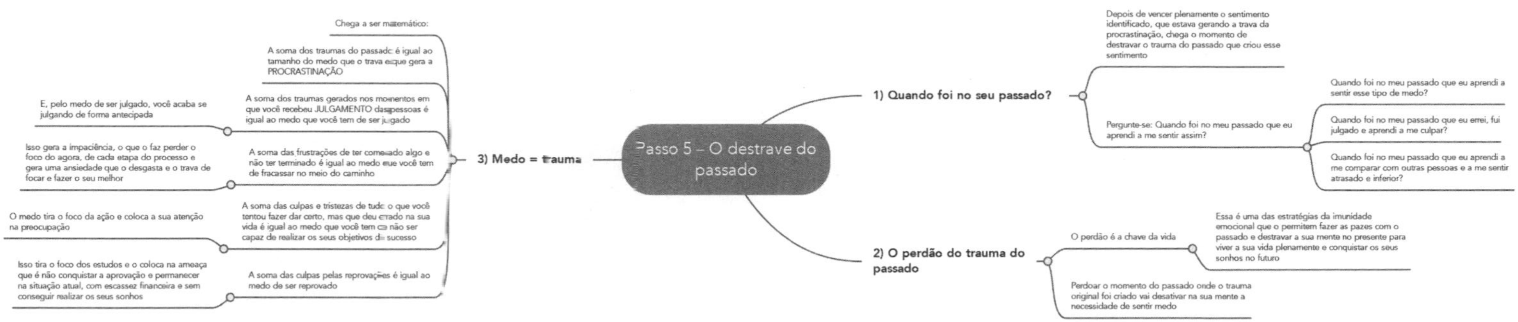
Passo 5 – O destrave do passado
1) Quando foi no seu passado?
Depois de vencer plenamente o sentimento identificado, que estava gerando a trava da procrastinação, chega o momento de destravar o trauma do passado que criou esse sentimento
Pergunte-se: Quando foi no meu passado que eu aprendi a me sentir assim?
Quando foi no meu passado que eu aprendi a sentir esse tipo de medo?
Quando foi no meu passado que eu errei, fui julgado e aprendi a me culpar?
Quando foi no meu passado que eu aprendi a me comparar com outras pessoas e a me sentir atrasado e inferior?
2) O perdão do trauma do passado
O perdão é a chave da vida
Essa é uma das estratégias da imunidade emocional que o permitem fazer as pazes com o passado e destravar a sua mente no presente para viver a sua vida plenamente e conquistar os seus sonhos no futuro
Perdoar o momento do passado onde o trauma original foi criado vai desativar na sua mente a necessidade de sentir medo
3) Medo = trauma
Chega a ser matemático:
A soma dos traumas do passado é igual ao tamanho do medo que o trava e que gera a PROCRASTINAÇÃO
A soma dos traumas gerados nos momentos em que você recebeu JULGAMENTO das pessoas é igual ao medo que você tem de ser julgado
E, pelo medo de ser julgado, você acaba se julgando de forma antecipada
A soma das frustrações de ter começado algo e não ter terminado é igual ao medo que você tem de fracassar no meio do caminho
Isso gera a impaciência, o que o faz perder o foco do agora, de cada etapa do processo e gera uma ansiedade que o desgasta e o trava de focar e fazer o seu melhor
A soma das culpas e tristezas de tudo o que você tentou fazer dar certo, mas que deu errado na sua vida é igual ao medo que você tem de não ser capaz de realizar os seus objetivos de sucesso
O medo tira o foco da ação e coloca a sua atenção na preocupação
A soma das culpas pelas reprovações é igual ao medo de ser reprovado
Isso tira o foco dos estudos e o coloca na ameaça que é não conquistar a aprovação e permanecer na situação atual, com escassez financeira e sem conseguir realizar os seus sonhos

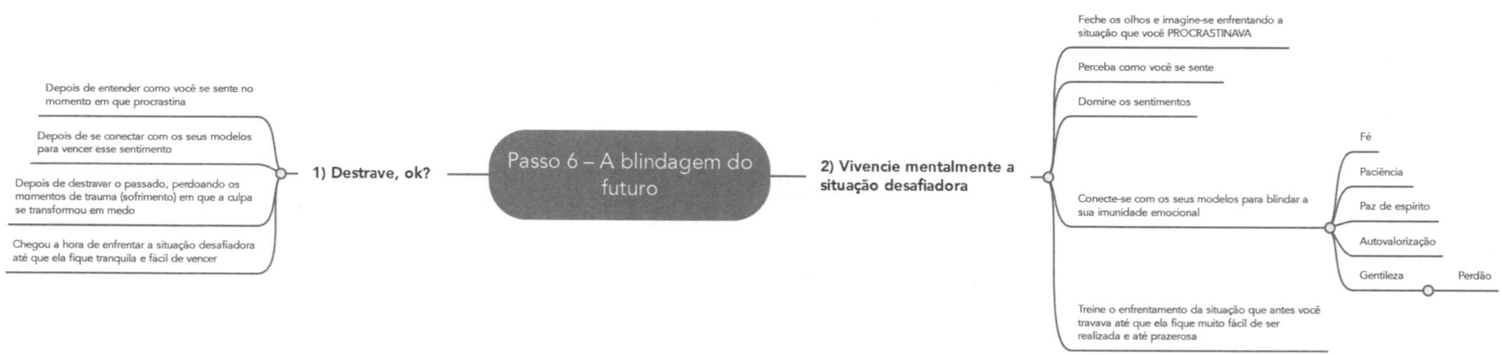
Passo 6 – A blindagem do futuro
1) Destrave, ok?
Depois de entender como você se sente no momento em que procrastina
Depois de se conectar com os seus modelos para vencer esse sentimento
Depois de destravar o passado, perdoando os momentos de trauma (sofrimento) em que a culpa se transformou em medo
Chegou a hora de enfrentar a situação desafiadora até que ela fique tranquila e fácil de vencer
2) Vivencie mentalmente a situação desafiadora
Feche os olhos e imagine-se enfrentando a situação que você PROCRASTINAVA
Perceba como você se sente
Domine os sentimentos
Conecte-se com os seus modelos para blindar a sua imunidade emocional
Fé
Paciência
Paz de espírito
Autovalorização
Gentileza
Perdão
Treine o enfrentamento da situação que antes você travava até que ela fique muito fácil de ser realizada e até prazerosa

Apresentações usando Mapas Mentais

Nós, William Douglas e Felipe Lima, temos uma grande alegria em fazer palestras. Esse é o momento onde podemos enviar a nossa mensagem para transformar vidas.

E em todas as apresentações o objetivo é fazer com que a mensagem seja assimilada e perdure na mente das pessoas.

É frustrante comunicar uma mensagem que não é entendida e também esquecida em pouco tempo.

Por isso, recomendamos fortemente que os Mapas Mentais seja usados em apresentações, vídeos, aulas e palestras com o objetivo de ativar o poder da memória.

Sim, você pode criar uma Mapa Mental resumindo os tópicos das suas apresentações e outros Mapas Mentais mais detalhados com as informações pormenorizadas.

A regra é: tudo aquilo que pode ser escrito de forma linear e monótona, pode ser convertido em poderosos e didáticos Mapas Mentais, estimulando não apenas a memória das pessoas, mas também a concentração, o foco e compreensão da mensagem que você passa para elas.

Referências

BUZAN, Tony. *Memória brilhante*: técnicas fáceis e eficazes para desenvolver sua capacidade de memorização. Rio de Janeiro: Sextante, 2009.

________. *Mapas mentais*: métodos criativos para estimular o raciocínio e usar ao máximo o potencial do seu cérebro. Rio de Janeiro: Sextante, 2009.

CAMPOS, Dinah M. S. *Psicologia da aprendizagem*. 37. ed. Petrópolis: Vozes, 2008.

CHABANNE, Jean-Luc. *Dificuldades de aprendizagem*. São Paulo: Ática, 2006.

CORDIER, Françoise. *Aprendizagem e memória*. São Paulo: Loyola, 2006.

DELL'ISOLLA, Alberto. *Supermemória para concursos*. São Paulo: Digerati Books, 2008.

DOUGLAS, William. *Como passar em provas e concursos*. 29. ed. Niterói: Impetus, 2015.

________. *Como passar em provas e concursos – Resumo*. 10. ed. Niterói: Impetus, 2012.

________. *A maratona da vida*: um manual de superação. 4. ed. Niterói: Impetus, 2010.

________; ZARA, Carmem. *Como usar o cérebro para passar em provas e concursos*. 7. ed. Rio de Janeiro: Impetus, 2015.

________; SOARES, Ricardo. *Leitura dinâmica e memorização*. 16. ed. Niterói: Impetus, 2015.

PERRAUDEAU, Michel. *Estratégias de aprendizagem*. Como acompanhar os alunos na aquisição dos saberes. São Paulo: Artmed, 2006.

ROTTA, Newra T. *Transtornos da aprendizagem:* abordagem neurobiológica e multidisciplinar. Rio de Janeiro: Artmed, 2006.

Visite os sites

<http://www.sougenius.com.br>

- Acesso a vídeos gratuitos sobre ferramentas de coaching e aprendizagem.
- Canal para compartilhar comentários e/ou dúvidas.
- Possibilidade de adquirir aulas, cursos e Mapas Mentais prontos para aprofundar as técnicas e competências desenvolvidas.

<http://www.geniusclub.com.br>

- Acesso ao maior banco de aulas em vídeo com ferramentas de *Coaching* do mundo.

<http://www.issovaimudarasuavida.com.br>

- A corrente do bem para promover mudanças de vida.

Visite o site

<http://www.williamdouglas.com.br>

- Cadastre-se no informativo mensal e gratuito.
- Confira vídeos sobre preparação para concursos, preparo emocional e evolução pessoal.
- Dicas, artigos e material de consulta.
- Agenda de eventos e recomendações.

Anexo

Depoimentos de Sucesso
Charles Giacomini
Juiz Federal, aprovado em cinco concursos para Juiz

"... E nunca mais errei um teste sobre qualquer tema que transformei em Mapa Mental."

Que valiosas lições de técnica e de vida existem na obra dos mestres William Douglas e Felipe Lima! É uma distinção o convite para deixar aqui o meu breve depoimento.

O livro que você tem em mãos, querido leitor, traduz uma rara combinação de técnica, motivação, resultado e DIVERSÃO! Sim, já disse isso uma centena de vezes: além de números expressivos, a técnica dos Mapas Mentais traz muita alegria para o ambiente de estudos, seja pela brincadeira em que realmente consiste, seja pelos absurdos níveis de fixação da matéria que proporciona. E não há nada mais motivador do que perceber os resultados acontecendo. Mas isso eu só concluí depois de alguns tombos, pois no começo não foi tão simples...

Era manhã de domingo quando, pela primeira vez, assisti à palestra do prof. Felipe Lima sobre Mapas Mentais na Rede LFG de Ensino. Fui por insistência de um amigo que, depois, nem sequer apareceu na aula por causa da chuva! E lá estava eu: molhado, sonolento e emburrado, espantando o frio gaúcho com um chimarrão bem amargo! O resultado foi coerente com o meu estado de espírito: não dei valor nenhum quando aquele "maluco" (foi assim que chamei o Felipe "no primeiro ano"...) disse que a minha nobre e preferida disciplina de constitucional poderia ser reduzida a um punhado de desenhos. Fiquei mesmo insultado com aquilo! Permaneci na aula por teimosia, meio indignado com tudo. Ouvi os princípios da técnica com reservas e fiz anotações de algumas coisas que pareciam ser úteis. Arrisquei alguns mapas. Mas não me convenci. O conservadorismo falou mais alto. Fui embora, desprezei o método e segui a vida. As ilustrações me pareciam mais adequadas para crianças.

Nos meses seguintes, não sei explicar ao certo a razão, passei a pesquisar um pouco mais sobre os temas relacionados à memorização. Comecei, obviamente, com a releitura do clássico *Como passar em provas e concursos*, do prof. William Douglas, livro de valor inestimável que me acompanha há muitos anos. Depois, fiz algumas investidas autodidatas sobre temas como eficiência na gestão do tempo, exercícios mentais, programação neurolinguística e nutrição cerebral. Senti-me, então, mais bem preparado para ver novamente a palestra do prof. Felipe Lima. Estava convicto de que as coisas fariam mais sentido. E qual não foi a minha surpresa: ele continuava parecendo um maluco! Balançando aqueles olhos com sua Leitura Dinâmica (posteriormente descobri a sua magnífica eficiência), sorrindo invariavelmente! Não parecia desse mundo. Saí novamente repetindo: "Isso não é para mim! Não tenho criatividade para os desenhos e muito menos habilidade!" (Esse pensamento é muito comum nos primeiros contatos com a técnica).

Mas, para a minha felicidade, houve uma terceira manhã de domingo nessa história! Passaram-se mais alguns meses e eu me mudei para Santa Catarina. Renovado com a energia da bela Florianópolis, soube que o prof. Felipe Lima faria nova palestra sobre os Mapas Mentais. Sem maiores cerimônias, fui à aula e decidi que faria concretamente a experiência dos mapas de modo sério e comprometido. Em 5 de fevereiro de 2011, "inaugurei a produção". Que data feliz para mim! Hoje tenho mais de 2.000 (dois mil) Mapas Mentais, todos produzidos pessoalmente, de modo artesanal. E nunca mais errei um teste sobre qualquer tema que transformei em Mapa Mental. A matéria gruda na cabeça e na retina!

Desde então, com algum tempo de estudo já acumulado, mas com a decisiva influência dos Mapas Mentais, tive a alegria de ser aprovado em inúmeras provas de concursos para Magistratura, MP e Defensoria. Em 2011-12 fui aprovado nas provas preambulares de 10 concursos, entre eles o TRF1, MPSC, TJMG, TJPR, TJMS, TJGO, TJRS e DPSC. Em boa parte desses concursos ainda estou envolvido em fases finais e, com a permissão de Deus, logo poderei optar por algum desses dignos cargos para, então, construir minha vida profissional e retribuir um pouco, no exercício da função pública, todo o bem que tenho recebido da vida.

Hoje estou honrado em poder agradecer publicamente aos Professores Felipe Lima e William Douglas pelo exemplo de vida e pelas lições de estudo. Deixo a ambos um abraço forte, com muito carinho e admiração. Espalho um abraço também para os meus alunos de Florianópolis e do Rio Grande do Sul, que há anos, diariamente, renovam minha energia em sala de aula. Muito obrigado a todos.

Charles Giacomini[1]
(Twitter: @ProfCharles_)
Florianópolis, 23 de janeiro de 2013

Daniela Oliveira
Aprovada em oito concursos dos Tribunais Futura Magistrada

Há pessoas destinadas ao sucesso?

A resposta é difícil e depende das crenças que cada um de nós carrega no coração.

Mas há aquelas que o buscam, de forma insaciável, depositando em suas ações todos os esforços necessários para alcançá-lo. E, para estas, o sucesso não tarda a mostrar a sua face.

Possuo a alma concurseira, incansável, que deseja firmemente a aprovação, e que tem a consciência do preço a ser pago por ela.

Cresci observando e admirando minha mãe, concursada, sabendo desde muito nova que este também era o meu desejo.

Prestei meu primeiro concurso logo aos dezoito anos, e, já durante a faculdade de Direito, os resultados começaram a aparecer. Foram várias aprovações: TJ-PR, TJ-SP, TRT-SC, TRT-PR, TRF-RJ e TRF-SP, para os cargos de escrevente, técnico judiciário e analista judiciário, que atualmente ocupo.

---

1 Confira depoimento em vídeo de Charles Giacommini em <http://www.williamdouglas.com.br/depoimentos>.

Em 2013, após enfrentar vários problemas de ordem pessoal, resolvi voltar todos os meus esforços para um novo objetivo: uma nova aprovação!

Mas desta vez sabia que o desafio que a mim se apresentava era realmente mais árduo que os até então vencidos. Os esforços, portanto, haveriam de ser ainda maiores.

Não seria possível esgotar o extenso Edital do concurso da Magistratura do Trabalho, revisando-o com a frequência necessária, sem a utilização de técnicas adequadas de aprendizagem, que acelerassem esse processo.

Eu teria, então, de descobrir uma nova forma de estudar. Uma nova maneira de aprender e, principalmente, apreender o conteúdo.

Foi quando assisti uma palestra do Professor Felipe Lima, e isso mudou minha história.

As ferramentas estavam todas ali, prontas para serem utilizadas: leitura dinâmica, memorização e, principalmente, os fantásticos mapas mentais!

A mim cabia apenas abrir os horizontes e entender que, muito embora outras aprovações tivessem sido conquistadas sem o uso das técnicas, a próxima conquista poderia chegar, de forma bem mais rápida, com o uso delas.

Resolvi "pagar o preço", e reaprender a estudar.

Ao ler determinado artigo, ou até mesmo trechos de doutrinas, consigo simultaneamente imaginar as imagens que irão ilustrar o respectivo mapa mental.

E o prazer de, no momento da prova, quando o nível de ansiedade é altíssimo e os lapsos de memória são frequentes, lembrar-se de cada detalhe do artigo, como se estivesse simplesmente vendo um desenho animado, não tem preço!

O mapa que ilustra este depoimento foi por mim confeccionado, semanas antes do Concurso da Magistratura do Trabalho (TRT-MS, 2014).

E, ao abrir a prova e me deparar com a exata questão, sorri.

Ainda não foi meu concurso, mas foi importante, pois me fez ter a certeza de que vale a pena utilizar técnicas de aprendizagem! A aprovação está cada vez mais próxima: posso senti-la!

Minha força, como diz meu querido professor e aliado, é de aço puro!

O caminho está à minha frente, e terei de segui-lo. Mas agora posso afirmar: haverá menos passos!

ECA, Art. 134. Lei municipal ou distrital disporá sobre o local, dia e horário de funcionamento do Conselho Tutelar, inclusive quanto à remuneração dos respectivos membros, aos quais é assegurado o direito a:

I – cobertura previdenciária;

II – gozo de férias anuais remuneradas, acrescidas de 1/3 do valor da remuneração mensal;

III – licença-maternidade;

IV – licença-paternidade;

V – gratificação-natalina.

Fabiane Doege
Aprovada no concurso de Agente da Polícia Federal

Enfim passou....e agora, independente do resultado, eu posso falar com tranquilidade...já que fiz o meu melhor!!!

Gostaria de agradecer imensamente ao Professor Felipe Lima e a toda a sua equipe de suporte pelo excelente trabalho que prestam!!!

Desde o dia em que fui contratar o coaching personalizado fui muito bem atendida. Tinha muitas dúvidas sobre o trabalho que seria realizado e confesso que no início fiquei na dúvida...afinal além de ser um trabalho longo seria um investimento alto que eu teria que fazer...e vocês sabem bem que vida de concurseira não é fácil...vive sem grana. Mas, hoje, posso dizer com toda a certeza que foi o melhor investimento que fiz!!!

Até mesmo antes de contratar efetivamente o serviço fui sempre muito bem atendida e as respostas a todas as minhas dúvidas foram sanadas quase que imediatamente, mesmo sendo em um final de semana.

Foram muitos aprendizados tanto com a equipe quanto com o professor Felipe Lima!!!

Eu parei de trabalhar para estudar...tinha tempo de "sobra" para me dedicar aos estudos...mas quando você não sabe se organizar nem todo o tempo do mundo é suficiente.

Meu quadro horário de estudos me tornou uma pessoa mais disciplinada; a leitura dinâmica (mesmo eu não acreditando no início) melhorou e muito a minha capacidade de leitura e de compreensão...percebi muita diferença ao realizar a prova; os mapas mentais (apesar de eu utilizar os prontos) também foram fundamentais nas minhas revisões, já que tenho muita memória visual... dicas fundamentais para o meu crescimento como concurseira!!!

Agora vou falar um pouco do professor Felipe Lima, que por ter sessões de coaching semanais, foi com quem eu mais tive contato!!!

Todas as palavras do mundo não seriam suficientes para demonstrar o meu sentimento de gratidão!! Você é uma pessoa fantástica de uma luz indescritível!!! Foi capaz de fazer eu acreditar em mim quando muitas vezes já tinha desistido... Foram palavras, vídeos, indicações de filmes, experiências de vida...que me fizeram ao final acreditar que sim... EU SOU UMA GUERREIRA DE AÇO PURO... E QUE VOU FAZER DAR CERTO ATÉ DAR CERTO!!!!

O seu trabalho é único e não tem preço no mundo que pague... encontrar alguém como você, que ama o que faz e que por isso faz tão bem, é raro!!! Pessoa íntegra, de caráter, extremamente humana e de um coração infinitamente bondoso... esse é o Professor Felipe Lima!!

Que Deus abençoe você, sua equipe e sua linda esposa, que também é responsável por todo esse sucesso!!!

E o meu MUITO OBRIGADA A TODOS!!!!!

Fabiane Doege, 27 de dezembro de 2014

Caio Andrade

Descobri a SOU GENIUS há mais ou menos cinco meses, mas o trabalho de Coach desenvolvido pelo Prof. Felipe Lima, acompanho desde o meu árduo processo de aprovação no Exame de Ordem. Sem dúvida os exercícios ensinados naquela época, além dos mapas mentais e das técnicas de memorização, via Rede LFG, foram de suma importância para o alcance do resultado: minha tão sonhada "carteirinha"!

Pois bem, nesse ano de 2015, agora como um concurseiro, tive o privilégio de participar do programa de coaching aplicado pelo próprio Prof. Felipe Lima, mas dessa vez, através de um contato direto e individual. Com uma metodologia diferenciada e o acompanhamento diário, o programa me permitiu refletir, chegar a conclusões, definir ações e, sobretudo, agir em direção a meus objetivos, metas e desejos. Experimentei o que hoje acredito ser a essência do coaching, a descoberta de ferramentas necessárias para uma mudança desejada e o auxílio na direção de uma caminhada. O coaching me permitiu criar consciência, potencializar minhas escolhas e permitir transformações.

Levarei comigo, não apenas enquanto houver projetos profissionais, mas sonhos em vida, as técnicas, ferramentas e os ricos questionamentos que me mobilizaram enquanto coachee a entrar em ação e correr em busca dos resultados.

Parabenizo a equipe SOU GENIUS pela competência que facilitou o desenvolvimento da relação de confiança entre Coach/Coachee.

Agradeço ao Professor e Amigo Felipe Lima, pela dedicação ao programa, por se manter focado ao ponto de maximizar minha performance, e permitir entender as áreas onde posso liberar meu potencial. Obrigado por dividir suas experiências e conhecimento, sendo o exemplo do "fazer dar certo até dar certo"!

Forte abraço!
Caio Andrade

ANOTAÇÕES

Av. Ernani do Amaral Peixoto, 507 – Loja 05
24020-072 – Centro – Niterói – RJ
Telefax: (21) 2621-7007
www.impetus.com.br

Esta obra foi impressa em papel offset 75 grs./m²